개정판

역사와 문명 속의

그리스 산책

Take a Walk in Greece

안영집 지음

역사와 문명 속의 그리스 산책 초판이 출간된 이후 여러 독자들로부터의 다양한 반응이 있었다. 내용에 대한 평가와 함께 책을 읽을 때의 가독성을 높여야 한다는 반응들이 많았다. 이에 따라 글씨의 크기를 키우고 첨부된 그림과 사진의 크기도 키우는 방향으로 개정판을 출간하게 되었다. 내용 면에 있어서는 일부 장에서 주제의 초점을 흐릴 수 있는 서술을 재조정했으며, 이해를 돕기 위한 그림을 추가했고, 화가 엘 그레코와 작가 니코스 카잔차키스에 대한 설명을 통해 그리스의 문화적 측면을 좀 더 폭넓게 소개하고자 했다. 아울러 그리스의 섬에 대한 소개에서 신약성경의 요한묵시록이 쓰인 파트모스 섬을 추가했으며, 그리스가 자랑하는 특산물 중 초판에 포함시키지 못했던 산품들도 추가했다.

본 개정판을 통해 책의 완성도가 많이 개선된 것으로 생각된다. 개정판을 내는 과정에서 큰 도움을 주신 박영스토리의 노현 대표와 특유의 세밀함으로 편집 작업을 해주신 최은혜 편집자에게 깊은 감사를 드린다.

저자 안영집

프롤
로그

그리스의 역사와 문명에 관심을 가지는 이유

그리스는 유럽 국가이면서도 우리의 관심에서 많이 비껴난 국가다. 최근 그리스를 방문하는 우리나라 사람들이 많이 늘고 있지만, 대체로 풍광 좋은 곳 관광이나 기독교 성지 순례 차원의 방문에서 크게 벗어나지 못하고 있다.

그리스에 대한 우리나라 사람들의 일반적 인식은 경제위기로 나라가 매우 어려운 상황이라는 것과, '중동에서 수많은 난민이 들어왔다는데, 치안은 별 문제가 없는지' 우려하는 정도다. 최근 그리스의 정치적·경제적 성과가 별로 인상적이지 못해서 나온 반응이 아닌가 싶다.

하지만 세상에는 자신의 전체 역량보다 더 센 주먹을 휘두르는 국가가 있는가 하면, 자신의 역량이나 잠재력만큼의 영향력을 발휘하지 못하는 국가도 있다. 아쉽게도 현대 그리스는 후자에 속한 것 아닌가 싶다.

그런데 그리스는 고대에는 물론 오늘날에도 동남부 유럽 지역에서 실제로 핵심적 위치를 차지하는 국가다. 알바니아, 북마케도니아, 불가리아, 코소보, 세르비아 등 발칸 반도의 많은 나라들과 사이프러스가 정치적·경제적·역사적·문화적으로 그리스와 매우 긴밀한 관계를 유지하고 있으며, 그리스가 중심적 위치에서 역할을 수행하는 경우가 많다.

그리스와 터키의 관계는 두 나라에 대한 인식뿐만 아니라 동남부 유럽 지역에 대한 또 다른 시각을 제공한다. 우리가 동남부 유럽 지역 국가들과 다양한 차원의 교류·접촉을 이어나가려면 그리스라는 나라에 대한 전반적인 이해가 중요할 수밖에 없는 이유다.

우리나라에는 그리스에 대한 책자가 많지만, 아쉽게도 상당수가 《그리스 신화》에 대한 것이며, 나머지도 대개 고대 그리스의 역사와 철학에 관한 책이다. 고대 로마가 그리스를 복속시킨 이후부터 현대에 이르기까지의 그리스 역사는 거의 소개되지 않았다.

나는 그리스에서 최근 2년 반 동안 생활하고 일했다. 덕분에 오늘날 그리스에서 진행되는 많은 사안들이 그들의 고대사뿐만 아니라 근현대사와도 긴밀히 연계되었음을 자주 확인할 수 있었다. 특히 고대사 중에서도 우리가 미처 알지 못했던 부분이 많았고, 근현대사에 대한 공부는 전혀 안 되었다는 자각을 뒤늦게나마 하게 되었다. 그래서 개략적으로나마 전체적인 흐름을 알 수 있는 자료를 하나 만들어보는 것이 그리스를 좀 더 잘 이해하는 데 도움이 될 것으로 생각해 이 책을 쓰게 되었다. 다만 아무리 개략적이더라도 그리스의 장구한 역사를 하나의 책에 모두 담기는 어려워 결국 각 시대를 대표할 만한 주요 사안 위주로 기술했다.

사실, 그리스의 잠재력은 인류 문명의 발전 과정에서 그리스인들이 기여한 다양한 성과로 확인된다. 어떤 이는 "그리스에 과거의 영화는 있지만, 오늘날에는 뚜렷이 내세울 것이 없습니다."라고 주장한다. 하지만 그리스인들이 과거에 이룩한 성과는 현대에 새로운 성과가 나올 때마다 지적 재산권이 있는 관련 제품처럼 반드시 거론된다. 특히, 수학·자연과학·의학·철학 및 예술의 많은 논리와 용어가 그리스에서 나온 만큼, 그러한 성과가 나왔던 해당 시대를 이해하면 오늘날의 시점에서도 전체적인 그림을 훨씬 잘 볼 수 있다고 생각한다. 예를 들면, 우리가 흔히 최고의 정치체제로 여기는 민주주의에 대해서도 이미 고대 그리스에서 많은 논의가 있었다. 또한 민주주의가 제대로 작동하려면 여러 전제조건이 필요하며, 그렇지 않으면 여타 정치체제보다 나을 게 없다는 고대 그리스인들의 가르침은 오늘날에도 유효하다.

음수사원(飮水思源)이라는 사자성어가 있다. 물을 마실 때 그 물이 어디에서 나온 것인지를 생각한다는 뜻으로, 지금 우리가 누리는 혜택이 어디에서 비롯된 것인지를 떠올린다는 의미다. 서양에서는 어떤 사례든 그 시원을 주로 그리스에서 찾기에 현대 문명의 결과물도 그리스에서 유래했다고 보는 경우가 흔하다. 그래서 나는 그리스가 인류 문명 발전에 기여한 대표적인 사례들을 가급적 많이 모으고 살펴봄으로써 현대 문명과 어떻게 연결되는지를 확인하는 것이 의미가 있다고 봤다. 이 책에 그리스 문명에 관한 글을 포함시킨 이유다. 특히 역사와 문명은 동전의 양면과 같은 것이기에 함께 살펴보는 것이 큰 틀을 이해하는 데 도움이 되리라 생각한다.

한편, 현대의 그리스는 과연 우리에게 어떤 나라인지를 확인하는 것도 중요하다. 그런데 우리와 상당히 많은 교역을 하고 있고, 많은 인적 교류가 이루어지고 있음에도 그리스의 산업이 어떻게 구성되었고 우리와는 어떻게 얽혀있는지, 그리고 왜 최근 경제위기를 겪을 수밖에 없었는지 등에 대한 구체적인 정보를 찾기가 어렵다. 나는 이 책이 지향하는 그리스에 대한 다차원적 이해 증진을 위해서는 그러한 의문에 대한 설명과 함께, 현재 그리스인들이 무엇을 즐기고 어떤 것을 생산하며 어디에 가치를 두고서 사는지를 소개할 필요가 있다고 봤다. 우리에게 잘 알려진 주요 관광지는 물론 서유럽의 역사와 관련해 유럽인들이 중시하고 그리스인들이 큰 자부심을 갖고 있는 여타 지역들, 아울러 그리스의 현재까지 소개한 것도 그와 같은 맥락에서다.

이 책이 서양인들 중 동양적인 사고를 가장 많이 하고, 평균적인 한국인 이상의 '정(情)'을 듬뿍 가졌으며, 삶의 질이라는 면에서는 우리보다 훨씬 앞선 그리스와 그리스인을 바라보는 우리의 시각에 조금이라도 도움이 되었으면 한다.

책으로 엮는 과정에서 많은 분들의 도움을 받았다. 내용과 관련하여 다양한 의견을 제시한 아내 김수연과 딸 승주, 아들 민주에게 고마움을 표한다. 아울러 책의 출판 과정에서 큰 도움을 주신 박영스토리의 노현 대표, 박송이 대리, 장웅진 작가께도 감사를 드리며, 책 내용상의 미비한 부분은 전적으로 저자인 나의 몫임을 밝혀둔다.

저자 안영집

차 례

┃ 일러두기 ┃

1. 주요 인물에는 생몰연대를 병기했으나, 왕/황제에는 재위 기간을 병기하여 시대를 쉽게 파악할 수 있게 했다.

2. '기원전'은 BC로, '기원후'는 AD로 표기한다. 1000년대 이후는 AD를 표기하지 않는다.

3. 그리스의 인·지명은 현대 그리스인들이 일반적으로 사용하는 표현을 반영했다.

제 1 부

그리스 역사 산책

1
그리스의 약사

신화의 나라 그리스의 역사가 언제부터 시작되었는지 정확하게 가늠하기는 어렵다. 어떤 이는 어릴 때 배운 《그리스 신화》를 실제 역사로 착각해 그리스의 역사가 태초부터 시작되었다고 한다. 그러나 역사는 물증과 사실에 기반을 두고 있다. 그리스의 역사도 이런 원리에 따라 분석·판단되어야 할 것이다.

고고학계에서는 BC6500년경부터 신석기를 사용하고 일정 지역에 정주하며 농업에 종사한 인류의 흔적이 그리스의 여러 곳에서 발견된다고 한다. BC3000년경에는 에게 해 중앙의 키클라데스 제도(낙소스, 산토리니, 미코노스 등의 여러 섬이 원형으로 펼쳐진 제도)를 중심으로 추상적인 인물상 조각으로 유명한 해양문화가 나타났다. 하지만 이들은 문자가 없었기에 그리스인들의 선조라고 주장하기가 어렵다.

서양 역사학자들과 고고학자들은 대체로 그리스의 역사가 BC3000년경부터 크레타 섬에서 형성된 청동기 문명인 미노아 문명(Minoan Civilization)에서 시작되었다고 설명한다. '미노아'라는 명칭은 크레타 섬의 전설적인 군주인 미노스 왕의 이름에서 따왔다. 이 문명을 미노아 문명이라고 명명한 이는 크레타 섬의 크노소스 궁을 발굴한 영국의 고고학자 아서 에번스(1851~1941)다.

미노아 문명을 만든 사람들에 대해 현재까지 알려진 내용이 많지는 않다. 다만 인종적으로 인도·유럽어족에 속한다는 것과, 유럽 최초의 문명을 형성했다고 인식된다. 이들은 지금도 해석되지 않는 '선형문자 A(Linear A)'를 남겼으며, 해상무역을 활발하게 했으리라 추정된다. '유럽 최초의 도시'라는 별

칭을 가진 크노소스 궁(The Palace of Knossos)의 화려한 벽화와 토기 등 다양한 유물들은 미노아 문명의 높았던 수준을 짐작케 하는 데 충분하다.

그런데 BC1500년경 크레타 섬에서 100킬로미터 정도 떨어진 테라 섬(산토리니 섬)에서 섬의 상당 부분을 날린 엄청난 화산 폭발이 발생했다. 이에 따른 화산재와 쓰나미가 크레타 섬에도 닥치면서 미노아 문명은 심각한 타격을 입었다. 이 화산 폭발에 뒤이어 BC1450년경에는 그리스 본토의 미케네 문명(Mycenean Civilization)이 크레타 섬을 침략했다. 이로써 미노아 문명은 종언을 고한다.

미케네 문명은 BC1600년부터 BC1200년 사이에 펠로폰네소스 반도를 중심으로 그리스 본토 여러 곳에서 꽃피운 후기 청동기 문명이다. '미케네'라는 명칭은 펠로폰네소스 반도 북동부에 있는 아르골리드의 미케네 유적지에서 비롯되었다. 미노아 문명이 주로 해상무역에 의해 발전한 데 비해, 미케네 문명은 정복으로 발전했다.

미케네인들은 선형문자 A를 차용해 오늘날 상당 부분이 해석된 '선형문자 B(Linear B)'를 만들어냈으며, 《그리스 신화》의 다양한 이야기들도 창조했다. 미케네인들은 소아시아(터키의 아나톨리아) 지역의 강력한 도시국가 트로이와 적대적인 관계였고, 두 차례나 전쟁을 벌이기까지 했다. 바로 이런 이야기가 BC8세기경의 그리스 작가 호메로스의 대서사시 《일리아스》의 기반이 되었다.

미케네는 섬세한 황금 세공 기술과 건축술 및 공예품으로 유명한데, 아테네의 국립 고고학 박물관에 전시된 황금으로 된 아가멤논 왕의 데스마스크(death mask, 사람이 죽은 직후 그 얼굴을 본 뜬 가면)는 무려 3,500여 년 전 작품임에도 그 화려함과 섬세함의 수준이 놀라울 정도로 높다. 미케네 문명 유적지의 육중한 돌로 만든 사자문(Lion Gate)과 아가멤논 왕의 묘지를 보면 당시의 지배자가 인력을 대규모로 동원할 수 있는 힘을 가졌다는 사실도 추정할 수 있다.

번성했던 미케네 문명은 BC1200년경 갑자기 몰락한다. 많은 학자들은 오늘날의 에피루스나 마케도니아 지역의 도리아인들이 남진해 미케네 문명을 파괴했다고 설명한다. 반면 상당수 학자들은 도리아인들의 침략만으로 미케네 문명의 종말을 설명하기는 힘들다고 본다. 그들은 필히 '바다의 민족(Sea Peoples)'이라 불리던 지중해 인근 해상 세력의 침공이 있었으리라 추정한다.

　미케네로 남하한 도리아인들은 청동기보다 값싸고 더 발달된 철기로 무장했기에 미케네 문명을 쉽게 굴복시킬 수 있었다. 그러나 미케네 문명이 몰락한 때부터 새로운 도시국가들이 형성되던 BC800년까지에 대해 알려주는 기록이나 유물이 거의 없다. 심지어 이 시기에는 문명도 퇴보해 '그리스 역사의 암흑기(Dark Age)'라고 불릴 정도다. 특기할 사항은 이 시기에 전통적인 왕이나 군주의 세력은 크게 약화되고 귀족정이 발달되기 시작해 향후 그리스 정치체제에 많은 영향을 주었다는 점이다.

　암흑기가 끝나는 BC8세기부터 아테네의 마지막 참주(tyrant, 독재자) 히피아스(BC560~BC490)가 쫓겨난 BC510년까지를 흔히 상고대(Archaic Period)라고 한다. 이 시기에는 그리스의 여러 도시국가들이 형성되고, 정치의 제도화도 이루어졌다. 아테네에서는 엄한 형벌로 유명한 '드라콘의 법(Draconian constitution)'이 등장했고, 노예에게 자유를 찾아주고 태어날 때부터의 신분이 아닌 후천적인 경제력에 따라 참정권을 제한한 '솔론의 개혁(Solon's reforms)' 등이 시도되었다. 아울러 그리스 알파벳이 발전했으며, 많은 문학작품들도 등장했다. 그리스의 토기 하면 떠오르는 여러 인물들이 그려진 붉은색 토기도 처음 선을 보였다. 스파르타에서는 집단통치체제 등 정치적·사회적 개혁을 실시한 '리쿠르고스의 개혁(Lycurgus's reforms)'이 도입되었고, 이웃 도시국가였던 메세니아를 정복해 식민지화하면서 그리스 최강의 육상 패권국으로 발전했다.

　참주 히피아스가 쫓겨난 BC510년부터 정복자 알렉산드로스 대왕(재위 BC336~BC323)이 요절한 BC323년까지를 흔히 고전기(Classical Period)라고 한다. 이 시기는 비록 200년에 불과하나 로마 제국 및 서유럽 문명에 심대한 영향을 미쳤다. 근대 서유럽의 정치, 조각 및 건축, 과학적 사고, 연극, 문학, 철학 등 최고급 문화가 바로 이 시기에 절정을 이루었다.

그러나 고전기에는 초강대국 페르시아로부터 침공을 두 차례나 당했고, 그 직후 여러 도시국가들이 크게 두 패로 나뉘어 싸운 펠로폰네소스 전쟁(BC431~BC404)이 발발했으며, 그리스의 패권이 아테네 그리고 스파르타에 이어 테베, 마케도니아로 순차적으로 넘어가기까지 했다. 국가 간의 관계에서 보면 엄청난 격변이 계속된 시기라고 볼 수 있다. 특히, 아테네에서는 귀족 세력의 영향력을 줄이려고 기존의 4개 부족으로 이루어진 체제를 해체하고 10개의 데모스(demos)로 이루어진 체제로 바꾼 '클레이스테네스의 개혁(Cleisthenes's reforms)'부터 '페리클레스의 시대(The Age of Pericles)'라고 일컬어지는 절정의 민주정이 이어졌다.

특히 아테네가 펠로폰네소스 전쟁에서 스파르타에 패한 시기를 전후해 과두정(Oligarchy)이 잠시 등장하기도 했으나, 이 와중에도 중우정치(Ochlocracy/Mobocracy)의 형태로나마 민주정의 전통은 이어졌다. 스파르타는 2명의 왕과 28명의 원로원 의원 및 5명의 에포로스(ephors, 감독관)로 이루어진 체제를 유지하면서 소수의 지배자가 다수의 피정복민을 다스리며 세력을 떨쳤다. 그러나 지배계층의 인구수가 워낙 적다는 구조적 약점과, 뒤이은 사회 기강 이완으로 고전기 말기에 급격히 약화되었다. 고전기 말기는 변방의 마케도니아가 그리스 본토를 점령하고 단기간에 세계적 제국을 일구어나간 시기이기도 하다.

알렉산드로스 대왕이 요절한 BC323년부터 그리스가 로마에 병합된 BC146년까지를 흔히 '헬레니즘 시대(Hellenistic period)'라고 한다. 물론 로마 제국 때 헬레니즘 문화가 단절되지는 않았지만, 그리스가 로마의 일개 지역이 된 이후는 편의상 '로마 시대'로 구분한다.

헬레니즘 문화는 그리스 문화와 알렉산드로스 대왕이 정복한 오리엔트(Orient, 동방)의 문화가 유기적으로 결합된 국제주의적(cosmopolitan) 성격의 문화다. 헬레니즘 문화가 형성된 배경이 말해주듯 헬레니즘 시대에는 그리스 본토의 중요성은 상대적으로 떨어지고, 알렉산드로스 대왕의 정복지에 건설된 알렉산드리아와 안티오키아 및 동부 지중해 지역의 도시들이 문화적 중심지로 기능했다.

　로마에 병합된 BC146년 이후인 로마 시대의 그리스는 상당한 자치권을 인정받았으며, 로마 제국 제14대 황제 하드리아누스(재위 AD117~AD138) 등 그리스 문화를 선망하는 많은 로마인들로 인해 제국 내에서도 상대적으로 대우를 받았다. 물론 로마에 병합된 이후에도 봉기가 간헐적으로 일어났으나 로마군의 강력한 토벌로 뜻을 이루지 못했다.

　AD212년에는 카라칼라 황제(재위 AD198~AD217)가 '안토니누스 칙령(Antonine Constitutoir)'으로 로마 제국 내 모든 자유민들에게 로마 시민권을 부여함으로써 그리스는 로마 제국 내에서도 상당한 영향력을 갖게 되었다. AD330년에는 콘스탄티누스 1세 황제(재위 AD306~AD337)가 비잔티움(터키의 이스탄불)을 로마를 대신하는 새로운 수도로 삼았고, AD395년에는 테오도시우스 1세 황제(재위 AD379~AD395)가 사망한 뒤 두 아들들인 호노리우스(서로마 제국 재위 AD395~AD423)와 아르카디우스(동로마 제국 재위 AD395~AD408)에 의해 로마 제국이 동서로 분열되자 그리스는 비잔티움을 수도로 하는 동로마(비잔틴) 제국의 중심지로 유지된다.

　동로마 제국은 멸망할 때까지도 스스로를 '로마 제국'이라 불렀으나, 이후 독일의 역사학자 히에로니무스 볼프(1516~1580) 등 서유럽 역사학자들이 고대 로마와 구분해 '비잔틴 제국'이라고 명명했다. 비잔틴 제국은 테오도시우스 1세 황제가 기독교를 국교로 정한 뒤 기독교 국가가 되었으며, 헤라클레우스 황제(재위 AD610~AD641) 때에는 공용어를 라틴어에서 그리스어로 바꾸고, 황제의 명칭 또한 그리스어로 왕을 뜻하는 '바실레우스(βασιλεύς)'라고 부르게 했다.

　비잔틴 제국은 한때 광대한 영토를 유지했으나 이민족의 끊임없는 침입으로 점차 강역이 좁아지고 국력도 취약해졌다. 결국 오늘날의 터키 지역에서 발흥한 오스만 투르크가 1453년 수도 콘스탄티노플(비잔티움의 새 이름)을 함락시킴으로써 그리스는 오스만 투르크의 지배하에 들어간다.

　오스만 투르크는 그리스를 통치할 때 그리스인들의 반발을 방지하기 위해 기독교에서 이슬람교로의 개종을 강제하지는 않았다. 다만 이슬람교도가 되면 지배계층의 특권을 누릴 수 있게 해주었지만, 기독교도들에게는 무거운 세금을 부과해 이슬람교로의 개종을 유도했다. 오스만 투르크의 그리스 지배는 최소 400여 년(남부 그리스 지역)에서 최대 500여 년(북부 그리스 지역)간 이어졌다.

18세기 후반에 일어난 프랑스 혁명 이후 유럽 내에 팽배했던 민족주의의 영향을 받아 1821년 3월 그리스인들은 오스만 투르크를 상대로 봉기를 일으키고 독립을 선언했다. 무려 약 10년간 독립전쟁이 지속되었다. 마침내 영국, 프랑스, 러시아의 지원을 등에 업고 1830년 2월 '런던 의정서'로 그리스는 독립을 보장받았다.

독립전쟁 과정에서 러시아 외무부 장관을 역임하기도 했던 그리스 정치인 요안니스 안토니오스 카포디스트리아스(Ιωάννης Αντώνιος Καποδίστριας, 1776~1831)가 1827년 국가원수로 선출되었으나, 그는 독립 직후인 1831년 정적에게 암살당한다. 국가원수 자리는 그의 동생 아우구스티노스 카포디스트리아스(1778~1857)에게 승계되었지만, 그의 6개월간의 재임 기간 중 정치적 혼란이 계속되자 열강들은 자신들의 이해에 부합하는 군주제를 유지키로 하고 1832년 독일 바바리아 왕국의 왕자 오토를 초대 국왕 오쏜 1세(Οθων Ι, 재위 1832~1862)로 즉위시킨다.

오쏜 1세는 30년간 재임했으나 국민들의 신망을 잃어 쫓겨나고, 덴마크의 왕자였던 예오르기오스 1세(Γεώργιος, 재위 1863~1913)가 열강들에 의해 1863년 새 국왕으로 옹립된다. 예오르기오스 1세는 1913년까지 50년간 그리스의 국왕으로 재위하면서 입헌군주국의 틀을 만들고 테살리아 지역 회복 등 영토 확장에 기여했다. 두 차례의 발칸 전쟁(1912~1913)과 제1차 세계대전(1914~1918)을 거치면서 그리스는 영토를 2배 가까이 늘렸으나, 영토의 추가 확장을 위한 터키와의 전쟁에서 패해 소아시아 지역에서 철수하면서 1923년 오늘날의 그리스-터키 간 국경을 확정한 '로잔 조약'을 체결했다.

예오르기오스 1세 사후 왕위를 계승한 그의 후손들은 입헌군주국의 틀을 벗어나 정치에 과도하게 관여코자 하여 정치권 및 국민들과 계속 갈등을 빚었다. 이에 따라 1923년 이후 그리스 국내 정치의 최고 현안 중 하나는 왕정의 존속 여부였다. 결국 1924년에는 공화정이 수립되었다가 1935년에는 왕정이 부활되는 등 정치적 불안이 계속되었다.

제2차 세계대전(1939~1945) 때에는 순차적으로 이탈리아, 불가리아, 나치독일의 침공을 당했으며 1944년 10월까지 나치독일군의 점령하에 놓였다. 이당시 좌익 세력과 우익 세력은 강력한 레지스탕스 운동을 전개했다. 결국나치독일군 철수 이후에는 향후 누가 권력을 잡을 것인가를 두고 좌우익 간의 격렬한 내전이 벌어졌다.

그리스 내전은 제2차 세계대전 이후 급격한 세력 팽창을 노리던 공산주의종주국 소련의 전략과도 긴밀히 연계되었다. 그래서 미국은 1947년 '트루먼독트린'을 발표하고 전폭적인 군사적·재정적 지원을 그리스 정부에 제공했다. 이에 힘입어 내전은 그리스 정부군의 승리로 1949년에 종식된다.

내전 종식 후 그리스는 다시 입헌군주제로 복귀했으나, 내각의 잦은 교체및 총리와 국왕 간의 갈등 때문에 정치권에서의 긴장 상황이 계속되었다. 이런 배경 속에서 1967년 예오르기오스 파파도플로스(*Γεώργιος Παπαδόπουλος, 1919~1999*) 대령이 주도하는 쿠데타가 일어났고, 1974년까지 군사정부가 유지되었다. 유럽에서는 유례가 없던 군사정부의 등장 때문에 그리스의 명성에는 커다란 흠집이 났으며, 군사독재에 대한 국민적 저항이 계속되었다.

1974년 민주정부로의 복귀 후 국민투표로 입헌군주제를 폐지하고 공화제를 채택했으며, 1981년 유럽공동체(EC)에 가입해 경제 성장과 정치 안정의발판을 마련했다. 신민당과 사회당의 양당체제가 유지되면서 민주적 제도는크게 신장되었다. 하지만 정치지도자들의 포퓰리즘적 행태와 국민들의 경제적·사회적 인식 부족으로 경제위기가 닥쳤다. 결국 2010년부터 3차례에 걸쳐 유럽채권단과 국제금융기구에서 3,200억 유로 이상의 엄청난 구제금융지원을 받았다.

현재 그리스는 경제위기 극복을 위해 강력한 긴축정책을 도입하고, 구조조정을 수행하는 등 고통스러운 개혁 작업을 진행하고 있다.

2

아테네와 스파르타

그리스 하면 일반인들은 '아테네'와 '스파르타'를 제일 먼저 떠올린다. 같은 문화권에 존재했는데도 매우 상반된 특성을 가진 2개의 대표 도시국가들로서 자주 비교되기 때문이다. 심지어 아테네와 스파르타를 완전히 다른 세계에 존재했던 것처럼 인식하는 사람들도 있다. 그러나 두 도시국가들은 각자가 처한 여건에 가장 잘 부합하는 체제를 발전시키다 보니 많은 부분에서 상반된 특성을 가지게 되었다. 그렇지만 같은 그리스 도시국가라는 면에서는 서로 공유하는 부분도 상당히 많았다.

우선 인종적인 면에서 보면, 스파르타는 BC1200년부터 BC800년 사이에 그리스 북부에서 펠로폰네소스 반도 쪽으로 남하한 도리아인이 건설한 도시국가다. 도리아인들은 당시 펠로폰네소스 반도에 있던 미케네 문명을 파괴하고 원주민들을 몰아낸 후 새로운 정주자가 되었다. 신화적 서술에 따르면 스파르타의 첫 번째 왕으로 받아들여진 라케다이몬은 BC1000년경 제우스 신과 님프(Nymphe, 요정)인 타이제티의 아들로 태어나 '스파르타'라는 이름의 여인과 결혼했기에 나라 이름은 자기 이름을 딴 라케다이몬으로, 도시 이름은 아내의 이름을 딴 스파르타로 지었다고 한다. 도리아인이 세운 스파르타는 오랫동안 원주민과 융화되지 못하고 소수의 인구가 다수의 원주민을 노예로 부리며 지배하고 살아갔다.

한편, 아테네가 있는 아티카 지역은 사람들이 5천 년 이상 정주한 역사를 갖고 있으며, 인종적으로는 이오니아인들의 지역이다. 도리아인들에게 밀려난 미케네인들이 아티카 지역에 새로운 생활 터전을 잡아나가면서 지리적·군사적으로 중심이 되는 곳에 도시를 건설했고, BC8세기경에는 도시국가 아테네를 만들었다. 《그리스 신화》에서 거론되기로는, 이 도시를 두고 지혜와 전쟁의 여신 아테나와 바다의 신 포세이돈이 누가 인간에게 더 유용한 선물을 줄 것인가로 겨루었다. 포세이돈은 그의 삼지창으로 땅을 때려 소금이 나오는 샘을 만들어주고, 아테나는 올리브나무를 만들어주었다. 올리브나무는 평화와 풍요를 상징하고 기름을 생산하는 등 유용한 점이 더 많다는 점 덕분에 아테나가 경쟁에서 이겼다. 이로써 아테나 여신이 이 도시를 갖게 되었으며, 도시 이름도 '아테나 여신의 도시(아테네)'가 되었다.

　지리적인 면을 보면 아테네는 해안가에 위치하고 있으나, 주변 농토는 비옥한 편이 못되어 주로 바다에 진출하는 해상무역 중심의 사회였다. 바다를 통한 주변 도시국가와의 교류가 활발해 자유롭고 개방적인 사회 풍조를 가졌으며, 자연스럽게 강한 해군을 유지했다. 반면 스파르타는 주변이 산으로 둘러싸인 내륙 분지에 있었고, 인근 식민지인 메세니아의 비옥한 토지에 기반한 농업 중심의 사회인지라 주변 도시국가와의 왕래가 적었다. 그래서 매우 보수적인 국가였으며, 강력한 육군을 유지했다.

　경제적·사회적인 면을 보면 아테네는 교역과 상공업을 기반으로 했기에 화폐의 사용 및 외부와의 교류가 활발했다. 많은 은화와 동화가 주조되고 유통되었으며, 거래가 활발했다. 반면 스파르타는 인근 도시국가에서 확산되던 상품경제와 소비적 문화의 침투를 거부했다. 스파르타는 은화와 동화의 주조를 금지하고, 흔한 금속인 철로 만든 막대나 원판을 화폐로 사용했다. 이는 외국과의 교역을 극도로 어렵게 했다.

　아테네에서는 남자아이가 태어나면 6세 때까지는 집안에서 가르쳤으며, 6세부터 14세까지는 학교에서 다양한 학문과 체육 등을 가르쳤다. 14세 이후에는 공식 학교 교육이 없었으며, 개인 교습을 받거나 아버지에게서 교역술 등을 배우고, 18세에 이르면 군사훈련과 군 복무를 한 후 대략 30세 무렵에 젊은 여자와 결혼했다. 여자아이는 집안에서 어머니가 13세 때까지 가르쳤으며, 이후에도 학교에는 보내지 않고 집안일을 배우게 했다. 18세에 이르면 결혼시켰다.

한편, 스파르타에서는 아이가 태어나면 몸에 이상이 있는지를 확인하고, 이상이 발견되면 죽도록 내버려두었다. 남자아이는 7세가 될 때까지는 부모와 함께 생활하다 7세가 되면 병영에 들어가 18세까지 계속 군사훈련을 받는다. 20세에 체력과 지도력 검증을 받았는데, 이를 통과한 사람은 정식 군인이 되어 병영에서 다른 군인들과 함께 생활했다. 이때 결혼을 할 수는 있지만 부인과 함께 살지는 못하며, 30세가 되어야 부인과 함께 독립적으로 살 수 있었다. 60세까지는 병역 의무를 진다. 스파르타의 여성들은 7세부터 학교에 가서 또래 남성들이 병영에서 받는 교육과 유사한 신체 단련 교육을 받았다. 이는 건강한 여성이 건강한 아이를 낳아 기를 수 있으며, 이런 건강한 아이가 커서 훌륭한 전사가 될 수 있다는 스파르타적 신념이 반영된 결과이다.

아테네의 교육 목적은 국가와 사회에 유용하고 심신이 조화롭게 발달된 개인을 길러내는 것이었다. 따라서 전인교육이 강조되었으며, 지혜로운 인간과 자유인 등이 이상형으로 그려지기도 했다. 물론 시간이 지남에 따라 국가보다는 개인적 교양 및 출세에 도움이 되는 지식교육이 강조되면서 육체적·군사적 훈련은 점차 밀려나는 경향도 보였다.

스파르타의 교육 목적은 국방을 담당할 이상적인 전사를 배출하는 것이었다. 교육으로 기본적인 읽기와 쓰기는 가르쳤지만, 노예 반란과 같은 지속적인 안보상의 불안 요소를 극복하고 국가체제를 유지시키기 위해 인내심, 희생정신, 애국심, 용기 등의 덕목을 특히 함양코자 했다. 이를 위해 교육은 치밀하게 제도화되고 국가에 의해 통제되었다.

아테네 여성들은 학교 교육을 받지 못하고 주로 집에서 가사 일을 돌봤으며, 공적 직위를 맡을 수 없었고, 재산도 보유할 수 없었다. 소수의 여성들은 종교적 업무를 전문적으로 수행하는 여사제가 되기도 했다. 반면 스파르타 여성들은 학교에서 체력단련 교육을 철저히 받고 재산권도 보유할 수 있었으며, 노예들을 활용해 집안일을 처리하는 등 많은 권한을 보유하고 있었다.

이는 남편이 전쟁으로 오랫동안 밖에 나가있는 경우가 많았기 때문이다. 자연스럽게 스파르타의 여성들은 노예를 관리하며 재산도 지켜야 했다.

　정치체제를 살펴보면 아테네는 초기에 왕정이었으며, 한때 참주정이 등장하기도 했다. 그러나 대부분의 시기에 민주정 또는 민중정(民衆政)이 유지되었다. 물론 아테네의 민주정은 여성, 노예, 외국인을 배제하고 운영되었기에 오늘날의 기준에 비추어본다면 제한적 민주정이었다. 국정의 최고 결정권은 성인 남자 시민이 모두 참여하는 민회인 에클레시아(Ecclesia, 시민총회)에 부여되었으며, 에클레시아는 매 10일마다 개최되어 새로운 법이나 현안에 대해 토론하고 투표했다. 그런데 매일 생겨나는 국가 업무를 모든 시민이 수행할 수는 없으니, 30세 이상의 시민 중 추첨으로 뽑은 1년 임기의 구성원 500명으로 만들어진 불레(Boule, 협의회)에서 긴급한 업무를 처리한 뒤, 새로운 법안 등을 에클레시아에 제출토록 했다.
　500명의 인원은 10개 구역에서 각 50명씩 추첨으로 뽑았다. 다만 한 가지 관직은 아무나 뽑기에는 위험해서 추첨으로 뽑을 수 없었다. 그것은 스트라테고스(strategos)라는 10명의 육해군 장군들(집단으로서는 스트라테고이[strategoi]라고 불림)로서, 투표로 선출되었다. 스트라테고스의 임기는 1년이고 재선이 허용되었는데, 페리클레스(BC495~BC429)는 오랫동안 스트라테고스로 계속 선출된 바 있다. 에클레시아는 입법권뿐만 아니라 사법권도 지배했다. 중요한 민·형사 사건은 에클레시아의 일부인 배심원단이 다루었다.
　스파르타 사회는 지배집단이자 온전한 시민인 스파르티아테스(Spartiátes)와 그보다 20배나 많은 헤일로타이(Heilotai)라는 노예, 그리고 어느 정도 개인적 자유와 자치를 누렸으나 군사적·정치적으로는 지배집단에 완전히 예속되고 정부의 직책도 맡을 수 없는 페리오이코이(Perioikoi, 보통 외국인이 해당) 등 3종류의 계급으로 구성되었다.
　스파르타도 전체 시민들로 구성된 민회인 아펠라(Apella)가 있었다. 그러나 아테네의 에클레시아와는 달리 아펠라의 권한은 크지 않았으며, 현안에 대해 토론할 수 없었고, 오직 찬반 투표만 허용되었다. 아펠라는 한 달에 한 번씩 보름달이 뜨는 날에 열렸다.

아펠라보다 좀 더 영향력이 있는 조직은 원로원인 게루시아(Gerousia)였다. 게루시아의 의원직은 60세 이상의 귀족 28명을 아펠라에서 투표로 선출하는 식으로 구성되었으며 종신직이었다. 결원이 생기면 평판 높은 시민을 후보로 정하고 아펠라에서 남들보다 더 큰 환호를 받는 사람을 당선자로 결정했다. 게루시아는 이렇게 선출된 의원 28명과 2명의 왕을 포함해 총 30명으로 구성되었으며, 아펠라에 회부할 법률을 만들고, 아펠라에서 통과된 법률을 중단시키거나 거부할 권한까지 있었다. 국가 운영체제의 정점에 있는 2명의 왕들은 2개의 왕가에서 계속 배출했으며, 동등한 지위를 갖고 서로의 결정에 대한 거부권도 가지고 있었다. 2명의 왕들은 전쟁이 발발하면 스파르타군의 사령관직도 맡았다.

스파르타의 독특한 제도 중 하나가 에포로스(ephors)라는 5명의 감독관들이다. 에포로스는 아펠라에서 선출되었으며, 모든 시민은 에포로스로 선출될 수 있는 권리를 갖고 있었다. 임기는 1년이나 중임은 금지되었다. 에포로스들은 법 집행 및 군·경찰 업무 등에서 실질적인 권력을 행사했고, 왕을 소환하거나 처벌하거나 업무를 정지시킬 수 있었으며, 처벌에 대한 면책권도 가지고 있었다. 스파르타는 초기에 왕의 권한이 매우 컸으나, 시간이 지날수록 에포로스들의 권한이 강화되어 오직 원로원만이 에포로스를 제어할 수 있게 되었다.

이처럼 스파르타의 정치체제는 혼합적이었다. 시민권자의 수가 매우 적었고, 이들 특권층이 중앙정부에 대한 권리가 전혀 없는 페리오이코이와 헤일로타이를 통치했다는 점에서 기본적으로 과두정이라 볼 수 있다. 그러나 주어진 군사훈련 등 의무를 마친 시민은 누구나 민회의 구성원 자격을 요구할 수 있었으며, 감독관인 에포로스를 1년 단위로 선출했다는 점에서 좁은 의미의 민주정이었다고 평가할 수 있다. 2명의 왕이 통치하는 체제라는 참주정적인 특성도 일부 지니고 있었다.

국제관계 면에서도 두 도시국가는 상이한 특성을 보여주었다. 특히 아테네가 신흥 강국으로 부상하면서 스파르타와 경쟁하던 BC5세기는 많은 것을 생각하게 한다. 페르시아와의 전쟁에서 승리한 아테네는 그 특유의 민주적 정체와는 어울리지 않게 동맹국에서 세금과 선박을 적극 징발하고, 세금을 내지 않는 도시국가를 무력으로 점령하면서 계속 세력을 키워나갔다. 오히려 스파르타는 동맹국에 세금을 부과하지 않았으며, 동맹국의 요청이 있을 때엔 군사를 파병해주는 등 그리스의 기존 패권 세력으로서의 역할을 수행하고자 했다.

그러나 아테네의 계속된 부상은 역사학자 투키디데스(BC465~BC400)의 지적처럼 필연적으로 스파르타에 공포심을 불러일으켰다. 결국 스파르타와 아테네 간에 펠로폰네소스 전쟁(BC431~BC404)이 발발하는데, 이 기나긴 싸움은 결국 스파르타의 승리로 종결된다.

아테네가 패배한 이유는 스파르타의 무력이 강해서이기도 하였으나, 약탈의 대상이던 동맹국들의 계속된 저항과 민주정이 중우정치(衆愚政治)적이 되면서 전쟁의 고비마다 합리적인 정책 결정이 이루어지지 못한 것도 큰 원인이었다.

펠로폰네소스 전쟁 이후 다수의 지식인들은 과두정을 기반으로 기율이 분명히 서 있는 스파르타식 체제가 아테네가 갖지 못한 장점을 많이 가졌다고 평가했다. 철학자 플라톤(BC427~BC347)과 크세노폰(BC430~BC355), 《영웅전》의 저자 플루타르코스(AD46~AD120) 역시 이런 인식을 가졌던 인사들이었다. 그들이 보기에는 아테네식 민주정이 스파르타식 과두정·귀족정보다 반드시 우월한 것은 아니었다.

최근 그리스를 방문하는 많은 한국 사람들은 왜 아테네와 항상 함께 거론되는 스파르타에는 관광 프로그램이 없느냐고 문의한다. 이유는 스파르타의 옛 거주지와 원형극장 터 등 극히 일부를 제외하고는 유적이라고 할 수 있는 것이 거의 남아있지 않기 때문이다. 사실 스파르타는 아테네보다 더 장구한 역사를 가졌고, 오랫동안 그리스를 호령하기도 했다. 하지만 체제 유지를 위한 무력 연마와 소박한 삶을 과도하게 강조한 나머지 후세에 감동을 줄 만한 기념비적 유산을 남기지 못했다.

정신적 유산을 예로 들면, 매년 선거로 실질적인 지도자를 선출하는 아테네에서는 대중을 설득하는 기술인 수사학이 매우 발달했다. 그 결과 페리클레스의 펠로폰네소스 전쟁 전몰자를 위한 장례식 연설과 같이 오늘날에도 심금을 울리는 명연설을 많이 남겼다. 반면 과두지도체제를 근간으로 하던 스파르타에서는 오히려 말을 적게 하는 것이 미덕이었다. BC4세기경 크게 위세를 떨치던 마케도니아의 왕 필리포스 2세(재위 BC359~BC336)가 스파르타에 "만일에 내가 라코니아(스파르타가 속한 지역)로 들어가면 너희를 완전히 파괴할 것이다."라는 최후통첩을 보냈을 때, 스파르타의 대응은 단 한마디 "만일에(if)."였다는 일화는 그들의 문화가 어떤 것인지 충분히 짐작할 수 있게 해준다.

아테네와 스파르타 간의 경쟁에서 비록 스파르타가 일시적인 체제 경쟁에서는 승리했을지 모르나, 장구한 인류 역사에서의 매력 경쟁에서는 아테네가 완승했다. 이는 매우 흥미로운 반전 드라마가 아닐 수 없다. 물론 스파르타의 소박함과 강건함을 이상국가가 추구해야 할 전형으로 생각하고 이를 본받고자 한 라코노필리아(Laconophilia, 스파르타를 사랑하는 사람)도 계속 존재했으나, 아테네를 흠모하는 사람들의 압도적인 수에 비할 바가 아니다.

투키디데스가 《펠로폰네소스 전쟁사》의 제1권에서 "스파르타는 황폐해지면 남는 것이 없을 테니 후세 사람들은 스파르타가 얼마나 강대한 국가였는지 모를 것이며, 아테네는 풍부한 유산 덕분에 실제보다 2배 이상 강력했던 국가로 인식될 것"이라고 설파한 예지력이 정말 놀랍다.

▲ 오늘날 남은 스파르타의 유적

▲ 아테네의 화려했던 파르테논 신전

3
고대 그리스의 법률적·정치적 토대는 어떻게 형성되었나?

BC8세기 말경 스파르타에는 리쿠르고스(BC800~BC730)라는 신화적인 입법자가 있었다. 리쿠르고스의 일생을 자신의 《영웅전》에 상세히 기술한 플루타르코스(AD46~AD120)는, 리쿠르고스가 스파르타 국가체제의 근간을 만들었다고 주장했다. 이런 설에 논란이 있음을 플루타르코스도 인정했으나, 헤로도토스(BC484~BC425)나 투키디데스(BC465~BC400) 등 고대 그리스의 많은 역사가나 정치인도 플루타르코스가 말한 것과 같은 사실을 여러 차례나 언급했다.

리쿠르고스는 에우노모스 왕(재위 BC800~BC780)의 차남으로 태어났다. 아버지가 민중봉기로 사망한 뒤 왕위에 오른 형도 요절하자 짧은 기간 동안 스파르타를 통치했다. 곧 형의 아들이 태어나자 섭정으로 물러났지만, 계속되는 궁중 암투에 질려 스파르타를 떠나 주변 여러 나라들을 여행했다. 크레타 섬과 이집트 등 여러 지역의 좋은 제도를 살피고 귀국한 리쿠르고스는, 본격적인 국가적 개혁을 도모했다.

당시 스파르타는 비옥한 토지를 갖고 있던 이웃나라인 메세니아를 정복한 후 메세니아인들을 노예인 헤일로타이로 삼고, 소수의 정복자들이 다수의 피정복민을 통치하는 체제를 유지했다. 그러나 이런 사회적 모순 때문에 노예들의 반란이 끊이지 않았고, 스파르타인들 간의 계층 갈등도 증폭되고 있었다.

리쿠르고스의 첫 번째 제도적 개혁은 스파르타의 특징인 2명의 왕들과 함께 국가대사를 논하는 60세 이상의 귀족 28명을 원로로 기용한 게루시아(Gerousia, 원로원)를 설립한 것이다. 게루시아의 원로 28명과 왕 2명은 동등한 권한을 갖고서 국가적으로 중요한 결정을 하였다. 이전까지 스파르타는 일종의 민주정과 폭군정을 모두 경험하였는데, 게루시아는 양 극단을 제어하여 안정적인 국가 운영을 가능하게 하였다.

　다음은 부자와 가난한 사람 간의 엄청난 토지 소유 불균형에 따른 문제를 해소한 것이다. 토지 소유의 불평등이 범죄와 시기, 질투 및 사회적 갈등의 근원이라고 판단한 리쿠르고스는, 시민들을 설득해 토지를 모두 내놓게 한 후 이를 재분배했다. 물론 각자 생계를 유지할 정도의 토지만을 소유하도록 평등하게 나누는 것을 원칙으로 했다. 스파르타의 영역인 라코니아 전역을 3만 필지로 균등하게 나누었으며, 따로 스파르타 시 주변은 9천 필지로 나누어 배분했다. 균등한 토지 분배의 결과 수확량이 크게 증가하자 리쿠르고스는 매우 기뻐했다. 이로써 리쿠르고스는 '스파르타식 평등주의의 창시자'라고 불리게 되었다.

　리쿠르고스가 시민들 사이에 부의 격차가 없도록 만든 것은 스파르타만의 독특한 특징이 되었다. 그리스의 다른 도시국가들과 비교해도 말이다. 리쿠르고스는 이런 개혁의 연장선에서 사치를 배격했다. 금·은 세공사를 없애고, 식사는 시시티아(Syssitia, 공동식당)에서 하게 했다. 15명 내외의 사람들이 한 장소에 모여 같은 수준의 음식을 먹게 했고, 식사시간도 엄격하게 지키도록 했다. 스파르타의 왕도 다른 이들과 똑같이 시시티아에서 식사를 하도록 했다.

　화폐 또한 큼직한 쇳조각을 불에 달구고 식초에 담가 식혀 녹이 슬게 한 펠라노르스(pelanors, 쇳덩이)로 교체했다. 이 화폐는 볼품이 없어 외국인들은 거들떠보지도 않았으며, 가지고 다니기도 어려워 사용하기가 매우 불편했다. 그리하여 시장경제 및 타국과의 교역이 억제되었다. 물론 상업의 발달은 타락으로 이어진다는 리쿠르고스의 생각이 반영된 것이었다.

　아고게(agoge)라고 불리는, 7세 이상 남아를 부모에게서 떼어내 성인이 될 때까지 엄격한 군대식 교육을 시키는 제도도 도입했다. 강건한 체력 훈련을 바탕으로 강력한 군사력을 유지해 스파르타식 체제를 이어가도록 한 것이다.

리쿠르고스는 자신의 개혁이 뿌리내렸다는 확신이 서자 델피의 아폴론 신전에 신탁을 받으러 떠났다. 출발 전 2명의 왕들과 원로원 의원들 및 시민들로부터 자신이 돌아올 때까지 새로 도입한 개혁 입법을 계속 유지하겠다는 선서를 받았다. 델피에서의 신탁으로 자신의 입법이 훌륭하다는 확인을 받은 리쿠르고스는, 이 제도를 계속 유지하는 것이 스파르타에 영광을 주리라는 생각에 고향에 돌아가지 않고 음식물을 끊은 채 아사했다. 어떤 그리스 도시국가보다 오래 유지되었고, 군사국가로서의 특성과 함께 군주정·귀족정·민주정의 특성이 혼재된 독특한 스파르타식 체제의 근간에는 리쿠르고스가 도입한 제도가 있었던 것이다.

스파르타가 리쿠르고스의 법률적 토대 위에 형성되었다면, 아테네는 여러 뛰어난 지도자들이 계속 발전시켜온 법률적 토대 위에 형성되었다. BC7세기경 귀족이던 드라콘(BC650~BC600)은 그간 말로만 전해져 내려오거나 보복을 기반으로 했던 법체계를 문자화했다. 아테네 시민들의 요청에 따른 것이었다.

이전까지 법은 귀족이나 부자가 자신의 입맛에 따라 자의적으로 해석하고 적용되었다. 더군다나 '신들께서 내려주신 신성한 법'이라는 미명하에 귀족은 지키지 않으면서 평민들에게는 준수를 강요했다. 그러자 점차 의식이 깨어가던 평민들은 공정성과 실용성이 보장된 단일하고 문자화된 체계적 법률을 요구하게 되었다.

드라콘이 BC624년에 요청을 받아 BC621년경에 소개한 '드라콘의 법'은 목판에 새겨져서 아고라(agora, 광장)와 같은 공공장소에 전시되었다. 이는 문자를 읽을 수 있는 사람은 모두 쉽게 알아볼 수 있는 민주화된 법이었다. 그런데 '드라콘의 법'은 매우 가혹해 채소나 과일을 훔쳤거나 공공장소에서 취침을 했다는 이유로도 사형에 처할 수 있었다. 또한 사소한 경범죄를 저질렀다는 이유로 자유인을 노예로 삼을 수도 있었다. 이런 연유로 많은 사람들은 '드라콘의 법'은 잉크가 아닌 인간의 피로 쓰여진 것이라고 비난했다.

플루타르코스는《영웅전》의 <솔론 편>에 드라콘이 "왜 대부분의 범죄를 사형으로 처벌하오?"라는 질문을 받자 "가벼운 범죄에는 사형이 마땅하고, 무거운 범죄에는 사형보다 더 무거운 벌을 내릴 수 없어서"라고 답변했다고 적었다.

'드라콘의 법'이 일반인들에게 불러일으킨 공포는 대단해서 오늘날에도 영어 등 서양 언어에서 '드라코니언(Draconian)'이라는 단어는 '매우 가혹한' 또는 '엄격한'이라는 의미로 아예 굳어졌다. '드라콘의 법'은 이렇듯 인간친화적인 법이 아니었기에 결국 30년 만에 솔론(BC638~BC558)이 실시한 개혁으로 폐기된다.

'드라콘의 법' 중 후세가 그나마 긍정적으로 평가하는 부분은, 사상 최초로 살인을 의도적인 것과 비의도적인 것으로 구분했다는 점이다. '드라콘의 법'은 전자에는 사형을 선고하고, 후자에는 국외추방령을 선고했다.

드라콘의 죽음에 대한 이야기에는 희극적 요소가 가미되어있다. 드라콘이 아테네 근처 애기나 섬의 극장에서 있던 행사에 참석했을 때 그를 알아본 수많은 군중이 환영하고 환호하면서 던진 모자와 외투 같은 물건들에 깔려 죽었다는 것이다. 어떤 이들은 군중이 드라콘을 일부러 그런 방식으로 살해했다고 설명한다. 그러나 드라콘의 죽음에 대한 실증적 자료는 없다.

평민들의 삶을 안정시키려고 제정된 '드라콘의 법'은, 가혹한 처벌과 더불어 평민들이 빚을 갚을 능력이 없으면 노예로 만들어버리는 시대 역행적 법체계였기에 평민들과 귀족들 간의 갈등과 대립을 오히려 심화시켰다. 이런 상황에서 나타난 지도자가 솔론이었다. BC594년 아테네의 집정관이 된 솔론은 살인에 대한 처벌 조항만을 제외한 '드라콘의 법' 전체를 폐지했다. 솔론의 개혁은 사회 전반에 걸쳤기에 후세 사람들은 "솔론이야말로 진정한 의미에서 아테네의 법체계와 사회체계를 정립한 사람"이라고 평가한다.

BC638년 아테네에서 태어난 솔론은 명문 귀족이었다. 그러나 성품이 훌륭했던 아버지는 자신에게 의지하려고 찾아온 사람들에게 전 재산을 나눠주어 솔론은 가난한 환경에서 성장했다. 젊은 솔론은 돈을 벌기 위해 해외 각지를 돌며 사업에 전념했다. 상당한 재산을 모은 솔론은 40세 때에 아테네로 돌아왔다.

솔론은 아테네 앞바다에 떠있는 살라미스 섬의 영유권을 두고 메가라와 다투는 과정에서 뛰어난 논리와 능력을 선보여 아테네 사람들의 인기를 얻었다. 이 무렵 아테네에서는 평민과 귀족 간의 대립이 매우 격화되고 있었다. 솔론의 건의에 따라 평민들은 전권을 가진 조정자 1명이 아테네 사회 전반을 개혁할 수 있게 하는 데 합의한다. 귀족들은 같은 귀족인 솔론이 자기들을 대변해주리라 생각했고, 평민들은 솔론의 정의감이 자신들의 이익을 지켜주리라 생각했다. 이런 동상이몽 덕분에 솔론은 양측 모두의 지지를 받아 아르콘(archon, 집정관)으로 선출된다.

솔론이 등장하기 이전에는 귀족이나 부자 가운데서 매년 아르콘을 뽑았다. 그리고 아르콘을 거친 이들이 원로원 겸 최고재판소의 기능을 한 아에로파고스(Aeropagos)의 구성원으로서 국가대사를 결정하고 재판에도 영향력을 행사했다. 솔론은 평민들이 공직자를 선출할 뿐만 아니라 공직에도 진출할 수 있도록 개혁했다.

솔론은 민회의 실질적 운영을 담당할 400인회를 아테네를 이루는 4개 부족에서 동등한 숫자로 선출하고, 민회에 상정할 주요 사안을 이들이 미리 점검하게 함으로써 평민들의 권한을 더욱 확대시켰다. 또한 재산 규모를 기준으로 시민들을 4개 계급으로 분류해 공직 수임 권리와 군역·납세 의무를 부가했다. 예를 들면, 1년 수입이 500메딤노스(1메딤노스는 곡물 약 45리터) 이상인 사람들을 최상위 계급으로 분류했고, 두 번째 계급은 300메딤노스 이상, 세 번째 계급은 200메딤노스 이상, 네 번째 계급은 200메딤노스 이하의 사람들로 분류했다. 최상위 계급은 최상위 공직을 맡을 수 있는 대신 군역·납세 의무도 가장 많이 졌다. 반면 네 번째 계급은 공직에 진출할 수 없었지만, 군역 중에서도 가장 쉬운 일만 맡았다. 솔론의 개혁을 일종의 금권정치(plutocracy)라고 평가하는 이유가 바로 이 때문이다. 솔론은 소수의 재판관이 재판을 독점하지 못하도록 모든 평민들이 재판의 배심원으로 참여할 수 있게 했다.

경제적 개혁을 위해 세이사크테이아(Seisachtheia, 무거운 짐 덜어주기)라는 부채 탕감 정책을 도입했다. 이로써 부채 때문에 노예가 된 사람들이 해방되었다. 물론 사람을 담보로 하는 대출도 금지시켰다. 솔론 자신도 본인이 갖고 있던 엄청난 규모의 채권을 탕감해주었다. 부채로 압류당한 토지도 원래 주인들에게 돌려주었다. 그러나 리쿠르고스와는 달리 빈민층이 요구하는 토지 재분배는 받아들이지 않았다.

농업과 관련해서는 토양이 척박한 아티카 지역의 곡물 생산 능력만으로는 다수의 인구를 먹여 살릴 수 없음을 고려해 식량의 수출은 금지하되 올리브 재배와 수출을 적극적으로 촉진했다. 올리브 생산이 늘어나자 올리브기름을 짜는 산업과 올리브기름을 담는데 쓰이는 도기를 생산하는 산업도 크게 발전했다. 아테네가 만드는 검은색 도기가 에게 해 일대의 주요 수출품으로 자리를 잡은 것도 바로 이 시기다.

솔론은 대부분의 개혁 내용을 스파르타의 리쿠르고스와는 달리 성문법 형식으로 공표했으며, 여러 개혁 작업을 완료한 후 아테네 시민들로부터 10년간 자신이 공표한 법률을 고치지 않겠다는 약속을 받은 뒤 아테네를 떠나 해외로 나갔다. 본인이 없는 가운데 개혁정책이 정착되어야 진정한 개혁이 가능하다고 생각했기 때문이다. 그런데 10년의 여행 후 아테네에 귀국한 솔론은 아테네가 다시 산악파(평민파)·평야파·해안파로 나뉘어 다투는 상황을 목격해야 했다.

이들 파벌 간의 쟁패는 산악파를 이끄는 페이시스트라토스(BC600~BC527)의 승리로 귀결되었다. 페이시스트라토스는 참주로 등극하면서 솔론이 제정한 법률을 존중한다고 선언했고, 솔론을 열심히 회유했다. 하지만 솔론은 다시 아테네를 떠나 여러 나라를 방문하다가 80세 때 사이프러스 섬에서 사망했다.

솔론의 개혁은 기본적으로 귀족 계층과 빈민 계층을 모두 아우르는 중도적인 것이었다. 그런데 이 개혁으로 자신들의 목소리를 낼 수 있게 된 평민파(민중파)가 자기네 요구가 개혁에 충분히 반영되지 못했다는 선동에 휘말려 페이시스트라토스를 참주로 만드는 모순을 저지른다. 그러나 페이시스트라토스의 참주정은 이미 평등과 자유의 기운을 경험한 아테네 사회에서 오래 지속될 수 없었다. 결국 아테네는 참주정을 혐오하는 스파르타의 군사적 지원과 민주정을 열망하는 시민들의 힘으로 페이시스트라토스와 그의 아들 히피아스가 이끌었던 참주정을 무너뜨린다.

솔론의 개혁은 귀족정의 한계를 크게 벗어나지 못했다는 비판도 받고 있으나, 일반적으로 아테네가 민주정을 향해 나아가는 길에 튼튼한 다리를 놓았다는 평가를 받는다.

참주정이 무너진 후 아테네의 권력은 스파르타가 지원한 귀족정치가인 이사고라스에게 넘어갔다. 이사고라스는 스파르타처럼 소수의 인사들로 구성된 과두정을 이끌고자 했으나, 많은 시민들의 저항에 부딪치자 도망갔다. 결국 시민들은 참주정 종식에 큰 공적을 세웠으나 이사고라스에 밀려나 망명 중이던 클레이스테네스(BC570~BC507)를 불러들여 민주정을 이끌어달라고 요청한다.

클레이스테네스는 명문 귀족 가문인 알크마이온 집안에서 BC570년경에 태어났다. 유명한 정치인인 페리클레스의 모친의 삼촌이자 논란의 인물로 유명한 알키비아데스(BC450~BC404)의 모계 쪽 할아버지뻘이었다. 출신 성분만 보면 가장 귀족적인 것 같지만, 클레이스테네스는 앞서 등장했던 누구보다도 가장 혁신적인 민주적 개혁을 수행했다.

클레이스테네스는 아테네의 귀족적 기반 자체를 제거하기 위해 아테네를 이루던 4개 부족을 세분해 10개의 데모스로 재구성했다. 이어서 솔론 시대에 부족을 바탕으로 구성된 400인회를 10개 데모스에서 50명씩 추첨으로 선발해 구성한 불레(Boule)라는 500인회로 탈바꿈시켰다. 불레는 아테네의 행정을 담당하는 공무원의 역할을 수행했다. 국가대사를 결정하는 최고 기관의 역할은 20세 이상의 모든 성인 남자로 구성된 에클레시아(Ecclesia, 민회)가 수행했다. 국가 전체의 정치와 군사를 맡은 스트라테고스(Strategos)는 민회에서 각 지역별로 1명씩 총 10명이 선거로 선출되었다. 사법기관의 경우 부유층이 장악했던 아레오파고스(Areopagos)의 권한을 축소시켜 시민 모두에게 선출권이 있는 엘리아이아(Eliaia, 재판소)로 재편했다. 이런 개혁으로 평민들이 국정에 적극 참여할 수 있는 아테네식 민주정 체제가 형성되었다.

클레이스테네스는 독재를 막기 위해 '도편추방제(ostracism)'도 도입했다. 참주가 될 위험이 있거나 국가체제에 위해를 가할 가능성이 있는 사람을 평화적인 방법으로 제거하는 제도였다. 이는 도기 파편에 추방해야 할 사람의 이름을 새기는 투표 방식으로, 6천 명 이상의 투표를 얻은 사람을 10년간 아테네에서 추방하는 제도다. 도편추방제는 초기에는 위험인물 추방에 활용되어 민주정을 공고히 하는 데 기여했다. 그러나 시간이 지날수록 정적 제거나 단순히 남들보다 잘나 보이는 사람을 추방하는 데 오용되기도 했다(이에 대한 좀 더 상세한 내용은 제2부의 제5장 '그리스의 민주주의와 도편추방제의 부작용' 참조).

이런 클레이스테네스의 개혁으로 BC6세기 말 아테네의 민주정은 꽃을 피워나갔다. 그러나 거의 동시대에 전제주의체제의 페르시아가 그리스를 침공함으로써 아테네식 정치체제는 커다란 시련을 겪는다.

4
그리스-페르시아 전쟁

오늘날의 이란 지역에서 발흥한 페르시아는 키루스 2세 대왕(재위 BC559~BC530) 시절인 BC546년 소아시아의 이오니아 지역을 통치하던 리디아를 복속시키고 강압통치를 해나갔다. 동 지역에 거주 중이던 그리스인들은 이후 빈번하게 반란을 일으켰다. BC498년 밀레투스에서 일어난 반란에는 인종적으로 같은 이오니아인인 아테네와 에레트리아(오늘날의 에비아 섬 소재 도시국가)가 적극 지원하여 이오니아 지방의 수도인 사르디스를 불태우기까지 했다. 이에 격분한 페르시아의 다리우스 1세 왕(재위 BC522~BC486)은 그리스의 양 도시국가에 대한 징벌을 다짐한다. 그는 밀레투스의 반란을 진압한 후 BC492년 마르도니우스(?~BC479) 장군을 시켜 우선 그리스 북부에 있는 트라키아와 마케도니아를 정복했다. 그런데 갑작스러운 폭풍으로 인해 다수의 함선과 병사를 잃게 되고 전투 중 마르도니우스가 부상도 입게 되자 일단 원정을 중단했다. 2년 후인 BC490년 다리우스는 다티스와 아르타페르네스를 시켜 다시 정복에 나서는데 에게 해 중부에 있는 키클라데스 제도를 평정한 후 곧바로 에레트리아를 함락하여 완전히 파괴하고 아테네를 치기 위해 마라톤 지역으로 상륙했다.

마라톤은 아테네에서 북동쪽으로 약 40여 킬로미터 떨어진 곳에 위치한 해안 지역이다. 긴 해안선을 갖고 있어 상륙에는 편리하지만 늪이 많은 지역이기도 했다. 아테네는 페르시아와의 전투 경험이 많은 밀티아데스(BC550~489)를 지휘관으로 삼고 테베 인근의 도시국가인 플라타이아의 지원을 받아 페르시아에 맞섰다. 그리스 측이 총 1만 명이었던 데 비해, 페르시아군은 보병

2만 5천 명과 기병 1천 기를 동원했다. 하지만 마라톤 지역이 기병의 활동이 어려운 늪지였으며, 호플리테스(hoplites, 중장보병)로 구성된 아테네-플라타이아 연합군이 팔랑크스(phalanx, 밀집대형)를 이루어 공격하자 전투의 향방은 일찌감치 갈렸다.

마라톤에서의 전투를 앞두고 아테네는 각 도시국가에 함께 싸우기를 요청했다. 특히 스파르타에는 참전을 간곡히 요청했다. 아테네의 전령인 페이디피데스(BC530~BC490)는 240킬로미터 이상 떨어진 스파르타까지 뛰어가 아테네 측의 요청을 전달한 후 다시 마라톤으로 달려갔다.

정책 결정이 늦기로 유명한 스파르타가 참전을 결정한 후 자기네 군대를 천천히 마라톤으로 이동시키는 와중에 전투는 이미 시작되었다. 결국 최강의 육상 전력인 스파르타의 도움 없이도 아테네가 페르시아를 무찌름으로써 향후 아테네의 세력이 확대되는 계기가 마련되었다.

비록 전투에는 승리했지만 아테네군은 모든 전력을 마라톤에 집중시켰기에 마라톤 전투에 직접 참여하지 않은 페르시아군 예비전력이 무방비 상태의 아테네를 공격하는 상황에 대비해야 했다. 밀티아데스는 페이디피데스를 급히 아테네로 보내 마라톤에서의 승리를 시민들에게 알리고, 페르시아의 아테네 공격에 대비하게 했다. 이미 많이 지쳐있던 페이디피데스는 다시 한 번 장거리를 뛰어 오늘날 아테네의 판아티나이코 경기장 부근에서 승리 소식을 전한 후 숨을 거둔다.

다행히 마라톤 전투에서의 패배 후 페르시아가 더 이상의 전투 없이 철수해 제1차 그리스-페르시아 전쟁은 아테네의 승리로 끝났다. 한편, 페이디피데스 일화를 처음으로 소개한 헤로도토스의 《역사》에는 페이디피데스가 스파르타로 뛰어갔던 내용은 있으나, 마라톤에서 아테네로 뛰어왔다는 내용은 없다. 그래서 마라톤 전투 승전보 전달과 순국에 관한 일화는 후세인들의 윤색이라는 주장도 있다.

역사가마다 집계가 조금씩 다르지만, 마라톤 전투에서 아테네 측의 전사

▲ 마라톤에 있는 아테네 측 전사자 192명의 무덤

자는 192명이고 플라타이아 측 전사자는 11명인데 반해, 페르시아 측 전사자는 6,400명에 이르렀다고 한다. 오늘날에도 마라톤에는 아테네 측 전사자 192명을 매장한 거대한 무덤이 남아있다. 해변에서 가까운 평지에 마치 경주의 금관총이나 천마총 같이 봉긋 솟아있는 언덕이 있는데, 그것이 바로 그 무덤이다. 전령 페이디피데스의 시신도 그 무덤에 함께 매장되었다.

페르시아의 제1차 그리스 원정이 실패한 지 10년 후인 BC480년, 부왕(父王) 다리우스 1세(재위 BC522~BC486)가 이루지 못한 그리스 정벌을 실현하고자 절치부심하던 아들 크세르크세스 1세(재위 BC486~BC465)는 제2차 그리스 원정에 나섰다. 특히 아테네를 토벌하겠다는 대의명분을 내세웠다.

역사학자 헤로도토스는 크세르크세스 1세가 동원한 육군의 규모가 200만 명 이상이었다고 기술했고, 오늘날의 학자들도 수십만 명이었으리라 추산한다. 아무튼 당시 기준으로는 전무후무한 규모의 대군이 동원된 것만은 틀림없다. 해군도 페니키아와 이집트 그리고 사이프러스 섬 등에서 차출한 군선을 모두 합쳐 1,200여 척의 대함대를 구성했다.

페르시아의 육군은 다르다넬스 해협의 헬레스폰토스(터키의 차낙칼레)를 건너트라키아, 마케도니아, 테살리아 등을 휩쓸고 그리스 중남부의 테르모필레이에 다다랐다. 테르모필레이는 해안가 바로 옆의 험준한 준봉(峻峰) 사이에 있는 좁은 협곡 지역으로, 그리스 북부와 남부를 연결하는 전략적 요충지였다.

당시 그리스 도시국가들 중 상당수가 직간접적으로 페르시아 편에 섰기에 페르시아에 맞서는 그리스 측 도시국가는 아테네와 스파르타 등 소수에 불과했다. 특히 테르모필레이 지역은 스파르타가 중심이 되어 방어하기로 했는데, 레오니다스 1세 왕(재위 BC489~BC480)이 이끄는 스파르타 정예병 300명과 1천여 명의 지원병 및 여타 도시국가에서 파견한 병력 등 총 7천 명 정도가 그리스 측 총 전력이었다.

일단 전투가 시작되자 첫 이틀 동안 레오니다스 1세는 좁은 협곡의 지리적 이점을 최대한 활용해 페르시아군에 커다란 타격을 입힌다. 그런데 전투가 시작된 지 이틀째 저녁 트라키아 사람인 에피알테스가 크세르크세스 1세에게 이 협곡을 우회하는 산길이 있다고 알려준다. 전투 3일째에 크세르크세스 1세는 그 우회로를 이용해 그리스군을 포위했다. 레오니다스 1세는 타 지역에서 온 그리스군 병사들에게 철수를 권한 뒤 자기 휘하 스파르타 정예병 300명과 함께 끝까지 분전하다 옥쇄한다. 할리우드 영화 <300>은 바로 이 전투를 소재로 했다.

전투가 시작되기 전 크세르크세스 1세가 "무기를 내려놓고 항복하라"고 하자 레오니다스 1세가 "와서 가져가라(Come and take them/Μολών λαβέ)"라고 대꾸한 말은 용감한 군인들을 기리는 에피소드로 오늘날에도 자주 인용된다.

테르모필레이 전투가 시작됨과 동시에 바로 옆 해상에서는 스파르타의 에우리비아데스가 총사령관직을 맡고, 실질적으로는 아테네의 테미스토클레스(BC524~BC459)가 지휘하는 그리스 해군이 페르시아 해군과 전투를 벌였다. '아르테미시움 해전'으로 불리는 이 해전은 오늘날의 에비아 섬 북동쪽에 있는 아르테미시움 곶 주변에서 진행되었다. 이는 테르모필레이의 우측면을 확보한다는 점에서 전술적 의미가 있는 전투였다.

페르시아는 이 해전 직전에 발생한 강력한 태풍으로 많은 군선을 잃었지만 여전히 강력했다. 해전은 테르모필레이 전투와 같이 3일간 지속되었으며, 그리스 해군과 페르시아 해군은 서로 비슷한 정도의 피해를 입었다. 그런데 테르모필레이에서 스파르타가 패해 측면 해상을 확보해야 할 이유가 없어졌다. 더군다나 규모가 훨씬 적은 그리스 해군이 페르시아와 동일한 정도의 피해를 입었기에, 그리스 해군은 아테네 남부 외곽의 살라미스 섬 부근으로 철수했다.

테르모필레이를 통과한 페르시아군은 그리스 남부를 손쉽게 정복하고 아테네까지 도달한다. 테미스토클레스는 시민들을 살라미스 섬으로 대피시키면서 해전을 준비했다. 물론 일부 시민들이 아테네에 남아 아크로폴리스 주변을 목책으로 둘러싸고 저항했지만 금방 전멸당했다. 이후 아테네 시가는 페르시아군에 의해 철저히 파괴되었다.

그리스 동맹군의 주력은 좁다란 코린트 지협에 병력을 집결시켜 페르시아군의 펠로폰네소스 반도 진입을 막으면서 해전으로 전쟁의 흐름을 바꿔보고자 했다. 이때 아테네 함대가 중심인 그리스 해군은 테미스토클레스의 지휘 아래 페르시아의 대규모 함대를 살라미스 섬과 아테네 주변 해안 사이의 좁은 수로로 유인했다. 좁은 수로에 들어선 페르시아의 대형 함선들은 지나치게 밀집한 바람에 뱃머리를 돌리지도 못하고 서로 부딪치면서 자중지란에 빠졌다. 이 순간 순발력이 좋은 그리스 함선들이 공격해 막대한 피해를 입혔다. 지형지물을 최대한 활용해 소수의 함선들로 다수의 함선들을 쳐부순 대첩이었다.

살라미스 섬이 한눈에 내려다보이는 해안가의 산 중턱에서는 크세르크세스 1세가 신료들과 함께 전투를 관람하면서 승리를 자축코자 했다. 그러나 엄청난 패전을 직접 눈으로 목격한 크세르크세스 1세는 서둘러 페르시아로 철수하기로 결정한다. 당초 크세르크세스 1세는 순식간에 그리스를 정복한 후 귀환할 계획이었다. 하지만 장기전의 조짐이 보이자 페르시아 본토를 오래 비워두는 것이 더 위험하다고 판단한 것이다. 대신 측근인 마르도니우스

(?~BC479)가 지휘하는 대규모 육군을 그대로 남겨 그리스 정복전쟁을 완결시키고자 했다.

그리스에 남은 페르시아군은 일단 테살리아 지역으로 후퇴해 식량 등 보급품을 확보한 후 해를 넘긴 BC479년 봄에 다시 남하한다. 코린트 지협을 지키던 그리스 동맹군은 아테네의 강력한 요청에 따라 북상해 테베 근방의 플라타이아에서 페르시아군과 대회전을 치렀다.

스파르타가 주도한 그리스 동맹군은 뛰어난 역량을 선보인 장군 파우사니아스(?~BC470)의 지휘하에 페르시아 정예군을 격퇴했다. 이 과정에서 페르시아군 총사령관 마르도니우스가 전사한다. 이에 따라 남은 페르시아 병사들은 서둘러 그리스에서 퇴각했고, 육상에서의 전투도 그리스 동맹군의 승리로 귀결된다. 플라타이아에서 전투가 벌어진 날, 사모스 섬 건너편의 소아시아 쪽 미칼레 해변에서는 그리스 동맹국 해군이 페르시아 측의 잔존 함대와 육군을 격퇴했다. 이로써 페르시아의 제2차 그리스 원정은 대실패로 끝났고, 에게 해는 다시 그리스의 바다가 되었다.

두 차례에 걸친 페르시아의 침공을 막아낸 그리스의 승리에 대해 역사가들은 페르시아식 전제주의체제에 대한 아테네식 민주주의체제의 승리, 또는 동방의 침공에 대한 서방의 승리라는 식으로 의미를 부여한다. 반면 페르시아 측은 어쩌다 실패한 전쟁 정도로 인식했던 것 같다.

그런데 페르시아와의 전쟁에서 승리한 그리스에서는 이후 극적인 상황들이 전개된다. 외부의 위협이 사라지자 토사구팽(兎死狗烹)이 일어난 것이다.

페르시아의 제1차 침공 때 마라톤 전투를 승리로 이끈 밀티아데스는 마라톤에서의 승리 다음 해에 에게 해상의 파로스 섬이 페르시아를 지원했다는 구실을 들며 이 섬을 공략했으나 실패하고 오히려 부상까지 입는다. 이에 밀티아데스의 정적들은 그의 명예를 실추시키기 위해 그에게 반역죄를 뒤집어씌우고 사형을 구형했다. 다행히 최종 선고는 매우 고액의 벌금형으로 낮춰졌지만, 밀티아데스는 벌금을 다 갚지 못한 채 감옥에서 부상 후유증으로 사망했다. 결국 벌금은 그의 아들 키몬이 추후 모두 정산한다.

페르시아의 제2차 침공 때 살라미스 해전을 승리로 이끈 테미스토클레스는 전쟁에서 승리한 지 9년 만에 정적들에 의해 도편추방을 당했다. 그 뒤 그리스의 여러 도시국가들을 전전하다 결국 크세르크세스 1세의 아들 아르타크세르크세스 1세(재위 BC465~BC424)의 관대함에 몸을 맡겨야 했다. 테미스토클레스는 페르시아 지역정부의 통치자로 살다가 생을 마감한다.

플라타이아 전투의 영웅 파우사니아스의 생애는 더욱 극적이다. 페르시아군을 격퇴한 후 비잔티움 지역을 공략해 점거하고 있던 파우사니아스가 오히려 페르시아 측과 내통해 페르시아군 전쟁포로들을 석방하는 등 그리스의 이익을 해친다는 첩보가 많이 보고된 것이다. 결국 스파르타는 파우사니아스를 소환해 재판까지 벌였다. 이후 개인 신분으로 다시 이오니아 지역의 트로이 부근인 콜로나이에서 은퇴 생활을 즐기던 파우사니아스는 6년 후 노예인 헤일로타이들을 선동해서 반란을 일으키려 했다는 혐의로 다시 스파르타에 소환당했다. 징벌을 당하게 된 파우사니아스는 아테나 신전으로 도망쳤다. 법 집행 권한을 가진 에포로스들은 신전을 봉쇄하고 파우사니아스를 굶어죽기 직전까지 몰아세운 뒤, 그의 시체 때문에 신전이 더럽혀지지 않도록 끌어내 죽게 함으로써 비극의 주인공으로 만들었다.

반면, 전투에서 승리하지는 못했지만 스파르타의 용맹함을 온 세상에 떨친 레오니다스 1세는, 오늘날에도 역사책은 물론 각종 현대 콘텐츠의 주인공으로서 존재감을 드러내고 있다. 역사의 반전이란 바로 이런 상황을 이야기하는 것 같다.

▲ 테르모필레이에 세워진 스파르타의 왕 레오니다스 1세의 동상

▲ 살라미스 섬에 세워진 살라미스 전승 기념 조각상

[곁다리 이야기] 마라톤 경주는 어떻게 탄생했나?

 1896년 제1회 근대 올림픽을 아테네에서 개최하면서 고대 그리스의 영광을 재현하고 세계인의 이목도 끌 이벤트를 모색하던 차에 마라톤 경주 아이디어가 나왔다. 근대 올림픽의 창시자인 피에르 드 쿠베르탱 남작(1863~1937)도 이에 적극 호응해 마라톤 경주를 올림픽 공식 종목으로 채택했다.

 마라톤 경주 거리는 당시 마라톤과 아테네의 판아티나이코 경기장을 연결하는 도로의 길이였던 40킬로미터로 결정되었다. 그런데 제4회 대회인 런던 올림픽 때에는 영국 왕실의 별궁인 윈저 성의 발코니 아래에서 출발해 결승선이 있는 화이트시티 스타디움까지 뛰어가게 되었는데, 그 거리가 42.195킬로미터였다. 이후 제5회 스톡홀름 올림픽 때는 40킬로미터로 환원되었다가, 제7회 앤트워프 올림픽 때는 최대로 늘어난 42.75킬로미터를 적용했다. 이렇게 매 경기 때마다 마라톤 경주의 거리가 들쭉날쭉하자 기록 비교가 어려워지고 경기의 안정성도 떨어졌다. 이에 따라 1924년 제8회 파리 올림픽 때부터 과거 런던 올림픽 때 채택했던 거리인 42.195킬로미터를 공식 거리로 확정해 오늘에 이르고 있다.

 그리스에서는 매년 11월 초 아테네 클래식 마라톤(Athens Classic Marathon) 또는 아테네 정통 마라톤(Athens Authentic Marathon)이라 불리는 마라톤 경주를 개최한다. 1972년부터 시작된 이 경기는 마라톤에서 출발해 아테네의 판아티나이코 경기장까지 가는 경주로, 페이디피데스가 달렸다고 여겨지는 정통 마라톤 코스에서 행해진다. 전 세계에서 매년 수많은 마라토너들이 참여하는데, 그리스 정부는 이 경기로 국가 이미지를 제고하면서 관광수입도 증대시키기 위해 적극 노력하고 있다. 이의 일환으로 마라톤에는 마라톤 경주 박물관(Marathon Run Museum)도 세워 역대 마라톤 경주에 대한 다양한 기록들을 전시하고 있다. 마라톤 경주는 고대 그리스의 선조들이 오늘날의 후손들에게 준 큰 선물이 아닐 수 없다.

5
델로스 동맹 그리고
펠로폰네소스 동맹의 대립과 전쟁

에게 해의 키클라데스 제도의 중간에 관광지로 유명한 미코노스 섬이 있다. 그 미코노스 섬 바로 앞의 조그마한 섬이 역사적으로 잘 알려진 델로스 섬이다.

델로스 섬은 《그리스 신화》에서 아폴론 신과 아르테미스 여신이 태어난 곳으로 나오기에 고대에는 신성한 지역으로 받들어졌다. 물론 웅장한 아폴론 신전이 지어진 곳이기도 하다. 이오니아 지역의 수많은 그리스인들은 자연스레 델로스 섬으로 일종의 성지 순례를 왔다. 지리적으로도 에게 해 내의 중앙부에 있는 델로스 섬은 그리스 본토 및 소아시아 지역에서도 접근하기가 쉬운 곳이기 때문이다.

그리스 연합군은 페르시아의 제2차 그리스 침공을 살라미스 해전과 플라타이아 전투에서의 승리로 막아내고, 뒤이은 미칼레 해전으로 소아시아 지역까지 탈환했다. 그 뒤 나중에 다시 있을지도 모르는 페르시아의 재침공에 대비해 안보를 튼튼히 해야 한다고 생각했다.

그리스 연합군은 우선 페르시아가 다시 유럽을 침공할 수 없도록 비잔티움과 보스포루스 해협을 장악하고자 했다. 그런데 그리스 연합군의 지휘자인 스파르타의 파우사니아스 장군의 고압적 행태로 인해 불만이 쌓이는 가운데, 그가 페르시아 측과 공모해 페르시아군 전쟁포로들을 석방하는 등 이적 행위를 했다는 소문 때문에 본국에 소환당하는 사태마저 벌어졌다. 그러자 사령관직을 아테네의 아리스티데스(BC530~BC468)가 승계했다.

▲ 델로스 섬에 세워진 돌사자 상

결국 파우사니아스는 일단 혐의를 벗었으나, 스파르타는 페르시아와의 전쟁에 더 이상 간여하지 않고 거리를 두게 된다. 그리스의 안전 보장이라는 전쟁의 목적이 이미 달성되었다는 판단해서였다. 이에 반해 아테네는 소아시아 지역에 있는 그리스 도시국가들의 안전이 보장되어야만 그리스 전체의 안전도 보장된다고 보고, 에게 해 일대의 여러 섬들과 도시국가들의 결속을 추구했다. 이 과정에서 스파르타의 이탈을 자신들의 세력 확충을 위한 좋은 기회로 여겼다.

아테네를 따르는 도시국가들은 BC478년 신성한 델로스 섬에서 일종의 방위 동맹을 출범시켰다. 아울러 이 섬에서 주기적으로 회합하고, 동맹의 금고도 설치하기로 했다. 스파르타가 주도하는 펠로폰네소스 동맹이 내륙의 도시국가들로 구성된 것인데 비해, 델로스 동맹은 이렇듯 내륙뿐만 아니라 에게 해의 여러 섬들까지 포함시켰다는 점에서 차별성이 있다.

델로스 동맹의 회원국들은 동맹에 군대와 배를 제공하거나 세금을 내야 했는데, 대부분의 도시국가들은 세금 내기를 선호했다. 소규모의 도시국가에서 군대를 유지하면서 병력 일부를 동맹에 제공하기보다는 세금을 내는 게 부담이 훨씬 적다고 판단해서였다. 반면 아테네는 거둬들인 세금으로 더 많은 전함을 건조하고, 더 강력한 병력을 유지할 수 있었다. 이로써 약한 군사력을 유지하는 동맹국들을 쉽게 통제할 수도 있었다.

델로스 동맹은 결성 이후 에게 해 주변의 몇몇 도시국가들을 장악하고 있던 페르시아군 잔존 세력을 축출하고, 에게 해와 소아시아 지역에 대한 그리스의 영향권을 회복하는 성과도 올렸다. 델로스 동맹은 가장 크게 확장되었을 때 회원 도시국가의 수가 300개를 넘었다. 그런데 아테네의 장악력이 강화되자 이에 반발해 동맹을 탈퇴하려는 도시국가들도 나타났다. 대표적인 사례가 낙소스 섬과 북부 트라키아 지역의 타소스다. 아테네는 이들을 무력으로 진압하고 더 큰 세금과 벌금을 물렸다. 이제 델로스 동맹은 도시국가들 간의 상호방위 조직이 아니라 아테네의 패권을 유지하기 위한 체제로 변모한 것이다.

아테네는 페르시아군 잔존 세력과의 전투가 종료되었음에도 동맹으로부터 세금을 계속 징수했으며, 심지어 BC454년 페리클레스는 페르시아의 탈취 가능성을 방지한다는 명분을 내세우며 델로스 섬에서 관리되던 동맹의 금고를 아테네로 옮겼다. 그리고 그 금고의 자금 중 상당액을 아테네의 파르테논 신전 건립에 유용하는 등 신흥 강국 아테네의 뜻대로 동맹을 유지·관리해나간다.

한편, 펠로폰네소스 동맹은 델로스 동맹보다 앞선 BC6세기 후반에 형성되었다. 스파르타가 인근에 있는 광대한 이웃나라였던 메세니아를 정복한 후, 메세니아인들이 외부의 도움을 받지 못하도록 정치적 통제체제를 형성코자 했기 때문이었다. 아울러 주변 도시국가가 폭군의 지배를 받게 되면 이에 간섭해 그 폭군을 몰아내는 데 앞장섰다. 이 정책의 혜택을 입은 코린트는 스파르타의 동맹국이 되었다. 올림픽 게임을 계속 보장해주는 대가로 엘리스도 동맹에 가담했다.

스파르타와 경쟁하던 아르고스와 아카이아를 제외한 펠로폰네소스 반도 내 모든 도시국가들도 하나씩 스파르타가 이끄는 느슨한 펠로폰네소스 동맹에 가입했다. 이 도시국가들 중 대부분은 독자적 대외정책을 포기하는 대신 스파르타로부터 안전을 보장받았다. 펠로폰네소스 동맹은 별도의 동맹 관리 기구가 없었으며, 주요 현안들은 스파르타와 개별적으로 논의하여 해결했다. 회원국들 모두가 참석하는 동맹회의가 있었지만 잘 열리지는 않았고, 그마저도 스파르타가 요구할 때에만 개최되었다. 스파르타는 동맹국들에 군인 제공은 요구했으나 세금은 요구하지 않았다.

페르시아가 그리스를 침략했을 때 펠로폰네소스 동맹은 침략자에 저항해 싸우는 그리스 측의 모델이 되었다. 그래서 모든 그리스 도시국가들은 다소간의 차이는 있을지언정 스파르타의 지도력을 인정하고 따랐다. 페르시아와의 주요 전쟁이 끝나갈 무렵에는 펠로폰네소스 동맹이 아테네를 비롯한 다른 도시국가들까지 포함하는 그리스 동맹(Hellenic League)으로까지 발전했다. 그러나 위기를 극복하자 그리스 동맹의 결속력은 약해졌으며, 앞서의 설명대로 동맹군을 이끌던 스파르타의 파우사니아스가 신망을 잃어 소환되고, 스파르타 자체가 그리스 동맹이 과도하게 확장되는 것을 원치 않았기에 아테네 주도의 델로스 동맹이 순조롭게 형성될 수 있었다.

델로스 동맹이 세력을 키울수록 펠로폰네소스 동맹의 우려도 커졌다. 당연히 아테네와 펠로폰네소스 동맹 간에 분쟁도 자주 발생했다. 이렇게 발발한 펠로폰네소스 전쟁은 크게 두 단계로 나뉜다.

첫 번째 단계는 BC460년부터 BC446년까지 이루어진 아테네와 코린트 간의 영역권 다툼, 그리고 간접적·간헐적인 아테네와 스파르타 간의 싸움인데 격렬함은 적은 편이었다. BC446년 아테네와 스파르타가 30년간의 평화조약을 맺음으로써 이 단계의 전쟁은 종료된다.

그러나 평화는 10여 년 정도밖에 지속되지 못했다. BC435년 켈키라(코르푸)와 코린트 간의 전쟁에서 아테네가 켈키라를 지원한 사건, BC432년 북부

트라키아 지역의 포티다이아의 목재와 광물을 둘러싼 아테네와 코린트 간의 싸움, 그리고 아테네가 스파르타의 동맹국인 메가라의 아테네 영향권 내 항구 사용을 금지시킨 사건 등이 벌어졌기 때문이다. 그러자 스파르타는 아테네의 압제에서 그리스를 해방시킨다는 명분을 내세우며 BC431년 아테네에 전쟁을 선포한다. 두 번째 단계이자 본격적인 펠로폰네소스 전쟁이 발발한 것이다.

스파르타의 강력한 육군이 아테네가 있는 아티카 지역에 쳐들어왔다. 그러자 페리클레스는 교외 지역을 비우고 주민들을 아테네 시내로 철수시키면서 장기전에 들어갔다. 아테네와 외항 피레우스를 연결하는 강력한 장벽을 건설하여 방어전을 펼쳤으며, 생필품은 배를 이용해 동맹국들에서 피레우스 항으로 들여왔다. 아테네는 또한 강력한 해군으로 펠로폰네소스 동맹 측의 연안 지역을 유린해 아티카에 진출한 스파르타군에 철수하도록 압력을 가했다. 그러자 스파르타도 철수와 재진출을 반복했다. 이 와중에 아테네에 밀집해있던 시민들 사이에서 장티푸스로 추정되는 전염병이 창궐해 전체 시민 중 약 3분의 1가량이 사망했고, 지도자인 페리클레스도 이 전염병으로 사망한다.

이 전쟁이 진행되면서 스파르타의 동맹국 테베는 아테네의 동맹국 플라타이아를 함락시키고, 아테네는 스파르타의 영역인 필로스를 점령했으며, 스파르타는 아테네가 장악하던 북부 트라키아 지역의 암피폴리스를 공격하는 등 여러 곳에서 전투가 벌어졌다. 그리고 암피폴리스 전투를 지휘하다 패전한 투키디데스는 처벌이 두려워 아테네를 떠난 후 《펠로폰네소스 전쟁사》 저술에 집중했다.

BC421년 아테네와 스파르타 간에 평화 조약이 체결되었으나, BC418년 스파르타가 만티네이아에서 아테네의 동맹국 아르고스를 무찌르는 등 전쟁은 계속되었다. 한편 아테네는 스파르타와의 휴전기를 활용해 시칠리아 섬 원정을 기획한다. 표면적인 이유는 아테네의 동맹국인 시칠리아 섬의 도시국가인 세게스타가 시칠리아 섬에서 가장 강력한 도시국가인 시라쿠사의 위협을 받았기 때문이다. 그러나 실은 시칠리아 섬의 목재로 함선을 대량 제작하고 공물도 많이 징수하겠다는 목적이 숨겨져 있었다.

▲ 오늘날에도 일부 남은 헤르마 상(像) 중 하나

시칠리아 섬 원정은 BC415년에 시작되었지만 핵심 지휘관 3명 중 알키비아데스는 원정 직전 발생한 아테네의 헤르마(Herma, 받침대 위에는 헤르메스 신의 두상이 올려졌고 받침대 중간에는 남성 성기가 붙은 조각상) 훼손 범죄의 당사자로 지목되어 소환 당했다. 알키비아데스는 재판을 받기 위해 귀환하다가 스파르타로 망명해버린다. 다른 지휘관인 라마쿠스는 전사했고, 니시아스는 병에 걸리는 등 아테네군은 어려운 상황에 처했다. 이때 스파르타가 시라쿠사를 적극 지원해줌으로써 아테네의 대규모 원정군은 전멸에 이르는 완벽한 패배를 겪는다.

BC413년 스파르타는 아테네에 다시 전쟁을 선포하고 아테네 근교인 데켈리아에 강력한 군사기지를 설치했다. 이로써 아테네는 경제 기반인 농업 지역과 돈줄인 로리온 은광 지역에 접근할 수 없게 되었다. 스파르타는 또한 펠로폰네소스 전쟁 내내 페르시아와 동맹해 페르시아의 지원으로 해군을 강화하면서 아테네를 압박했다. 소아시아 지역을 페르시아의 영향권으로 인정해주려는 스파르타의 입장과, 이 지역에서의 영향권을 회복하려는 페르시아의 이해가 서로 맞아떨어졌기 때문이다. 소아시아 지역은 인종적으로도 아테네인들과 동일한 이오니아인들이 주로 거주하는 지역이었다. 그래서 도리아인인 스파르타인들이 이 지역에 대한 큰 연대감이 없었던 것도 스파르타와 페르시아 간 접근이 쉽게 이루어진 배경이었다.

아테네가 수세에 몰리자 델로스 동맹의 일원이면서도 아테네의 강압적 동맹 운영 방식에 불만을 품던 히오스 섬 등 회원국들의 저항이 이어졌다. 아테네는 이를 강압적으로 진압하면서 전쟁을 이끌어갔다.

다르다넬스 해협 연안에 있는 헬레스폰토스는 아테네에 곡물을 공급하는 유용한 배후 지역이었다. 이 지역을 둘러싸고 아테네와 스파르타는 자주 공방전을 벌였다. 스파르타를 배반하고 다시 아테네 측 장군으로 되돌아온 알키비아데스가 주축이 된 아테네군이 한때 스파르타 해군에 큰 타격을 주기도 했으나, BC405년 헬레스폰토스 부근의 아에고스포타미 강에서 벌어진 전투에서 아테네 해군의 주력 함대가 거의 괴멸하는 대참사가 벌어졌다. 결국 아테네가 항복함으로써 펠로폰네소스 전쟁은 종결된다.

항복의 조건은 매우 가혹했다. 아테네는 피레우스 항까지 연결된 장벽을 허물어야 했고, 해군은 12척 이상의 배를 가질 수 없게 되었으며, 배상금도 지불했다. 장벽 제거는 젊은 여성들이 주변에서 플루트를 불며 흥을 돋우는 가운데 이루어졌다. 다만 스파르타는 아테네인들을 노예로 삼자는 동맹국들의 주장은 거부했다. 펠로폰네소스 전쟁의 아이러니 중 하나는 스파르타가 자국의 약점인 해군 간의 전투에서 최종 승리해 오랜 전쟁을 종식시켰다는 점이다.

시칠리아 섬 전투의 대실패를 경험한 이후인 BC411년, 아테네에서는 과도한 민주정이 국가를 망친다는 인식을 가진 자들의 쿠데타가 발발했다. 이로써 민주정이 종료되고 400인으로 구성된 과두정이 들어섰다. 그러나 이는 4개월간의 실험으로 끝나고 다시 5천 명으로 구성된 민주정으로 복귀한다. 펠로폰네소스 전쟁에서의 패배 직후인 BC404년에는 스파르타의 요구로 다시 한 번 민주정이 종료되고 30명의 폭력적인 소수가 다스리는 체제가 들어섰다. 그러나 이 역시 8개월 만에 끝나고 아테네는 다시 민주정을 회복한다.

펠로폰네소스 전쟁에서 승리한 스파르타의 영광도 오래가지는 못했다. 스파르타의 통치체제 자체가 그리스 전체를 다스리기에는 적당하지 않았고, 패권적 행태가 여러 도시국가들의 우려를 야기했기 때문이다. 결국 스파르타는 새로운 강자로 떠오른 테베와 BC371년에 벌인 레욱트라 전투에서 패해 그리스에서의 패권을 상실하면서 2등 국가로 전락한다. 그러나 테베의 영화도 오래가지 못했다. BC338년 카에로니아 전투에서 테베―아테네 연합군이 마케도니아의 필리포스 2세에게 대패해 그리스의 패권은 이제 마케도니아로 넘어간다.

그래서 많은 학자들은 펠로폰네소스 전쟁의 진정한 승자는 이 전쟁 이후 소아시아 지역에서의 패권을 확실하게 굳힌 페르시아라고 지적한다. 그리고 좀 더 긴 호흡으로는 오랜 전쟁으로 피폐해진 여러 그리스 도시국가들을 손쉽게 장악해 그리스의 패권을 확보한 마케도니아라고 설명한다.

아테네와 스파르타는 모든 국가적 역량과 동맹국들의 역량까지 총동원해 전쟁을 치렀지만 너무 많은 인적·물적 손실을 본 결과, 결국 그리스 내에서의 주도적 위치를 상실하고 추후 다른 강국의 등장을 지켜볼 수밖에 없는 처지가 된 것이다.

6
마케도니아의 부흥과 쇠락

오늘날의 그리스 북부, 불가리아 남서부 및 북마케도니아 공화국(Republic of North Macedonia)에 걸친 지역에 고대 마케도니아 왕국이 자리하고 있었다. 현재까지 알려진 가장 오래된 왕은 BC8세기경의 카라누스 왕이다. 마케도니아 왕국은 그리스인들에게는 오랫동안 변방의 야만국 정도로 치부되던 곳이었다. 마치 고려나 조선 사람들이 거란족의 요나라나 여진족의 금나라·청나라를 보던 시각과 비슷했던 것이다.

페르시아의 다리우스 1세가 그리스를 침공했을 때 마케도니아 왕국은 페르시아의 속국이 되었고, 크세르크세스 1세의 제2차 그리스 침공 때에는 페르시아에 병력을 제공하는 등 페르시아 편에 서서 싸웠다. 그리스－페르시아 전쟁이 끝난 후에는 델로스 동맹의 맹주인 아테네의 북부 해안 지역 진출에 맞서 아테네와 네 차례에 걸친 전투도 치렀다. 펠로폰네소스 전쟁 초기에는 스파르타 편에 서서 싸우다가 나중에는 아테네의 동맹이 되는 등 진영을 바꿔가며 나라를 유지했다.

마케도니아 왕국이 주변 왕국들 및 그리스 도시국가들과 분쟁을 벌이던 BC359년에 즉위한 필리포스 2세는 마케도니아군의 조직·장비·훈련·전술 등을 모두 개선하여 급격히 변모시켰다. 팔랑크스(phalanx)는 밀집대형 보병대가 당시 그리스의 보병대가 쓰던 창보다 2배나 더 긴 사리사(Sarissa)라는 장창을 들고 빈틈없는 방어체제를 유지하면서 전진하는 마케도니아군 특유의 전술이다. 이는 사실 필리포스 2세가 젊은 시절 테베에 정치적 인질로 잡혀있을 때 배워온 것이다. 아울러 이에 부합하는 기병 전술도 개발했다.

필리포스 2세는 이렇듯 급격히 변모시킨 마케도니아군으로 펠로폰네소스 전쟁 때문에 취약해진 여러 그리스 도시국가들을 제압했고, BC338년에는 테베-아테네 연합군을 카에로니아 전투에서 격파해 그리스의 새로운 강자로 등장한다. 필리포스 2세는 스파르타를 제외한 그리스 주요 도시국가들로 구성된 '코린트 동맹'을 형성했고, 페르시아를 정벌하기 위한 그리스군의 총사령관직도 받아들였다. 그런데 후계자 지명 문제로 갈등을 겪던 필리포스 2세는 딸의 결혼식 피로연에서 경호원에게 암살당한다. 그 결과 그의 아들 알렉산드로스 3세(재위 BC336~BC323), 즉 알렉산드로스 대왕이 BC336년 20세의 젊은 나이에 새로운 왕으로 즉위한다.

필리포스 2세가 암살당했다는 소식을 전해 들은 그리스의 여러 도시국가들은 마케도니아에 반기를 들었다. 알렉산드로스 대왕은 그중 대표인 테베를 완전히 폐허로 만들고 살아남은 시민들을 모두 노예로 팔아버렸다. 다시는 다른 도시국가들이 자신에게 반기를 들지 못하도록 겁박하기 위해서였다. 그리스를 다시 안정시킨 알렉산드로스 대왕은 아버지 필리포스 2세의 염원이었던 페르시아 정벌에 나선다.

BC333년 이소스 강가(오늘날 터키 동남부의 이스켄데룬 만 부근)에서 페르시아 왕 다리우스 3세(재위 BC336~BC330)가 이끄는 페르시아 대군을 무찌른 알렉산드로스 대왕은, 계속된 페르시아 정벌 과정을 거쳐 BC331년 가우가멜라(오늘날 이라크의 아르빌 부근)에서의 전투에서 승리하면서 페르시아에 결정적 타격을 입힌다. 가우가멜라 패전의 여파로 페르시아의 아케메네스 왕조는 BC330년 멸망한다.

알렉산드로스 대왕은 계속적으로 오늘날의 아프가니스탄과 파키스탄을 거쳐 인도 북부의 인더스 강 유역까지 정복해 대제국을 건설한다. 그러나 오랜 원정에 지친 병사들의 전쟁에 대한 염증, 전염병 발병, 사상자 증가 등으로 원정을 더 이상 계속할 수 없다고 판단해 발길을 돌린다. 그런데 회군 도중인 BC323년 오늘날 이라크 중부의 바빌론에서 열병에 걸린 알렉산드로스 대왕은 33세의 젊은 나이로 사망한다.

상상조차 못했던 지도자의 급서 후 누가 후계자가 될지를 놓고 휘하 장군

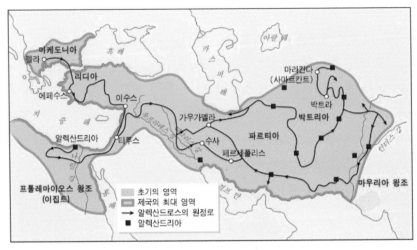

▲ 알렉산드로스 대왕의 동방 원정에 따른 마케도니아의 최대 영역

들 간에는 오랫동안 내분이 벌어졌다. 암투와 암살이 진행되는 가운데 휘하 장군들 중 안티고노스(재위 BC306~BC301)는 마케도니아와 그리스를, 프톨레마이오스(재위 BC305~BC282)는 이집트를, 셀레우코스(재위 BC305~BC281)는 아시아를 각각 담당하는 왕조를 창건했고, 중간 규모의 왕조인 페르가몬도 등장한다. 역사상 유례가 없던 알렉산드로스의 대제국이 다시 여러 왕국으로 분리된 것이다.

안티고노스의 왕조는 약 150년간 그리스의 대부분을 통치했으나, BC168년 오늘날 그리스 북부의 주요 도시인 카테리니 인근의 피드나에서 벌어진 전투에서 신흥 강국 로마에 패해 급격히 위축됐다. 그리고 BC148년의 마지막 봉기마저 실패하면서 로마의 속주(provincia)로 편입된다. 시리아의 셀레우코스 왕조는 BC65년 로마에 정복당해 멸망했다. 프톨레마이오스 왕조는 마지막 여왕 클레오파트라 7세(재위 BC51~BC30)가 당시 로마의 새로운 실력자 마르쿠스 안토니우스(BC83~BC30)와 연합해 로마 제국의 첫 황제가 될 가이우스 옥타비아누스 아우구스투스(재위 BC27~AD14)에게 대항했으나 패하고, BC30년 클레오파트라 7세가 자살함으로써 막을 내린 뒤 로마의 일개 지역정부가 된다. 이로써 마케도니아 그리고 마케도니아에 뿌리를 두고 있던 왕조들은 모두 로마에 복속되었다.

마케도니아 제국은 비록 짧은 기간 동안 존재했으나, 인류 역사에 큰 족적을 남겼다. 알렉산드로스 대왕은 장병들에게 정복한 지역의 여성들과 결혼하도록 적극 장려하고, 자신도 정복지의 공주 등과 결혼하거나 현지인들의 호감을 사려고 노력하는 등 지역과 문화 간의 교류를 활성화했다. 알렉산드로스 대왕의 정복전쟁으로 동서양의 문화가 어우러지고, 기존의 문화들보다 더욱 개방적인 헬레니즘(Hellenism) 문화가 탄생했다.

헬레니즘은 직역하면 '그리스의 정신' 또는 '그리스풍 문화'라는 의미다. 하지만 헬레니즘은 그리스의 문화가 단순히 동방에 전파된 것이 아니라, 그리스의 문화와 동방의 문화가 접목되어 새롭게 형성된 문화다. 예술·문학·건축·과학 등 다양한 분야에서 개방적인 사조의 헬레니즘 문화가 형성되었으며, 뒤이은 로마 문명에도 많은 영향을 주었다.

알렉산드로스의 동방 원정과 관련해 유명한 일화 하나가 전해진다. 소아시아 지역 프리기아 왕국의 신전 기둥에는 프리기아의 첫 왕인 고르디우스가 탔던 우마차가 복잡한 매듭으로 묶여있었다. 가난한 농부였다가 왕이 된 고르디우스는 그 매듭을 푸는 자가 동방의 왕이 될 거라고 선언했다는 전설이 있었다. 프리기아에 진출한 알렉산드로스 대왕은 매듭을 풀어보려고 궁리했지만 도저히 풀 수 없자 칼을 빼들고 매듭을 단칼에 베어버렸다. 물론 플루타르코스처럼 알렉산드로스 대왕이 매듭을 칼로 벤 것이 아니라 매듭 끝에 연결된 못을 뽑아버렸다고 설명하는 경우도 있지만 말이다.

무엇이 사실이든 쾌도난마(快刀亂麻)라는 사자성어가 떠오르게 하는 일화다. 그 전설대로 알렉산드로스 대왕은 동방을 정복할 수 있었지만, 매듭을 비정상적인 방식으로 풀었기에 그의 사후 알렉산드로스 제국은 여러 나라로 분열된 것이라는 주장도 있다.

오늘날 '고르디우스의 매듭(Gordian Knot)'은 풀리지 않는 문제를 해결하기 위해서는 틀에 박힌 고정관념을 깨고 획기적인 발상으로 문제를 풀어야 한다는, 즉 결단력과 지도력의 중요성을 강조하는 비유로 인용된다.

마케도니아는 그리스 전역을 지배했지만, 스파르타만은 복속시키지 못했다. 레욱트라 전투에서 테베에 패한 스파르타는 과거에 비해 전력이 크게 약화되었지만 필리포스 2세에게도, 알렉산드로스 대왕에게도 무릎을 꿇지 않았다. 결국 BC188년에 이르러 로마에 복속된다. 물론 마케도니아가 스파르타를 복속시킬 힘이 없어서 못시킨 것이 아니라, 동방 원정이라는 원대한 꿈을 꾸던 마케도니아로서는 스파르타 정복 따위에 시간을 낭비할 생각이 없었다는 것이 여러 역사가들의 주장이다.

다시 말하지만 중국이나 우리나라의 역대 왕조들이 몽골족·거란족·여진족 등 북방 민족들을 야만인으로 취급했듯이, 그리스 본토에서는 마케도니아인들을 오랫동안 변방의 야만민족으로 취급했다. 알렉산드로스 대왕의 사망 소식이 전해지자 그리스의 여러 도시국가들에서 봉기가 일어났던 것도, 알렉산드로스 대왕의 스승이던 아리스토텔레스가 아테네를 야반도주하듯 떠나야만 했던 것도 바로 이런 정서 때문에 벌어진 일이었다.

AD395년에 로마 제국이 동로마와 서로마로 분열되었을 때 마케도니아는 동로마에 속했다. AD6세기 후반경 슬라브족이 마케도니아를 비롯한 발칸반도로 대거 이동해오면서 민족 구성이 슬라브계가 다수가 되는 상황으로 바뀌게 되었다. 마케도니아는 비잔틴(동로마) 제국 시대에는 한때 비잔틴 제국의 황제들을 배출하기도 했으며, 이후 불가리아와 세르비아의 지배를 거쳐 500년 이상 오스만 투르크의 지배를 받았다. 제1차 세계대전(1914~1918) 무렵에는 활발한 독립운동을 했으며, 제2차 세계대전(1939~1945) 이후에는 유고슬라비아 연방의 한 지역이 되었다. 덧붙이자면, 유고슬라비아 연방의 지역정부가 된 마케도니아는 과거 마케도니아 왕국의 일부 지역에 해당하며, 과거 왕국의 절반 이상의 영토는 오늘날의 그리스 영역으로 계속 존재하고 있다.

1991년 유고슬라비아 연방에서 독립한 마케도니아는 국명으로 '마케도니아 공화국'을 사용하기로 했다. 그러자 그리스는 고대 마케도니아에 대한 역사적 정통성을 빼앗으려는 시도이자 그리스 내 옛 마케도니아 지역에 대한 영토 회복 운동이라 규정하고 이에 강력 대응한다. 특히 고대 마케도니아와는 민족이 완전히 다르고 언어도 다르며 전통도 상당히 다른 '마케도니아 공화국'이 '마케도니아'라는 용어를 사용할 수는 없다며 마케도니아 공화국의 북대서양조약기구(NATO) 가입에 거부권까지 행사했다. 그리스의 강한 반발로 마케도니아는 오랫동안 '구 유고슬라비아의 마케도니아 공화국(Former Yugoslav Republic of Macedonia, FYROM)'이라는 임시국명으로 UN에 등록할 수밖에 없었다.

그리스와 마케도니아 양국은 문제 해결을 위한 국명 개정 협상을 계속 진행했다. 약 30년에 이르는 오랜 줄다리기 끝에 드디어 2019년 양국은 '북마케도니아 공화국(Republic of North Macedonia)'을 새로운 국명으로 한다는 데 합의함으로써 오랜 논란을 종결지었다.

그간 마케도니아의 국명 문제를 둘러싸고 그리스 내에서 심심찮게 벌어졌던 시위의 슬로건에는 '마케도니아는 언제나 그리스였다'라는 글이 적혀있었다. 과연 과거에도 진정 그렇게 생각했을까 하는 질문을 그리스인들에게 던지고 싶지만, 확실히 현대 그리스인들은 고대 그리스인들이 마케도니아에 대해 품었던 배타적 사고를 버린 것 같기는 하다.

7

로마의 그리스 복속과 비잔틴 시대

마케도니아의 지배하에 있던 상당수 그리스 도시국가들은 신흥 세력인 로마가 마케도니아를 쫓아주면 자유와 독립을 회복할 수 있다고 생각했다. 더구나 마케도니아는 제2차 포에니 전쟁(BC218~BC202) 때 카르타고의 명장 한니발 바르카(BC247~BC181)와 손잡고 로마를 공격했으니 로마로서는 마케도니아를 혼내줄 명분도 있었다.

다만 로마는 마케도니아를 멸망시키고자 하는 의사까지는 없었다. 그러나 마케도니아의 도전이 거듭되자 네 차례에 걸쳐 전쟁을 치렀다. 결국 BC148년 제2차 피드나 전투로 마케도니아의 정치·군사체제를 완전히 몰락시킨 후 속주로 편입한다.

한편, 그리스 문화를 존중했던 로마는 다른 그리스 도시들의 독립과 자치는 계속 존중해줄 생각이었다. 그런데 BC146년 펠로폰네소스 반도 북부의 아카이아 지역에서 반(反)로마 봉기가 발생하고, 코린트를 방문했던 로마 원로원 의원들이 코린트 시민들에게서 무례한 대접을 받는 상황이 벌어졌다. 로마는 대규모 군대를 보내 코린트를 철저하고 완전하게 파괴한 후 모든 시민들을 노예로 팔아버렸다. 이를 지켜본 다른 그리스 도시국가들은 독립과 자유를 추구하는 대신 로마의 패권 밑에 안주하면서 질서와 안정을 얻는 방향을 취한다.

한때 페르시아 대군의 침략을 물리치고 알렉산드로스가 대제국을 형성할 수 있게 했을 정도로 강력한 군사력을 가졌던 그리스의 여러 도시국가들과 마케도니아가 왜 로마에는 손쉽게 패했을까? 많은 학자들은 페르시아와의 전쟁 당시에는 애국심이 가득한 시민병으로 구성된 그리스 군대가 존재했지만, 마케도니아 왕국 시대에는 워낙 강한 마케도니아에 맞서 굳이 시민병을 유지할 필요 없이 마케도니아의 보호를 받으면 되었던 점을 든다. 아울러 알렉산드로스의 제국이 해체된 이후에는 각 왕국의 마케도니아계인 소수 외래 지배층에 대한 일반 시민들의 충성심이 결여되어 군사력을 용병에 의존할 수밖에 없었다는 점을 꼽는다.

니콜로 마키아벨리(1469~1527)가 《군주론》에서 지적했듯이 용병들은 소속 국가를 위해 자기 목숨을 기꺼이 내놓겠다는 의지가 없고, 한 지휘관을 중심으로 일관성 있는 전술을 펼치기도 어려웠다. 아울러 카르타고와의 3차에 걸친 포에니 전쟁(BC264~BC146)으로 다양한 최신 전술을 익힌 로마군의 역량이 밀집대형 중심의 전통 전술에 의존하는 마케도니아나 여타 그리스 도시국가들을 전술적 측면에서 압도했다.

물론 개별 전투에서는 그리스 측이 승리한 경우도 있었다. 그리스와 로마 간의 충돌 초기인 BC280년 그리스 서부에 있던 에피루스 왕국의 왕 피로스 1세(재위 BC297~BC272)는 이탈리아 반도 남단의 그리스계 도시국가 타렌툼(타란토)의 지원 요청을 받아 다수의 용병을 이끌고 이탈리아 반도로 건너가 로마군과 전쟁을 벌여 승리했다. 그러나 어렵게 이룬 승리에도 불구하고 수많은 지휘관과 병사를 잃어버렸기에 거의 패배나 다를 것 없는 승리였다. 결국 피로스 1세는 계속 진행되는 전쟁을 감당하기 어려워 철수했다. 로마는 이 전쟁의 결과로 이탈리아 반도 남단에 대한 지배권을 확실히 다졌다. 영어 관용구에서 상처뿐인 영광 또는 실패나 다름없는 성공을 표현할 때 흔히 사용되는 용어인 '피로스의 승리(Pyrrhic Victory)'라는 말은 바로 이 전쟁에서 비롯되었다.

로마의 그리스 지배가 어느 정도 안정화되어가던 BC88년, 그리스 본토에서 멀리 떨어진 흑해 동남쪽 연안의 그리스계 왕국인 폰투스의 왕 미트리다테스 6세(재위 BC120~BC63)는 로마의 압제에서 그리스 민족을 해방시킨다는 명분하에 소아시아 지역의 로마 속주를 정복하고 그리스 본토까지 진출했다.

아테네를 포함한 많은 그리스 도시국가들이 이를 성원했으나, 로마 장군 루키우스 술라(BC138~BC78)가 원정군을 지휘해 미트리다테스 6세의 대군을 격파해 대부분의 그리스 도시국가들은 다시 로마의 지배적 지위를 받아들인다.

이때 술라는 아테네와 피레우스 항에 대한 포위전을 벌이면서 양 도시를 크게 파괴하고, 주변의 신성한 숲을 모두 베어 성을 공격하기 위한 무기를 만드는 데 사용하는가 하면, 에피다우루스, 올림피아, 델피 등의 주요 신전에 보관된 보물을 강제 징발해 전쟁자금으로 사용하는 등 그리스 문화를 파괴하는 만행을 저질렀다.

BC44년 로마의 새로운 권력자 율리우스 카이사르(BC100~BC44)는 로마가 100여 년 전에 철저히 파괴한 코린트를 재건해 다시 번창하게 했다. 이에 따라 코린트는 로마 시대 그리스의 행정수도로까지 발전한다. 사도 바오로(AD5~AD67)가 AD52년부터 무려 세 번씩이나 코린트를 방문한 것도 코린트가 기독교 선교에 그만큼 중요한, 대단한 도시였기 때문이다.

이렇듯 로마는 물리력으로 그리스를 복속시켰지만, 많은 로마 지식인들과 귀족들은 그리스 문화에 심취했고, 그리스적인 것을 따라하거나 배웠으며, 자녀들을 그리스로 유학 보냈다. 그리스인 선생을 모셔다 '과외'를 받는 것도 로마 귀족들의 유행 중 하나였다. 예를 들면, 그리스의 명연설가 데모스테네스(BC384~BC322)의 연설을 배우고, 주요 철학자의 가르침을 공부하는 것도 로마에서는 중요했다. 이런 배경 덕분에 그리스인들은 로마 원로원에도 진출했다.

로마 제국 황제 중 네로(재위 AD54~AD68), 하드리아누스(재위 AD117~AD138), 마르쿠스 아우렐리우스(재위 AD161~AD180)는 대표적인 그리스 문화 애호가들이었다. 네로는 AD67년 전쟁포로 등을 동원해 최초로 코린트 운하 건설을 시도했으며, 올림피아에서 개최된 올림픽 대회에 이방인으로서는 예외적으로 참가하고, 델피 등 그리스 여러 지역을 순회하면서 그리스에 대한 지식을 드러냈다. 하드리아누스는 아테네에 개선문과 로마식 아고라를 짓고, 도서관도 만들었다. 아테네 시는 하드리아누스에게 명예시민권까지 부여했다. '철학 황제'로 유명한 마

▲ 로마 제국 하드리아누스 황제가 아테네에 세운 아치

르쿠스 아우렐리우스는 대표작인 《명상록》을 그리스어로 집필했다.

　시간이 지날수록 로마 제국의 본령인 이탈리아 반도는 계속 이민족의 침입에 시달렸다. 하지만 그리스는 상대적으로 안정을 유지하면서 로마 제국 내 동부 지역의 중심적 위치를 굳혔다. AD395년에 로마 제국이 동서로 나뉘고, AD476년에는 서로마 제국이 망하고 나서도 동로마^(비잔틴) 제국이 1천 년 가까이 지속하는 과정에서 그리스는 동로마 제국의 중심이었다.

　흔히들 '비잔틴 제국^(Byzantine Empire)'이라고 일컫는 동로마 제국은, 전성기에 오늘날의 그리스, 터키, 이집트, 불가리아, 알바니아 및 시칠리아 섬, 크림 반도, 사이프러스 섬까지 포괄하는 대제국이었다. 이탈리아 반도에 있는 로마 중심의 서로마 제국과는 달리, 새로운 수도로 정해진 콘스탄티노플^(터키의 이스탄불)을 중심으로 1천 년 이상 존재했지만, 점차 세력이 약화되면서 1453년 오스만 투르크의 메흐메트 2세^(재위 1444~1446/1451~1481)에게 멸망당했다.

　특이하게도 당대 사람들은 자신들이 '비잔틴'이라는 제국에서 산다는 생각을 한 번도 해보지 않았다. 사실 '비잔틴'이라는 이름은 독일 역사학자

히에로니무스 볼프가 후기 로마 시대를 설명하면서 편의상 붙인 게 일반 용어로 고착된 경우다. '비잔틴'은 동로마 제국의 수도 콘스탄티노플의 옛 이름인 비잔티움(Byzantium)에서 연유하는데, 이 지역을 식민지로 개척한 아테네 인근의 도시국가 메가라의 왕자 비자스(Byzas)의 이름에서 따온 것이다. 비자스는 BC657년경 델피의 아폴론 신전에서 신탁을 받아 오늘날의 이스탄불 지역을 새로운 식민지로 개척했고, 그래서 사람들은 이 식민지를 비잔티움이라고 불렀다.

비잔티움은 제2차 그리스-페르시아 전쟁 때와 펠로폰네소스 전쟁 때에 스파르타가 일시 장악하기도 했으며, 이후 로마가 발흥하면서 자국 영향권에 넣었다. 당시까지는 국제적 수준의 도시에 들지 못했던 비잔티움이 로마 제국의 새로운 수도가 된 이유는 콘스탄티누스 대제(재위 AD306~AD337)의 의지 때문이었다. 콘스탄티누스 대제는 수도 로마가 국경에서 너무 멀리 떨어졌기에 국방에 문제가 있고, 물산이 풍부한 동방 지역에서도 멀며, 무능한 정치인들이 활개 치는 곳이라는 데 염증을 느끼고 새로운 수도를 건설코자 했다. 그리하여 제국의 동쪽 국경에 가깝고, 아시아-유럽 및 지중해-흑해를 잇는 무역로상에 있으며, 방어하기도 쉬운 비잔티움을 6년여의 재개발 사업을 거쳐 AD330년 새로운 수도로 정한다.

콘스탄티누스 대제 사후 비잔티움은 건설자의 이름을 원용해 콘스탄티노플로 개칭된다. 초기에는 로마 황제가 로마와 콘스탄티노플을 오가면서 통치했으나, 기독교를 국교로 정한 테오도시우스 I세 황제(재위 AD379~AD395)가 두 아들에게 각각 동로마와 서로마를 통치하도록 맡긴 후 양측은 별개의 체제로 운영된다.

한편 서로마 제국이 쇠락의 길을 걷기 시작하면서, 특히 AD476년에 망한 뒤에는 콘스탄티노플을 중심으로 한 동로마가 로마 제국의 적통으로 인식되었다. 물론 라틴적인 서로마와 그리스적인 동로마는 상당한 차이도 있었지만 말이다. 동로마, 즉 비잔틴 제국은 헤라클리우스 황제(재위 AD610~AD641) 때에는 라틴어 대신 그리스어를 공용어로 채택했다. 유스티니아누스 황제(재위

AD527~AD565) 때에는 영토가 최대로 확장되었는데, 과거 로마의 지중해 영역과 북아프리카·이집트·소아시아 지역까지 강역에 포함되었다.

비잔틴 제국은 언어는 그리스어, 법체계는 로마법, 종교는 정교회적인 기독교가 중심인 나라였다. 그래서 서유럽에서는 비잔틴 제국을 그리스인들로 구성된 동방의 왕국으로 보는 시각이 있었다. 이런 시각은 프랑크 왕국의 샤를마뉴 대제(황제 재위 AD800~AD814)가 로마에서 서로마 제국의 황제 즉위식을 거행한 후 더욱 강화되었다. 반면 주변 이슬람권 지역에서는 비잔틴 제국을 계속 '로마'라고 불렀다.

비잔틴 제국은 풍부한 물산으로 계속 발전했다. 특히 수도인 콘스탄티노플은 한때 유럽에서 가장 크고 가장 부유한 도시로서의 위용을 뽐냈다. 중세 시대의 교육 수준도 비잔틴 제국 쪽이 당시 서유럽 국가들에 비해 훨씬 높았다. 다만 국가의 부를 배분할 때 국방 분야에는 소홀했기에 갈수록 외적의 침입에 많이 노출되었다. 고대 그리스 시대의 용맹스런 군인들은 모두 없어지고 전쟁을 회피하려는 사람들만 늘어나 이교도들에게 속수무책으로 당한다는 비판도 일어났다. 상비군보다는 용병을 활용하는 경우가 더 많은 것도 문제였다.

옛 페르시아 제국의 땅에서 발흥해 중동을 장악한 셀주크 투르크가 1071년 만자케르트 전투에서 비잔틴 군대를 대파한 후 오늘날 터키의 아나톨리아(소아시아)를 장악하자 비잔틴 제국의 강역은 대폭 줄어들었다. 이후 셀주크 투르크가 몽골에 망하고, 투르크족의 분파 중 하나인 오스만 투르크가 크게 발흥하자 비잔틴 제국은 거의 모든 영토를 상실했다.

결국 오스만 투르크의 메흐메트 2세가 비잔틴 제국의 마지막 영토로 명맥을 유지하던 콘스탄티노플을 1453년 함락시키고, 비잔틴 황실이 다스리던 펠로폰네소스 반도의 모레아 지역까지 1460년 병합하면서 비잔틴 제국은 역사 속으로 사라졌다.

흔히 비잔틴 제국을 '천년 제국'이라 부르지만, 단일 왕조로 이어져왔던

▲ 비잔틴 제국의 상징인 쌍두독수리 문양.
쌍두독수리는 정교회와 국가 간의 조화 또는 동로마와 서로마에 대한 복합주권(複合主權)을 의미한다.

것은 아니다. 후사가 끊기거나 궁정 쿠데타 등 다양한 원인 때문에 여러 왕조가 명멸했다. 1204년의 제4차 십자군 전쟁 때에는 이슬람교도들이 정복한 예루살렘 쪽으로 가야 할 십자군이 오히려 같은 기독교도의 도시인 콘스탄티노플을 점령해 라틴 제국을 세웠는데, 라틴 제국은 기존 비잔틴 제국의 황실이 1261년 콘스탄티노플을 탈환할 때까지 무려 60년 가까이 존재했다.

비잔틴 제국은 정치와 종교가 일체화된 일종의 신정(神政) 국가였다. 기독교적 가치와 이상이 제국의 정치적 이상 또는 목표와 동일시되고, 황제는 국가수반일 뿐 아니라 교회의 수장으로서 신을 대리해 신의 이상을 실현하는 사람이었다. 많은 재물이 들어간 엄청난 규모의 교회가 제국 곳곳에 세워졌으며, 그중 상당수는 오늘날에도 원형을 유지하면서 그 위용을 자랑한다. 비잔틴 시대의 영향은 계속 이어져 정치와 종교가 분리된 현대에도 그리스의 많은 국가적 행사에는 정교회 주교나 신부의 참여와 축성이 필수 요소로 남아있다.

흔히 '비잔틴 양식'으로 불리는 건축 양식은 외벽이나 기둥이 벽돌로 이루어지고 내부는 섬세한 모자이크로 꾸며졌다. 큰 돌을 깎아 건물을 짓는 서유럽의 고딕식에 비해, 비잔틴 양식은 비용과 시간이 적게 드는 장점이 있다. 성상(聖像) 파괴 운동의 영향으로 교회에 예수 상이나 성모 마리아 상은 없지만,

화려한 모자이크 벽화는 교회와 공공건물의 내부와 바닥을 멋지게 장식한다.

비잔틴 양식으로 된 건물은 발칸 반도 및 동유럽 국가들은 물론 서유럽 국가에서도 자주 발견된다. 영국 런던에서도 성공회의 중심 교회인 웨스트민스터 사원(Westminster Abbey)은 고딕식으로 지어졌지만, 근처에 있는 영국 가톨릭교회의 총본산인 웨스트민스터 성당(Westminster Cathedral)은 비잔틴 양식으로 지어졌다. 가톨릭교회의 총본산이 고딕식이 아닌 비잔틴식으로 지어졌다는 것이 특이하기는 하다.

불행히도 서유럽에서는 오랫동안 '비잔틴'이라는 단어가 전제주의·관료주의·비효율을 의미했다. 이는 비잔틴 제국의 정교일체적 성격뿐만 아니라 전제주의와 이슬람적·아시아적 문화가 융합된 특성을 비하하는 과정에서 나온 것이라고 생각된다. 그러나 비잔틴 제국은 고대 그리스의 고전 문명과 로마 제국의 발전된 문명을 잘 보전한 후, 오랫동안 암흑기에 놓였던 서유럽에 다시 전파함으로써 르네상스 운동을 촉발시켰다. 아울러 서유럽이 이슬람 세계의 진격으로부터 벗어나게 하는 완충지대 역할도 함으로써 서유럽이 자체 문화를 꽃 피울 수 있게 했다. 오늘날 그리스인들도 자신들이 비잔틴 제국의 후예라는 사실에 점점 더 큰 자부심을 갖는 것 같다.

8
오스만 투르크의 그리스 통치와
그리스의 독립 및 대그리스주의

비잔틴 제국이 멸망하면서 그리스 지역은 오스만 투르크 제국의 일부가 되었고, 정치적·사회적·경제적으로 많은 변화를 겪었다. 우선 많은 그리스 지식인들이 오스만 투르크의 지배를 피해 서유럽으로 이동했으며, 이들은 훗날 서유럽에서의 르네상스 발흥에 큰 영향을 미쳤다.

또한 상당히 많은 사람들이 기독교도에 대한 높은 세금과 차별을 피해 평지에서 산지로 이동했다. 그리스의 거친 산악 지역은 오스만 투르크의 공무원이나 군대가 관리하기가 어려워서였다. 이에 따라 평지의 그리스인 수는 많이 감소했고, 반면에 수많은 이슬람교도들이 북부 트라키아나 마케도니아 같은 지역으로 이주해왔다. 15세기 말 스페인에서 추방된 유대인들을 오스만 투르크가 받아들이면서 이들 중 상당수도 북부 테살로니키 지역에 정착했다.

오스만 투르크는 밀레트(Millet)라는 독특한 제도를 도입했는데, 이는 다양한 민족들을 종교에 따라 구분하고 어느 정도의 자치를 허용하면서 술탄(Sultan, 황제)을 중심으로 결집시키기 위한 것이었다. 밀레트는 피지배계층에게 허락된, 종교에 기반을 둔 일종의 자치공동체로서, 내부에서는 독자적인 관습법과 제도가 통용되었으며, 술탄에게만 책임을 지는 최고 종교지도자가 통치했다. 오스만 투르크에는 크게 이슬람교도, 그리스 정교회 신자, 아르메니아 기독교도, 유대교도 등으로 이루어진 4개의 밀레트가 있었다. 밀레트의 구성원들은 개인의 능력과 충성심 등에 따라 출세할 수도 있었고, 개종하여 다른 밀레트로 들어갈 수도 있었다.

그리스 정교회 신자 밀레트는 룸 밀레트(Rum Millet, Millet-i-Rum, 로마인 밀레트)라고도 불렸으며, 콘스탄티노플(터키의 이스탄불)에 있는 총대주교(Patriarch)가 모든 정교회 신자들의 행동에 대한 책임과 조세·국방 관련 책무를 졌다. 오스만 투르크 당국은 룸 밀레트의 관리를 그리스인에게 맡겼으며, 이에 따라 그리스 정교회는 루마니아인이나 불가리아인 등 정교회 신자인 다른 민족들까지 술탄에게 충성시키는 책임도 부여받았다. 총대주교는 오스만 투르크 당국으로부터 상당한 예우를 받았으나, 그리스인들이 봉기나 독립운동을 일으키면 시범 케이스로 처형당하기도 했다.

오스만 투르크 당국은 그리스 정교회 신자들에게 개종을 강요하지는 않았다. 하지만 이슬람교도가 아닌 사람들에게는 토지세는 물론 높은 인두세까지 부과했다. 대부분의 정교회 신자들은 곤궁하게 살아야 했기에 많은 정교회 신자들이 이슬람교로 개종했다. 오스만 투르크 당국은 정교회 신자가 이슬람교로 개종하면 즉시 받아들여주었다. 그러나 여타 정교회 신자들은 개종자들을 투르크인으로, 그러니까 '배신자'라고 여겼다. 이러한 사정 때문에 개종한 사람들 중에는 몰래 정교회의 전통을 지키는 비밀 정교회 신자(Crypto-Christian)도 많았다. 물론 발각되면 사형 등 엄한 처벌을 당했다.

정교회 신자들에게는 병역의 의무가 없었다. 다만 정교회 신자 사회의 아이 5명 중 1명은 의무적으로 이슬람교도가 되어야 했고, 이 아이들은 최정예 부대인 예니체리(Janissary)의 병사로 양성되었다. 예니체리 병사들은 이슬람교도의 일원으로 대우를 받았으며, 제대 후 높은 관직에도 오를 수 있었다.

오스만 투르크 당국은 초기에 그리스 본토를 총 6개의 산자크(Sanjak)라는 행정구역으로 구분했고, 추후 복속시킨 여러 그리스 섬들 등으로 이 제도를 확대했다. 오스만 투르크 당국에 의한 혹독한 착취 사례는 대개 욕심 많은 산자크의 수장이나 하급 관리들에 의해 저질러진 것이다. 이렇듯 가혹한 세금 때문에 이 당시 그리스의 경제는 이전 시대에 비해 오히려 상당히 퇴보했다. 다만 오스만 투르크 제국의 확장과 함께 지중해 해상무역이 상당히 발전하자, 당시에도 해상무역 분야에서 오랜 노하우가 있던 그리스인들의 활약도 두드러졌다.

오스만 투르크 제국이 점차 안정기에 접어들자 오스만 투르크의 엘리트들은 자국이 주변 유럽 국가들에 비해 낙후되었음을 인식하기에 이르렀다. 그리하여 행정·기술·금융 분야의 능력이 뛰어난 그리스인들이 많이 활용되었으며, 고등교육을 받은 그리스인들의 입지도 크게 나아졌다. 흔히 파나리오테스(Phanariotes)라는 그리스계의 부유한 지식층이 이 시기에 형성되었는데, 이들은 정교회 총대주교가 거주하는 콘스탄티노플의 파나르 지역에 살면서 점차 큰 영향력을 발휘했다.

이들의 교육 수준은 제국 내 여타 민족들에 비해 높았기에 주로 오스만 투르크 정부의 통역사(dragomanas)나 외교관으로 활동했다. 추후 그리스 독립전쟁 중에는 이들 중 상당수가 그리스 민족주의 이념과 투쟁 방향을 제시하는 등 지도적 역할을 수행했다. 그리스 독립전쟁의 영웅 알렉산드로스 입실란티스(1792~1828)와 디미트리오스 입실란티스(1793~1832) 형제도 바로 이 파나리오테스 출신이다.

오스만 투르크 제국의 확장기에 지중해에서는 주로 오스만 투르크 제국과 이탈리아의 베네치아 공화국이 계속 충돌했다. 콘스탄티노플이 오스만 투르크에 함락당한 후 약 120년이 경과한 1571년에는 베네치아가 통치해온 사이프러스 섬이, 그리고 1669년에는 크레타 섬이 오스만 투르크에 각각 복속되었다. 반면 이오니아 해에 있는 섬들은 케팔로니아가 아주 짧은 기간 동안 오스만 투르크의 지배하에 있었던 것을 제외하면 계속 베네치아의 지배하에 있었다.

베네치아는 그리스 본토에서도 오스만 투르크와 많은 전투를 벌였는데, 1688년 프란체스코 모로시니(1619~1694)가 지휘하던 베네치아군은 아테네를 포위공격하면서 당시 오스만 투르크 군대가 화약고로 활용하던 파르테논 신전에 포격을 가해 대폭발을 일으켰다. 그때까지 원형을 유지하던 파르테논 신전이 오늘날의 모습처럼 파괴된 것은 당시의 전투에 따른 결과다.

프랑스의 장군이던 나폴레옹 보나파르트⁽재위 1804~1814⁾가 1797년에 베네치아를 정복한 후 이오니아 해 쪽의 섬들은 일시적으로 프랑스의 지배를 받았다. 1799년 러시아와 오스만 투르크 연합함대가 이 섬들을 점령하면서 1800~1807년에는 명목상 오스만 투르크와 러시아가 종주권을 갖지만 그리스인들이 제한적인 자치정부를 유지하는 '7개 섬들의 공화국(The Septinsular Republic)'이 탄생했다. 그러다 러시아와 오스만 투르크가 대결하는 상황이 벌어지면서 이오니아 해의 섬들은 1807년 프랑스에 병합되나 1815년 영국의 보호령으로 바뀌고, 1864년 최종적으로 그리스에 반환되었다.

▲ 이스탄불(콘스탄티노플)의 성 소피아 성당.
기독교식 모자이크화가 오스만 투르크 시대에 모스크(mosque, 사원)로 전용되면서 설치된 이슬람 서체의 장식 원반과 조화를 이루고 있다. 지금은 박물관으로 사용되고 있다.

이런 역사적 이유 때문인지, 일본의 지배를 겪은 한국처럼 그리스 역시 인접국이자 오스만 투르크의 후계국가인 터키와 빈번한 갈등을 겪고 있다.

사실, 오늘날 터키 영토의 대부분을 구성하는 아나톨리아⁽소아시아⁾의 서부 연안 지역은 고대에 그리스계 도시국가들이 번성했던 곳이다. 심지어 아르메니아 쪽에 가까운 흑해 연안의 폰투스 지역도 오랫동안 그리스계 주민들이 살아온 곳이다. 고대 페르시아가 아나톨리아를 지배한 기간도 있었으나, 그 당시에도 이 지역의 그리스적 특성은 오랫동안 지속되었다. 로마가 동서로 분열되고, 동로마가 비잔틴 제국으로 번성할 당시 아나톨리아는 비잔틴 제국의 핵심 무대였다.

1453년 콘스탄티노플이 오스만 투르크에 함락되면서 비잔틴 제국의 멸망과 함께 그리스 전역은 오스만 투르크, 즉 터키의 지배를 받았다. 그 기간이 무려 400여 년을 지속했으니, 우리가 일본의 지배를 받은 기간의 무려 11배 정도에 해당되는 장구한 세월이다. 더군다나 그리스 남부 지역은 1830년에 독립을 쟁취했지만, 북부 지역은 1920년대에 그리스 영토로 편입되었기에 북부 지역 주민들은 터키의 지배를 무려 500년간 받았다고 주장한다.

오스만 투르크가 쇠락해가던 1821년 3월, 오늘날 루마니아의 이아시 지역과 펠로폰네소스 반도 서남단의 마니 지역에서 봉기가 일어났다. 곧이어 그리스 전역에서 독립을 위한 봉기가 들불처럼 번지면서 그리스 독립전쟁이 시작된다. 이아시 지역의 봉기는 콘스탄티노플의 유력한 그리스 집안 출신인 알렉산드로스 입실란티스가 비밀결사인 필리키 에테리아(Filiki Eteria, 친구들의 모임)를 활용해 거병한 것이다. 상당한 수준의 자치권을 유지하던 마니 지역에서는 토호였던 페트로스 마브로미할리스(1765~1848) 등이 중심에 섰다.

오스만 투르크는 이런 봉기를 무자비하게 진압했다. 하지만 이 같은 사실이 유럽 국가들에 알려지자 같은 기독교도라는 종교적 동질감이 있고 서양 문명의 원류로 인식된 그리스를 지원해야 한다는 움직임이 전 유럽에서 일어났다. 영국, 프랑스, 러시아가 그리스의 독립전쟁을 지원하고, 영국 시인 조지 바이런(1788~1824)처럼 의용병으로 참전하거나 프랑스의 화가 외젠 들라크루아(1798~1863)처럼 예술작품으로 성원하는 지식인도 많았다.

피비린내 나는 그리스 독립전쟁은 10여 년간 지속되었다. 결국 1830년에 '런던 의정서'로 그리스는 영국, 프랑스, 러시아에 의해 독립을 인정받고, 1832년에 '콘스탄티노플 조약'에 의해 공식적으로 독립을 달성한다. 독립 당시의 국토는 서쪽의 아르타 만에서 동쪽의 볼로스 만에 이르는 선의 이남 지역과, 키클라데스 제도와 사모스 섬 등 일부 섬을 포함한 수준이었다. 즉, 현대 그리스 국토의 절반에도 훨씬 못 미치는 영역이었다.

▲ 그리스 독립전쟁 당시 전투 장면

　이런 이유 때문에 독립 후 그리스의 행보는 과거 조상들이 거주했던 지역을 되찾자는 고토 회복 운동(irredentism)으로 전환된다. 옛 비잔틴 제국의 강토를 회복하고, 그리스계 주민들이 거주하는 지역 전체를 아우르는 그리스인의 국가를 건설해야 한다는 주장이 민간과 정치권에서 분출되기 시작한 것이다. 특히 1830년대에 그리스 총리 요안니스 콜레티스(1773~1847)가 내세운 메갈리 아이디어(Megali idea, 원대한 생각)는 고토 회복 운동을 상징적으로 나타내는 말로서, 오늘날까지 많은 그리스 사람들에게 회자되고 있다.

　메갈리 아이디어가 상정하는 그리스 국가는 수도를 콘스탄티노플(터키의 이스탄불)로 하고, 발칸 반도 남부와 소아시아(터키의 아나톨리아) 및 흑해 연안, 사이프러스 섬 등을 포함하며, 아울러 이오니아 해, 에게 해, 마르마라 해, 흑해, 리비아 해 등에 걸친 국가다. 고토 회복 운동은 국제 정세의 흐름과 맞물리면서 여러 차례에 걸쳐 그리스의 국토 확장에 기여한다.

　1864년에는 영국의 호의에 따라 코르푸 섬 등 이오니아 해의 7개 섬들을 모두 돌려받았고, 1881년에는 테살리아 지역을 회복했으며, 두 차례의 발칸 전쟁(1912~1913) 후에는 마케도니아, 크레타 섬, 남부 에피루스 및 에게 해 동부의 섬들을 되찾는다. 제1차 세계대전(1914~1918) 후인 1920년에는 서부 트라키아를 확보하고, 제2차 세계대전(1939~1945) 후인 1947년에는 이탈리아와의 평화협정으로 로도스 섬을 포함한 도데카네스 제도를 회복한다.

특히 그리스의 영토가 2배 이상 확장된 발칸 전쟁부터 제1차 세계대전까지의 그리스 총리였던 엘레프테리오스 베니젤로스(1864~1936)는 소아시아 지역의 거점 스미르나(터키의 이즈미르)까지 확보해 메갈리 아이디어를 거의 완성시켰다. 베니젤로스 총리는 발칸 전쟁 때 세르비아, 몬테네그로, 불가리아와 '발칸 동맹'을 결성해 오스만 투르크에 승리를 거두고, 제1차 세계대전 때에는 왕당파의 반발에도 불구하고 연합국 편에 가담하는 능란한 외교술로 국토를 더욱 확장했다. 그런데 메갈리 아이디어는 다음과 같은 사건으로 결정적 타격을 입었다.

제1차 세계대전 당시 독일과 오스트리아—헝가리 그리고 오스만 투르크 등으로 이루어진 동맹국을 선호했던 그리스 국왕 콘스탄티노스 1세(재위 1913~1917/1920~1922)와 연합국을 지지했던 베니젤로스 총리는 내치 및 외교를 둘러싸고 끊임없이 대립했다. 이 과정에서 연합국의 압력으로 콘스탄티노스 1세는 둘째 아들 알렉산드로스 1세(재위 1917~1920)에게 양위하고 스위스로 망명했다. 제1차 세계대전이 끝나고 승리의 환희가 지속되던 1920년 10월 알렉산드로스 1세가 여름궁전을 산책하다 원숭이에 물려 사망하는 어처구니없는 사건이 발생한다.

이 사건 뒤 그리스에서는 왕정을 계속 유지할 것인지 공화정으로 갈 것인지에 대한 치열한 논쟁이 점화되었고, 1923년에 치러진 총선에서 군대 동원령 해제와 스미르나에서의 그리스군 철수 등을 내세운 왕당파가 대승했다. 국회의원 선거에서도 낙선한 베니젤로스 전 총리는 프랑스로 떠나고, 국민투표에 의해 콘스탄티노스 1세가 복위함으로써 구체제가 환원되었다. 왕당파는 전쟁 경험이 풍부하고 유능한 군 지휘관들을 베니젤로스계라는 이유만으로 모두 숙청했으며, 선거 공약과는 달리 소아시아의 핵심 지역까지 회복코자 군사적 진출을 조급하게 시도한다.

초반에는 제1차 세계대전의 패전으로 무너진 오스만 투르크 제국을 뒤이은 신생 터키 공화국 측이 밀렸으나, 앙카라 근교의 사카리아에서 벌어진 전투에서 케말 아타튀르크(1881~1938)가 이끄는 터키군이 큰 승기를 잡았다. 뒤이어 터키군이 스미르나까지 재탈환하면서 소아시아를 회복코자 했던 그리스의 꿈은 산산조각났다. 이후 터키와 제1차 세계대전 참전 연합국 간의 평화협정인 '로잔 조약'이 1923년에 체결되자 현재의 그리스-터키 간 국경이 확정되었다. 뒤이어 별도 협정으로 터키 내 그리스인 100만 명과 그리스 내 터키인 50만 명이 맞교환(추방)되면서 소아시아 내 고토 회복까지 꿈꾸던 메갈리 아이디어는 추력을 상실했다.

오늘날에도 상당수 그리스인들은 베니젤로스 총리가 당시에 낙마하지 않았으면 메갈리 아이디어는 완성되었을 것이라고 이야기한다. 아울러 소아시아(터키의 아나톨리아)는 언젠가는 반드시 회복해야 할 고토라고 강조한다. 심지어 사이프러스 섬 내에도 상당수 그리스계 사이프러스인들은 "그리스와 사이프러스 양국은 꼭 연합국을 만들어야 한다"고 주장한다.

그리스와 사이프러스를 통일해 연합국을 만들어야 한다는 주장을 에노시스(Enosis)라고 하는데, 메갈리 아이디어와 맥을 함께한다. 반면, 최근 터키는 바로 소아시아 코앞에 놓인 에게 해상의 섬들을 모두 그리스 영토로 확정한 '로잔 조약'이 잘못되었다며 개정해야 한다고 목소리를 높이고 있다.

사실 '로잔 조약'은 터키 측이 보기에도 제1차 세계대전 후 연합국이 강요한 '세브르 조약' 같은 불평등 조약을 크게 개선한 조약이다. 아울러 당시에는 터키가 소아시아에 면한 에게 해의 섬들을 관리할 능력이 없었기에 '로잔 조약'에 동의하였는데, 이제는 개정해야 한다는 주장이기도 해서 그리스는 이를 절대 수용할 수 없다는 입장이다.

한편, 제1차 세계대전 직후 베니젤로스 총리가 총선에서 낙마한 사례는 제2차 세계대전의 영웅 윈스턴 처칠 총리(1874~1965)가 전쟁 직후 치러진 영국 총선에서 패해 총리직에서 물러난 사례를 떠올리게 한다. 두 사례 모두 오랫동안 전쟁에 시달린 일반인들의 염증과 함께 전후의 새로운 리더십을 원하는 정서가 반영된 것이기에 더욱 그러하다.

이 두 사례들을 보면서 "전쟁 때의 리더십에 기대어 평화 시에 표를 몰아 달라고 하기는 어렵다"는 격언이 떠오른다. 다만 이 두 총리들이 위안으로 삼을 만한 점이 있으니, 처칠 총리의 동상은 영국 국회의사당 앞에 크게 세워졌고, 베니젤로스 총리의 대리석상도 그리스 국회의사당 앞에 유일한 인물상으로 세워져 있다는 사실이다.

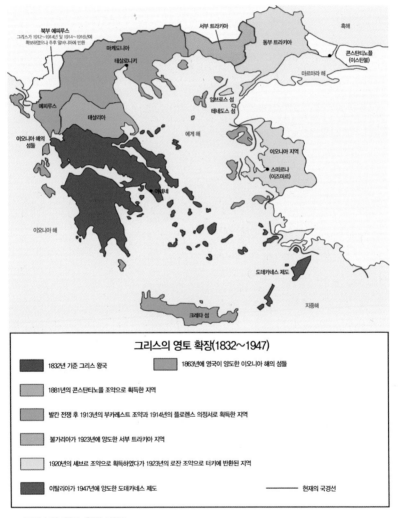

▲ 그리스의 영토 확장 과정

9
그리스 내전

제2차 세계대전이 시작된 지 2년이 다 되어가던 1941년 4월, 나치독일군이 아테네로 진격해왔다. 당시 그리스 국왕 예오르기오스 2세(재위 1922~1924/1935~1947)와 그리스 정부는 영국의 세력권인 이집트로 탈출해 카이로에 망명정부를 세운다. 그러나 나치독일군 점령하의 그리스 본토 일반인들에게는 이 망명정부가 있으나 마나 한 존재였다. 나치독일군이 그리스인 협력자를 내세워 괴뢰정부를 세우고 군사조직도 결성했기 때문이다. 이 군사조직은 그리스의 레지스탕스를 소탕하기까지 했다.

당시 그리스 레지스탕스 조직의 계파는 여러 개였지만, 그중 규모가 가장 컸던 것은 그리스 공산당(KKE)계인 민족해방전선(EAM)이었고, 그 군사조직인 그리스인민해방군(ELAS)은 매우 강력했다. 또한 서북부의 에피루스 지역에서 큰 영향력을 미치던 그리스민족공화동맹(EDES)과 중동부 지역을 근거로 하는 민족과사회해방(EKKA) 등도 주요 레지스탕스 세력이었다.

그리스 레지스탕스의 저항은 나치독일의 사주를 받은 불가리아가 점령한 북부 지역에서 시작되었지만, 국토 대부분이 레지스탕스가 활동하기 좋은 산악 지형으로 이루어진 그리스의 특성상 점차 주요 도시 및 간선도로를 제외한 나머지 지역은 레지스탕스가 실효 지배하게 된다.

그런데 나치독일군의 패퇴가 가까워올수록 누가 전후 그리스의 권력을 장악할 것인가를 두고 레지스탕스 조직들 간의 의심과 반목이 커져갔다. 그래서 레지스탕스 조직들은 나치독일 등 추축국 세력에 대한 투쟁뿐만 아니라 상호 간의 충돌도 이어갔다. 공산당 계열인 EAM 게릴라들은 EDES의 근거지인 에피루스를 공격하는가 하면, EKKA의 지도자 디미트리오스 프사로스

▲ 데켐브리아나 전투 당시 아테네 시내

를 1944년 4월 17일에 암살하는 등의 공작으로 우월적인 지위를 확보했다.

나치독일군이 그리스에서 철수한 1944년 10월 영국군이 아테네에 입성함과 아울러 망명정부의 지도자 예오르기오스 파판드레우(1888~1968)가 아테네로 들어와 공산당 계열인 EAM 출신 각료 6명을 포함시킨 거국 내각 정부를 구성한다. 그런데 군정사령관인 영국의 로널드 스코비 장군(1893~1969)은 공산주의 세력을 약화시키고자 일부 친정부계 무장 세력을 제외한 모든 세력의 무장 해제를 공포했다. 이에 대한 항의로 1944년 12월 공산당 계열 각료 6명이 사임하고 아테네에서 좌파들의 대규모 시위가 진행되었으나, 정부군과 영국군의 대응 사격으로 사상자가 다수 발생한다.

이후 37일간에 걸쳐 데켐브리아나(Dekemvriana, 12월의 사태)라는 전투가 아테네에서 벌어졌다. 그러나 외부에서 지원을 받지 못한 EAM이 결국 패퇴했다. 당시 소련은 이 사태에 개입하지 않았는데, 이는 1944년 10월 소련 지도자 이오시프 스탈린(1878~1953)이 윈스턴 처칠 영국 총리와의 모스크바 회동에서

'영향권 구획에 대한 합의(Percentage Agreement)'를 했기 때문이다. 즉, 전후 루마니아와 불가리아는 소련의 영향권 아래에, 그리스는 영국의 영향권 아래에 두기로 해서였다.

1945년 2월 그리스의 외교부 장관과 그리스 공산당 서기는 '바르키자 합의(Varkiza Agreement)'로 EAM 및 ELAS의 무장을 해제하는 대신 정치범 사면과 군주제에 대한 국민투표 및 총선 실시 등에 합의한다. 이로써 ELAS는 와해되었으나, 나치독일군 점령 때와 데켐브리아나 때의 행위는 정치범 사면 대상에서 제외해 수많은 공산주의자들이 우익 세력에 의한 백색 테러를 당했다. 이 와중에 약 1,200명의 공산당 관련자가 살해당했다.

결국 공산당 계열이 보이콧을 선언한 상황에서 실시된 1946년 3월 총선에서 우익 계열인 통일국민당이 승리하고, 이어 9월의 국민투표로 군주제 유지 입장이 결정되자 예오르기오스 2세 국왕도 귀국해 아테네에는 우익 정부가 수립된다.

한편, 그리스 공산당은 정세가 자신들에게 불리하게 돌아가자 1946년 2월 다시 무장투쟁 노선을 결정한다. 곧이어 그리스민주군(DSE)이라는 무장조직을 창설해 본격적인 게릴라전을 전개해나간다. 이들의 무장투쟁을 제2차 세계대전 당시 유고슬라비아 파르티잔(partisan, 저항세력)의 지도자였고 전후 유고슬라비아의 새 지도자가 된 요시프 티토(1892~1980)와 알바니아의 공산정권이 적극 지원했다.

그러나 정작 소련은 여전히 소극적인 반응을 보였으며, 심지어 그리스 공산당에 무장투쟁을 중단하라는 지시까지 내린다. 그리스 공산화를 위해 적극적인 무장투쟁을 전개해야 한다는 티토와 이를 거부하는 스탈린 간의 이견으로 결국 티토와 스탈린은 갈라선다. 이후 티토가 소련의 지도를 거부하고 독자적인 노선을 유지해나간 것은 잘 알려져있다.

그리스 공산당 서기장 니코스 자카리아디스(1903~1973)와 군사지도자 마르코스 바피아디스(1906~1992)가 이끄는 DSE는 무장투쟁 초기에 펠로폰네소스 지역의 대부분과 그리스 북서부 지역 및 여러 섬들을 장악했으며, 1947년

12월에는 자체 정부 수립까지 선포한다. DSE의 공세가 강화되고 영국 혼자서는 그리스 정부군을 지원하기가 어려워지자, 1947년 3월 해리 트루먼 미국 대통령(1884~1972)은 의회 연설에서 공산주의의 위협을 받고 있는 그리스와 터키에 대한 군사적·경제적 지원을 천명하는 '트루먼 독트린'을 선언했다. 이제 미국의 본격적인 그리스 정부 지원이 시작된 것이다.

그리스 정부군에 대한 미국의 강력한 지원과 함께 게릴라전을 강조하는 바피아디스와 전면전을 주장하는 자카리아디스 간의 대립 및 무모한 전면전의 실패 등으로 DSE는 수세에 몰린다. 특히 알렉산드로스 파파고스 장군(1883~1955)이 이끄는 정부군의 토벌작전이 효율적으로 이루어지는 와중에, 그리스 공산당은 결국 스탈린의 노선을 따르기로 해 최대 후원자인 티토와의 관계마저 단절되면서 1949년 9월 조직원 대부분이 항복하거나 알바니아로 도망했다. 그리고 1천여 명의 조직원은 소련령 우즈베키스탄 공화국의 타시켄트로 철수한다. 뒤이어 10월에는 자카리아디스 서기장이 임시휴전을 선언해 그리스 내전은 공식적으로 종료됐다.

그리스 내전은 제2차 세계대전 직후 냉전이 시작되는 시기에 서방 세력이 공산주의의 침투에 맞서 승리한 첫 사례다. 또한 공산주의의 팽창에 맞서 1949년 4월 미국과 유럽 국가들이 북대서양조약기구(NATO)를 설립하는 데에도 큰 영향을 미친 사건이다. 한편, 내전 당시 정부군과 반군의 사망자 합계가 5만 명을 넘어서고, 훨씬 많은 수의 부상자와 50만 명에 이르는 난민이 발생하는 등 나치독일군의 점령기보다 훨씬 더 큰 피해마저 발생했다.

수많은 그리스인들이 내전을 피해 공산국가나 호주, 미국, 캐나다, 영국, 독일 등지로 이민을 떠났고, 그리스 국내에서는 향후 수십 년간 좌·우 세력 간의 갈등과 국론 분열이 벌어졌다. 또한 그리스 내전은 이후 전개된 왕실과 내각 간의 갈등 및 군사 쿠데타 등의 연원이 되었다. 1974년 군정 종식 후 콘스탄티노스 카라만리스 총리(1907~1998)가 이끄는 보수당 정부는 군주정 폐지, 공산당 합법화, 정치범 사면·복권 등의 공약을 내세우면서 국민적 화해를 추구했으며, 뒤이은 범그리스사회운동(PASOK) 정부는 망명 공산주의자의 귀국, 정치 활동 장려, 연금 제공 등의 국민 통합 노력을 전개한다.

1989년 그리스 의회는 1946~1949년의 무장투쟁을 공산주의자들의 반란이 아닌 내전으로 인정하는 법안을 만장일치로 통과시켜 패배자의 명예도 회복시킨다. 이처럼 형식적인 면에서의 국민 통합 조치는 많이 이루어졌지만, 그리스 사회 내에 강하게 존재하는 좌·우 세력 간의 갈등은 지금도 여전히 진행 중인 듯하다.

특기할만한 사항으로는 1950년 6월 25일 한국전쟁이 발발하자 트루먼 대통령은 한국을 '극동의 그리스'라고 불렀다는 점이다. 이는 미군 투입 등 신속한 조치를 취하기 위해 북한 공산군의 남침을 그리스에서의 공산주의 반군의 책동과 같은 것으로 규정하기 위함이었다. 그리스 내전 당시 미국의 군사고문단장으로 공산주의 반군 격퇴에 큰 공을 세운 제임스 밴 플리트 장군(1892~1992)도 이후 주한 미 8군 사령관으로 부임해 다시 한 번 공산주의 세력 격퇴 임무를 수행한다. 그리스가 한국전쟁에 육군과 공군을 신속하게 파병한 데에도 밴 플리트 장군이 크게 기여했다.

내전을 막 끝낸 그리스는 자국 상황이 녹록치 않았는데도 '트루먼 독트린'으로 입은 수혜를 한국에 베풂으로써 그간 서로 잘 알지도 못했던 한국과 그리스가 향후 긴밀한 우호 협력 관계를 유지하는 기반을 마련한다.

10
군사정부의 등장과 민주정의 회복

그리스의 정치사에서뿐만 아니라 유럽의 현대정치사에서도 오점으로 기록된 그리스 군사정부는, 1967년 4월 21일 예오르기오스 파파도풀로스 대령(1919~1999)이 성공시킨 '대령들의 쿠데타'로 시작되었다. 군사정부는 터키가 사이프러스 섬을 침공하여 북부 지역을 점령한 여파로 1974년 7월 24일 헌병준장 디미트리오스 요안니디스(1923~2010)가 이끄는 제2기 군사정부가 퇴장할 때까지 무려 7년간 지속되었다.

쿠데타가 발생한 원인은 내전 이후 30년이 지나도록 좌·우 세력 간의 화해와 국민 통합이 이루어지지 못하고 갈등과 대립이 계속되었던 것과도 무관치 않다. 아울러 1964년 24세의 젊은 나이에 왕위를 계승한 국왕 콘스탄티노스 2세(재위 1964~1973)가 헌법상의 권한을 넘어 국정에 무리하게 간여한 데 따른 국정 혼란도 한몫했다. 물론 결정적 사건은 따로 있었다.

내전 이후 보수 우익 정부가 계속 이어지던 그리스에서 1964년 2월 선거로 개혁 성향인 중도연합(Center Union)의 지도자 예오르기오스 파판드레우(1888~1968)가 총리로 취임한다. 파판드레우 총리는 내전 이후 오랫동안 감옥살이를 하던 공산주의자들을 석방하기 시작해 보수 세력과 미국의 우려를 야기했다. 더구나 파판드레우 총리의 아들이자 고령의 총리보다 더 큰 영향력을 행사하던 안드레아스 파판드레우(1919~1996)는 국가 예산을 국방비로 무의미하게 낭비하게 하는 냉전체제에서 벗어나 그리스 국익에 맞는 정책을 펼치자고 주장했다.

안드레아스 파판드레우는 미국 하버드대학에서 경제학 박사 학위를 받고 버클리대학에서 경제학과 학과장까지 역임하다 귀국했다. 그런데도 미국과 대립각을 세우는 주장을 계속해 미국은 물론 그리스 보수층 및 국왕과도 껄끄러운 관계를 유지했다. 급기야 국방부 장관 페트로스 가루팔리아스(1901~1984)는 "안드레아스가 군부 내 젊은 장교들과 쿠데타를 기획해 정부를 전복하고 국왕을 축출한 후 독재정부를 수립하려고 했다"고 발표하기에 이른다(이 사건은 음모를 꾸민 그룹이 ASPIDA[방패]라고 불렸다고 해서 'ASPIDA 사건'이라고도 불린다).

안드레아스의 아버지인 예오르기오스 파판드레우 총리는 근거 없는 주장이라며 가루팔리아스 장관에게 물러날 것을 요구하나, 가루팔리아스 장관이 이를 거부하자 자신이 국방부 장관까지 겸임하게 해줄 것을 국왕에게 요청한다. 헌법상 국왕에게 그러한 권한이 없는데도 콘스탄티노스 2세는 "이 사건이 총리의 아들과 관련되었기에 이해가 상충되므로 파판드레우 총리의 요청을 받아들일 수 없다"며 거부했다. 이에 따라 1965년 7월 파판드레우 총리는 국왕에게 사직 의사를 표명한다. 그러나 파판드레우 총리는 국왕이 이를 받아들이지 않을 것이라고 생각했다.

그런데 콘스탄티노스 2세는 파판드레우 총리의 사직 의사를 전격 수용했으며, 중도연합에서 이탈한 인사들을 중심으로 과도정부를 수립코자 했다(중도연합에서 이탈한 사람들은 말 그대로 '이탈자[Apostate]'라고 불린다). 그러나 두 차례에 걸친 이탈자 그룹의 과도정부 수립 시도는 의회의 승인을 받지 못해 실패하고, 이후 다른 정치 세력에 의한 세 차례의 과도정부 수립이 진행되면서 그리스는 약 2년간 정치적으로 크게 흔들렸다. 이런 가운데 1967년 5월 28일 자로 차기 총선이 예정되었다.

다수의 정치 관측통들은 "파판드레우 전 총리의 중도연합이 다시 다수당이 되겠지만, 의회에서 과반수는 넘지 못하고 '민주좌파연합'이라는 정파와 연정하리라"고 예측했다. 그런데 보수층에서는 민주좌파연합이 불법화된 그리스 공산당의 대리자라는 의심을 강하게 품었다. 아울러 예오르기오스 파판드레우의 아들인 안드레아스가 개혁을 하겠다면서 실권을 틀어쥐고 국가를 대혼란으로 이끌 것이라고 우려했다. 이런 상황에서 일부 보수정치인들은 국왕이 계엄령을 선포해야 한다고 부추겼다. 콘스탄티노스 2세도 의회를

▲ 그리스 의회 건물 앞에 배치된 쿠데타군의 탱크

우회한 해결법을 고심하면서 측근 장성 주도의 쿠데타까지 계획했다.

총선이 눈앞에 다가온 4월 21일 그리스 정보국과 미국 CIA(Central Intelligence Agency) 간의 연락장교인 예오르기오스 파파도풀로스 대령이 주도하고 니코스 마케레조스 대령(1919~2009) 및 스틸리아노스 파타코스 준장(1912~2016) 등이 참여한 쿠데타가 발생한다. 이들은 NATO가 공산주의자의 소요 사태에 대응코자 실시하는 프로메테우스 작전(Operation Prometheus)을 내세워 아테네의 주요 지점들을 탱크로 장악하고, 계엄령 선포와 정부 해산 및 대대적인 좌익인사 체포 작전을 전개한다.

쿠데타 세력은 쿠데타의 명분으로 "공산주의자들의 위협을 좌절시키고 그리스적 가치를 훼손하려는 시도를 방지하기 위해서"라고 주장했다. 이들은 곧바로 콘스탄티노스 2세를 방문해 쿠데타를 지지해줄 것을 요청했으며, 잠시 버티던 국왕은 국방부로 이동해 주요 군 지휘관들과의 장시간 토의를 거친 후 민간인인 콘스탄티노스 콜리아스(1901~1998)를 새 총리로 지명한다는 조건하에 쿠데타에 대한 지지를 소극적으로 표명한다.

계엄령이 선포되면서 검열·체포·구금·고문이 광범위하게 자행되었다. 예오르기오스 파판드레우 전 총리는 가택 연금을 당하고, 안드레아스 파판드레우는 체포되어 처형의 위기에 몰렸으나, 미국 대통령 린든 존슨(1908~1973)의 압력으로 8개월간 복역한 후 국외로 추방된다. 비록 불가피한 상황에서 쿠데타를 승인하기는 했으나 국내 정치에 계속 간여하려는 국왕과, 권력을 나누는 걸 원치 않는 쿠데타 세력 간의 갈등은 곧 표면화되었다.

결국 콘스탄티노스 2세는 1967년 12월 13일 가족 및 콘스탄티노스 콜리아스 총리를 왕실 전용기에 태우고 북부 도시인 카발라로 이동했다. 그곳에서 왕당파 장군을 중심으로 그리스의 제2의 도시인 테살로니키를 점령한 후 이를 발판으로 쿠데타 세력을 무력화시키고자 했다.

쿠데타에 가담하지 않았던 해군과 공군도 국왕을 지지했으나, 유혈극은 극구 피하면서 작전을 성공시키라는 고답적인 전술 지침 등 때문에 역쿠데타는 실패했다. 역쿠데타 실패 다음 날인 12월 14일 콘스탄티노스 2세는 콜리아스 총리와 가족을 다시 왕실 전용기에 태워 이탈리아의 로마로 탈출했으며, 군사정부 기간 내내 해외에서 망명생활을 했다.

국가원수와 행정수반이 궐위되자 군사정부는 예오르기오스 조이타키스 소장(1910~1996)을 섭정(Regent)으로, 예오르기오스 파파도풀로스를 총리로 하는 정부를 출범시킨다. 이어 1972년 3월에는 섭정과 총리를 합친 대통령제를 도입하고, 파파도풀로스가 조이타키스를 밀어낸 후 대통령으로 취임한다. 정통성이 없는 정부는 강압에 의한 통치를 이어갔다.

다수 언론사들이 퇴출되고, 정권에 위협이 되거나 장발 및 미니스커트 등 미풍양속을 해친다고 생각되는 것들을 강력히 단속했다. 공산당 조직과 연계되었다고 의심받은 작곡가 미키스 테오도라키스(1925~)의 음악은 금지되었다. 좌파 정치인 그레고리오스 람브라키스 의원(1912~1963)의 암살을 다뤄 상영이 금지된 영화 <Z>의 마지막 장면에는 군사정부가 금지한 것들을 나열하고 있다. 여기에는 평화운동, 시위, 노조, 장발, 미니스커트, 평화 심벌, 비틀즈, 소포클레스, 레프 톨스토이, 아이스킬로스, 소크라테스, 유진 요네스코, 장 폴 사르트르, 안톤 체호프, 마크 트웨인, 사무엘 베케트, 자유언론 등이 포함되었다.

군사정부의 억압이 강화될수록 국민들의 저항도 심화되어갔다. 여배우 멜리나 메르쿠리(1920~1994)와 노벨 문학상 수상 시인 예오르기오스 세페리스

(1900~1971) 등 유명인사들이 군사정부를 강하게 비판했으며, 해외 동포와 전 세계의 지성인, 주요국 정부 및 인권단체 등도 군사정부에 대해 비판적 입장을 견지했다. 학생들의 시위도 갈수록 격렬해지고, 이에 따른 군사정부의 시위 진압도 과격해졌다. 급기야 군사정부는 1973년 11월 17일 학생들이 농성을 벌이던 아테네 공과대학을 탱크로 무력 진압해 다수의 사상자를 발생시켰다.

이를 빌미삼아 11월 25일 군부 내 강경파인 디미트리오스 요안니디스 헌병 준장이 쿠데타를 일으켜 파파도풀로스 정권을 전복하는 한편, 파에돈 기지키스 장군(1917~1999)을 대통령으로, 경제학자 아다만티오스 안드루초풀로스 (1919~2000)를 총리로 하는 제2기 군사정부를 출범시켰다. 요안니디스는 전면에 나서지 않으면서 "파파도풀로스 군사정부가 초기 혁명정신을 외면하고 부패와 혼란을 가져왔다"고 비난하면서 더욱 강경한 국가통제체제를 유지한다.

인기가 계속 떨어지던 요안니디스의 군사정부는 국민들의 관심을 외부로 돌리기 위해 1974년 7월 15일 사이프러스 대통령 마카리오스 3세 대주교 (1913~1977)의 정부를 전복하는 쿠데타를 지원하고, 그리스-사이프러스의 통합을 공작한다. 이에 터키가 터키계 사이프러스 국민들을 보호한다는 명분 하에 즉각 사이프러스를 침공하면서 북부 지역을 점령했다. 이로써 요안니디스의 군사정부의 공작은 대실패로 귀착된다. 터키에 의해 치욕을 겪은 군부 지도층이 요안니디스 장군에 대한 지지를 철회하자 7월 24일 군사정부는 사실상 종언을 고했다.

국가적 위기 상황이 진행되자 기지키스 대통령은 즉각 국가원로회의를 개최하고, 이들의 의견에 따라 프랑스에 망명 중이던 콘스탄티노스 카라만리스 전 총리를 다시 총리로 불러들인다. 이어 1974년 11월 실시된 선거에서 카라만리스 전 총리가 창당한 중도보수 성향의 신민당(New Democracy)이 승리를 거둬 군사정부로 중단되었던 의회민주체제가 복원된다. 1개월 후인 12월 카라만리스 총리는 왕정을 유지할 것인지를 묻는 국민투표를 실시했다. 투표자 중 약 70퍼센트가 왕정 폐지를 지지하자 카라만리스 총리는 공화정을 선언한다.

그리스의 현대사를 살펴보자면, 독립전쟁을 하던 과정에서 제1회 국민회의를 개최한 1822년부터 독립 쟁취 후인 1832년 독일 바바리아 왕국의 왕자 오쏜 1세를 국왕으로 영입할 때까지의 10년간을 제1공화국이라고 한다. 또한 소아시아(터키의 아나톨리아)에서의 터키와의 전쟁 참패와 뒤이은 쿠데타 시도 실패로 신뢰를 잃은 왕실을 국민투표로 퇴출시킨 1924년부터 다시 국민투표로 왕정을 복원한 1935년까지의 11년간을 제2공화국, 1974년 국민투표로 왕정을 폐지한 이후 현재까지를 제3공화국이라고 부른다.

예오르오기스 파파도풀로스, 니코스 마케레조스, 스틸리아노스 파타코스, 디미트리오스 요안니디스 등 군사정부의 핵심 지도자들은 1975년부터 진행된 재판에서 국가 반역 혐의로 사형을 선고받았으나 추후 종신형으로 감형된다. 파파도풀로스는 복역 중 암에 걸려 마지막 3년간 병원에서 투병하다 1999년 사망했고, 요안니디스는 35년간 복역하다 2010년 감옥에서 사망했다.

7년간의 군사정부는 그리스 일반인들에게 큰 상처를 주었다. 이 기간 동안 유럽에서는 그리스를 3류 국가로 취급했으며, '민주주의의 발상지'라는 자존심도 여지없이 구겨졌다.

군사정부를 거치면서 반미주의도 고개를 들었다. 미국이 쿠데타를 지원한 근거는 없지만, 쿠데타의 주역들이 CIA와 연계된 점, 군사정부를 미국이 신속히 승인한 점, 미국이 냉전적 전략을 민주주의적 가치보다 앞세워 그리스의 군사정부를 계속 지지했다는 점 등이 그 배경이다.

과거 '트루먼 독트린'에 더해 경제적 지원인 '마셜 플랜'으로 그리스를 적극 지원했던 미국에 대한 기억은 희석되었다. 오늘날에도 매년 11월 17일에는 모든 학교들이 휴교하고, 학생들과 시민들은 아테네 공과대학 캠퍼스에서 시위를 시작해 미국 대사관까지 행진한다.

1999년 11월 그리스를 방문한 빌 클린턴 미국 대통령(1946~)은 미국 정부가 지난 시대에 냉전 전략의 일환으로 그리스 군사정부를 지지했던 것에 대해 공식 사과했다.

[곁다리 이야기] 관심의 인물 안드레아스 파판드레우

그리스 현대 정치인 중 안드레아스 파판드레우만큼 그리스 사회에 엄청난 영향을 끼치고 수많은 논란의 중심에 서 있는 인물도 드물 것이다.

안드레아스는 두 차례에 걸쳐 총리를 역임한 예오르기오스 파판드레우의 아들로, 1919년에 태어나 아테네 법과대학을 졸업한 후 파시스트 성향인 이오안니스 메탁사스 총리(1871~1941)의 탄압을 피해 1939년 미국으로 망명했다. 하버드대학에서 경제학 박사 학위를 받고 미네소타대학과 버클리대학에서 교수를 역임한 후 1959년 그리스로 돌아왔다.

1964년 총선에서 처음 국회의원에 당선된 후 아버지인 예오르기오스 파판드레우 총리의 정부에서 막강한 영향력을 행사했다. 1967년 예정된 선거에서 아버지 예오르기오스가 다시 총리로 등장하고 안드레아스가 최고 권력자로 행세할 것이 유력시되었다. 그러자 이를 우려한 군부 소장층이 쿠데타를 일으킨 이야기는 앞장에서 이야기했듯이 유명한 전설이 되었다.

쿠데타 직후 체포되어 8개월간의 옥살이를 마친 안드레아스는 국외로 추방된 이후 스웨덴과 캐나다 등지에서 군사정부 반대 운동을 주도했다. 1974년 민주정부 환원 후 다시 그리스로 돌아와 범그리스사회운동당(PASOK)을 창설하고 총선에서 15석을 획득하는 저력을 보여주었다. 1977년 총선에서는 의석수를 93석으로 늘렸으며, 1981년 선거에서는 '변화(Allaghi)'라는 캐치프레이즈를 내걸고 173석을 획득해 그리스 최초의 사회당 정부를 출범시킨다.

안드레아스는 직관력과 카리스마가 남달랐으며, 유려한 웅변술로 좌중을 휘어잡는 능력도 뛰어났다. 특히 민족주의에 사회주의적 포퓰리즘을 가미한 그의 정책은 오늘날까지도 골수 지지층이 유지되고 있을 정도로 폭발적인 인기를 끌었다.

미국 시민권을 획득하고, 미국에서 최고의 교육을 받았으며, 최고의 지성인으로 생활했던 안드레아스는, 고국에 돌아온 후에는 반미·반시장주의·친사회주의적 정책을 펼쳐 미국과 서방세계의 우려를 야기했다. 1981년 총선

때에는 NATO 및 유럽경제공동체(EEC) 탈퇴를 선거 공약으로 내세웠고, 집권 후에는 그리스 주둔 미군 기지의 철수 또는 재협상을 추진했다. 그러나 외국으로부터의 역풍을 우려한 당내 온건 세력의 반대로 이행하지는 못했다. 다만 미국에 대한 그리스의 태도를 변화시키고, 그리스의 국가적 위신을 높이는 노력은 계속했다.

안드레아스가 이렇게 반미적 태도를 보인 배경에는 그리스 군사정부를 미국이 지지했던 것에 대한 반감과, 터키에 대한 그의 강경한 입장 때문이라고 지적하는 사람도 많다. 안드레아스가 군사정부로부터 엄청난 개인적 고통을 겪은 사실을 생각하면 이런 지적에도 일리가 있기는 하다. 하지만 안드레아스의 반미적 성향 때문에 쿠데타가 발생한 점과 사형당할 예정이던 그를 미국이 구해준 사실을 고려하면 반드시 맞는 이야기는 아닌 듯하다. 터키 문제의 경우 오랜 피지배 역사에 따른 앙금에 더해, 터키의 사이프러스 침공으로 대외정책의 기조를 반터키로 유지하던 상황에서 미국이 터키와 그리스에 동등한 경제적·군사적 지원을 제공하는 것을 도저히 참을 수 없었기 때문이라는 분석도 있다.

아무튼 안드레아스는 서방 진영과 공산 진영 사이에서 미묘한 균형을 잡아가면서 발칸 반도 및 북유럽 지역의 비핵지대화와 중유럽 지역의 비핵통로화를 역설했고, 모든 강대국들의 핵실험 즉각 중지까지도 요구하는 등 국제사회에서 독자적인 목소리를 높여나갔다. 아울러 그리스가 세계사적 관점에서 역사의 희생자라는 사실을 부각하는 능력도 뛰어났다. 리비아의 독재자 무아마르 카다피(1942~2011)나 팔레스타인의 대이스라엘 무장투쟁을 지지하기도 했다. 우리와 관련해서는 1983년 소련이 저지른 대한항공기 격추 사건에 대해 소련 측 주장을 지지한 사실이 있다.

경제 분야에서는 포퓰리즘에 가까운 정책을 시행했다. 유럽연합(EU)에서 많은 보조금과 저리의 자금을 받아낸 후 일반인들에게 나누어주다시피 지원한 경우가 대표적이다. 이 과정에서 많은 농민들이 경작지의 규모나 가축의 수 등을 부풀려 보조금을 받았으며, 은행에서 담보도 없이 대출받는 경우도 흔했다. 이 때문에 당시 이루어진 부실 대출을 오늘날까지 회수하지 못한 사례가 많이 거론된다.

EU에서 보조금을 받아내는 안드레아스의 능력은 그리스 국민들로부터는 큰 환영을 받았다. 특히 스페인과 포르투갈의 EU 가입에 거부권을 행사하다가 추후 입장을 변경하는 조건으로 더 많은 보조금을 받아간 이야기는 유명하다. 물론 안드레아스가 성공적으로 수행한 개혁정책도 적지 않다. 민사 분야에서의 사회적 개혁, 의료 보험 제도 도입, 내전 후유증을 극복하기 위해 취한 정책 등은 오늘날에도 좋은 평가를 받고 있다.

그러나 안드레아스는 여러 그리스인들을 비롯한 유럽인들로부터 '그리스 경제를 망친 주요 인물'이라는 지적도 받고 있다. 영국 경제학자 존 케인스 (1883~1946)가 주장했던 확대재정정책을 신봉한 것까지는 이해되더라도, 이를 시행하면서 많은 자금을 무분별하게 지출했다는 비판이다. 사회주의적 포퓰리즘에 경도되어 대기업들과 중견기업들을 국영화했고, 이를 우려한 많은 기업인들이 해외로 빠져나가도록 만들었다는 비판도 많다. 공무원들과 공공 부문 종사자들을 많이 늘렸으나, 실적이 아닌 정파에 대한 충성을 기준으로 고용하면서 이들의 임금을 많이 인상했다는 지적도 있다.

공공 부문의 급여가 비정상적으로 높아지고, 노조가 공공 행정을 지배하니 공무원들이 업무에 대한 책임도 거의 지지 않는 상황에서 일반 구직자들은 손쉽게 돈을 버는 공공 부문의 일자리로 몰렸다. 성과주의가 후퇴하고 정실주의가 확장되었으며, 정권과 손잡은 일부 인사들에게 부가 편중되다시피 배분되는 사례도 증가했다. 이런 결과 1981년 12만 1,789명이었던 공무원 수는 1990년 25만 5,438명으로 2배 이상 증가했다. GDP 대비 공공 부채도 1980년 25퍼센트에서 1992년 110퍼센트를 넘는 수준으로 증가했다.

국민 대다수가 자신이 중산층이라는 환상을 갖게 된 시점도 대체로 안드레아스의 집권기와 겹친다. 실제로 제조업이 늘어난 것도 아니고, 노동 생산성이 높아진 것도 아니며, 부를 축적할 신규 투입 요소가 나타난 것도 아니었다. 단지 외국에서 빚을 얻어다가 국민들에게 나누어준 형국이었다. 그럼에도 국민들은 이에 열광했다.

안드레아스가 이끄는 범
그리스사회운동당이 포퓰리
즘적인 정책으로 재미를 보
자 신민당 등 야당도 거의 유
사한 정책을 내놓아 그리스
경제 추락에 일조했다. 2000

▲ 안드레아스 파판드레우 전 총리

년대 후반 신민당의 코스타스 카라만리스(1956~)가 총리로 취임한 뒤 오랫동안
통계를 왜곡하면서도 재정이 건전한 것처럼 가장한 것도, 안드레아스의 아들
요르고스 파판드레우(1952~)가 재정 지출 확대를 총선 공약으로 내세운 것도
모두 포퓰리즘적인 정책의 연장선이었다. 결국 합리적인 정책을 채택하지 못
한 그리스는 구제금융을 요청해야 할 정도로 막다른 골목에 내몰렸다.

안드레아스가 총리 시절, 같은 당 국회의원으로부터 "그리스는 언제쯤 부채
를 다 갚을 수 있겠소?"라는 질문을 받았는데, 그의 답변은 "그땐 우리 모두가
죽고 없을 때니까 우리가 걱정할 필요는 없소."라는 것이었다고 한다.

상당수 그리스인들은 안드레아스 파판드레우의 세대가 다음 세대의 돈을
미리 다 가져다가 흥청망청 낭비했다고 비판한다. 그 많은 돈을 쓰면서도
국가의 장기적 성장을 위해 해놓은 것이 없으니, 현 세대는 허리띠를 졸라매
고 이를 갚는다는 것이다. 반면 아직도 일부 장년층은 '좋았던 그때'를 회상
하며 안드레아스 파판드레우의 엄청난 카리스마를 그리워한다.

그리스 현대사에서 안드레아스 파판드레우만큼 평가가 극명히 갈리고, 애
정과 지탄을 동시에 받는 사람은 드물 것이다.

11
그리스의 경제위기

그리스가 현재 겪고 있는 경제위기는 언제까지 계속될까? 그리스의 경제 위기는 리먼브러더스 사태 직후인 2009년부터 본격적으로 시작되었으며, 이후 2010년 5월 1,100억 유로에 달하는 제1차 구제금융과 2012년 2월 1,300억 유로에 달하는 제2차 구제금융에 이어 2015년 7월 860억 유로에 달하는 제3차 구제금융 지원 방안이 합의되었다.

1997년 우리가 외환위기를 겪으면서 국제통화기금(IMF)으로부터 지원받은 구제금융 액수가 195억 달러였고, 여타 국제기구나 개별 국가에서 차입한 금액까지 모두 포함해도 550억 달러를 지원받은 것과 비교하면 약간의 인플레율을 감안하더라도 엄청난 금액을 지원받았음을 알 수 있다. 물론 그리스에 대한 구제금융 지원금 중 대부분은 유럽중앙은행(ECB)과 독일 및 프랑스 등 유로존(Eurozone, 유로화를 통화로 사용하는 지역) 국가들로부터 나온 돈이며, IMF 지원금은 상대적으로 적다는 것은 우리의 경우와는 다른 점이다.

그리스가 장기간에 걸친 재정위기를 겪는 요인은 다양하겠으나, 경제 전문가들은 대체로 아래와 같은 몇 가지 이유를 지적하고 있다.

첫째, 경제가 건실한 체력을 갖추지 못했는데도 2001년 유로존에 서둘러 가입한 결과 자율적인 환율 조정 기능을 상실하고 경상수지 적자도 심화되었다. 즉, 그리스는 유로존 가입 이전부터 무역수지와 재정수지가 항상 적자를 기록했는데, 유로존 가입으로 환율 조정 기능마저 사라지면서 적자가 심화된 것이다. 아울러 유로화 사용국이라는 이점을 활용해 저리의 해외 자본을 쉽게 들여올 수 있었으나, 이를 인프라 건설 같은 생산적 투자에 사용하지 않고 민간·공공 분야 소비로 낭비한 점도 손꼽는다.

둘째, 주변 EU 국가들의 수준에 맞춰 사회복지 확대 등 재정 지출을 늘렸던 점이다. 예를 들면, 환경 보호를 이유로 새 차 구매 시 보조금을 최대 3천 유로까지 지급하고, 경제위기가 닥치기 전까지 민간·공공 부문의 보수와 연금을 계속 상승시켰다. 선심성 복지 지출 증가로 국가채무는 2006년 103.6퍼센트에서 2016년 179퍼센트까지 도달하는 등 국가경제의 최후 보루인 재정 건전성마저 악화되었다.

셋째, 국민 총생산 중 제조업 비중은 10퍼센트 수준에 불과하고, 자영업자 비율은 32퍼센트일 정도로 영세기업이 많으며, 관광 등 서비스 산업 비중이 85퍼센트 이상을 차지한다. 그러나 이런 서비스 산업은 계절과 대외환경에 따라 변동이 심해 안정적 재정 운용을 계속 어렵게 했다. 서비스 산업 중 세계 화물 운송의 16퍼센트 이상을 차지하는 그리스 해운업은 상당수 회사의 본사가 조세회피 지역이나 뉴욕과 런던 등 해외에 등록되었기에 그리스 경제에 실질적 도움을 주지 못한다는 점도 지적된다.

넷째, 사회 전반에 걸쳐 뿌리 깊은 부정부패와 정실주의가 횡행하고, 세금 탈루가 심하며, 지하경제의 규모가 상당하다는 점 등이 지적된다. 정부가 바뀔 때마다 새로운 정부는 정부 및 공공기관에 대규모로 자기 사람들을 심었고, 변호사나 택시기사 등 특정 직종에 진입하려면 비록 법적 요건을 충족했더라도 각 직종 대표조직의 허가를 받아야 하는 등 진입장벽 때문에 불필요한 거래 비용이 높았다. 세금체납액만 보더라도 2016년 기준 통산 약 930억 유로로 GDP의 약 50퍼센트에 육박하고, 체납자는 410만 명으로 전체 납세자의 50퍼센트에 이른다.

다섯째, 정치권에 만연한 포퓰리즘이다. 국가 재정 상황이 상당히 좋지 않았는데도 매 선거 때마다 재정 지출 확대를 약속하는 공약들이 난무했다. 2009년 10월 총선 때에도 집권당이던 신민당 정부는 취약한 재정 때문에 긴축정책을 펴야 한다고 했으나, 범그리스사회운동당의 요르고스 파판드레우 후보는 "돈은 존재한다(money exist). 다만 집권당이 이를 소수의 권력자들에게만 나눠주고 있다."는 선거 구호를 앞세우고 재정 지출 확대 공약을 내세워 당선된다. 범그리스사회운동당 정부는 집권 후 6개월간의 황금기 내내 별다른 조치를 취하지 않고 보내다 2010년 4월 엄청난 재정 적자 규모를 실토한 후, EU와 IMF에 구제금융 지원을 요청한다.

신민당 정부도 정도의 차이는 있을지언정 범그리스사회운동당 정부와 크게 다르지는 않았었다. 특히 집권기에 국가 통계치를 왜곡해 2009년 재정 적자 규모를 GDP의 4퍼센트 수준으로 전망하는 등 인기 없는 정책은 취하지 않았던 것이다. 이후 중앙은행이 왜곡을 바로잡아 재정 적자 규모를 12.5퍼센트로 수정하고, 유럽 통계청은 이를 13.7퍼센트로 재수정한다.

채권단은 제1차 구제금융을 제공할 당시 반대급부로서 그리스 정부가 국가 채무를 감축하고 경제구조를 개혁하도록 요구했다. 그러나 그리스 정부는 채권단이 제시한 처방을 이행하는 과정에서 소극적으로 임했으며, 경제의 구조적 개혁보다는 보다 손쉬운 공공 분야 임금 삭감 등에 치중했다. 이 결과 한때 국가 채무 수준이 일시적으로 낮아지기도 했으나, 보다 힘든 개혁은 회피해 위기는 계속 심화되었다.

위기가 진행되는 과정에서 그리스 의회는 몇 가지 개혁 관련 법안도 통과시켰다. 하지만 정치권과 일부 고객 집단의 유착고리를 끊지 못해 관련 조치들이 이행되지 못하는 경우도 잦았다. 특히 정치권은 국민들의 인기를 끌 수 없는 정책의 도입을 지연시켜 위기를 계속 키웠고, 국민적 합의를 모을 강력한 지도력도 보여주지 못했다. 그리하여 2012년에는 더 큰 규모의 제2차 구제금융을 요청해야 했으며, 2009~2015년에는 정부 교체를 무려 다섯 차례나 경험했다.

2015년 1월 총선에서 급진좌파연합 정당인 시리자(Syriza)의 대표 알렉시스 치프라스(1974~)는 긴축정책 중단, 구제금융 조건 재협상 등 포퓰리즘적인 공약을 앞세워 총선에서 승리했다. 그리고 채권단 측에 연금·임금 삭감 반대와 부채 탕감 및 만기 도래 부채 상환 연장 등을 요구했다. 채권단이 그리스 측 요구의 대부분을 거부하자, 2015년 7월 치프라스 총리는 전격적으로 채권단 측의 요구를 국민투표에 회부하면서 거부 쪽으로 투표를 유도했다. 그리고 이를 바탕으로 채권단과의 재협상을 시도했다.

이 협상에서 그리스 측은 유로존 탈퇴와 종전 화폐인 드라크마화 재도입 등 그렉시트(Grexit, 그리스가 EU에서 탈퇴하는 것)의 가능성을 흘리고, 이것이 유로존에 미칠 부정적 파급 효과도 언급했다. 그러나 최대 채권국인 독일이 전면적 또는 한시적 그렉시트 방안까지 제시하고, EU가 긴급 유동성 지원을 거부하며 압박하자 결국 채권단 측의 요구 사항을 대부분 수용하면서 제3차 구제금융을 받기로 합의한다. 제3차 구제금융은 그리스 측이 약속을 이행하는지를 채권단 측이 주기적으로 평가한 뒤 제공하는 점진적 방식으로 지원된다.

제3차 구제금융 협상에서 그리스 측이 약속한 사항은 '가혹한 수준의 긴축 조치 패키지 수용'과 '기초 재정수지 흑자 달성'으로 요약할 수 있다. 연금 지급액 추가 삭감, 고용주의 기여금 인상, 저소득자에 대한 특별 연금 단계적 폐지 등 연금 개혁과 부가가치세 인상(24퍼센트), 소득세 면세 기준 하향 조정, 휘발유·담배 등에 대한 특별소비세 인상, 자동차 수입관세 및 세금 인상 등 증세를 위한 세제 개편이 우선 이행 대상이다. 부실 채권 정리시장 즉각 개설, 민영화 사업의 조속한 진전도 이행해야 한다. 긴축정책으로 2018년까지 재정수지 흑자 3.5퍼센트라는 목표치도 달성해야 했고, 이 목표치 미달 시 정부 예산이 자동 삭감되는 방안에도 동의했다. 아울러 노동시장 및 교육의 개혁을 약속하고, 판결 절차 지연을 개선할 사법 개혁과 통계·과세·인사 등 공공 분야에서 정치적 간섭을 배제할 독립 기관의 설치에도 합의했다.

한편, IMF는 그리스가 보다 근본적인 구조 개혁을 해야 한다는 주장을 강하게 견지하면서도, 그리스의 현 부채 수준은 지속 가능한 수준이 아니므로 결국 부채 탕감 조치가 이루어져야 한다고 권고했다. 이에 대해 유럽 중앙은행, 유로 안정화 기금 및 주요 채권국들은 부채 탕감 문제에 대한 논의는 시기상조라면서 추후 탕감 문제가 검토되더라도 부채액의 직접 탕감보다는 만기 연장, 이자율 상한 설정, 단기 부채의 장기 차관으로의 대체, GDP상

부채 지불한도 설정방안 등을 제시했다.

그리스의 경제위기 진행 과정을 지켜보노라면 많은 부분에서 우리가 IMF 외환위기 당시에 경험했던 상황을 다시 보는 듯한 느낌을 갖는다. 앞서 설명한 여러 긴축 조치가 실행되자 중산층이 피폐해지고 양극화가 심화되었으며 사회안전망이 무너졌기 때문이리라. 수많은 시위와 뒤이은 일반인들의 체념도 익숙한 풍경이다.

반면, 우리와 다른 점도 많은 것 같다. 우선 같은 유로존에 있는 국가들로부터 보다 손쉽게 지원을 받는 장점은 있었으나, 통화에 대한 자주권이 없어 화폐 평가 절하를 통한 경쟁력 회복과 독자적인 화폐·금융 정책을 수행하기가 어렵다. 은행에서의 과도한 현금 인출 사태를 막고자 그리스 정부가 예금 인출액 제한 등 강력한 자본 통제 조치를 오랫동안 유지하는 것도 특이한 점이다. 그리스는 우리와 달리 제조업 기반이 약해 경제위기를 단기간에 극복할 여력마저 부족하다. 한국의 외환위기 사태는 단순히 도식화하면 '단기 유동성 부족에 따른 위기'였기에 한국은 이를 극복할 기초 체력이 훨씬 튼튼했다. 반면 그리스는 기초 체력이 약해 경제위기가 훨씬 오랫동안 지속될 것으로 예상된다.

아울러 경제위기가 심화되면서 고학력 청년층과 같은 두뇌의 해외 유출이 촉진되는 것도 그리스가 당면한 고민거리다. 더군다나 최근에는 대규모 난민 유입까지 겹쳐 예상치 못한 사회적·경제적 비용이 증가하고, 주요 수입원인 관광업도 난민 문제에서 좋지 않은 영향을 받는 등 이중고를 겪고 있다.

한편, 그리스의 경제위기를 지켜보면서 우리의 경우 위기가 발생한 원인에 비해 치른 비용은 훨씬 컸던 게 아닌가 싶다. 그리스의 경우 상환해야 할 부채가 거의 대부분 국가부채이기에 국가가 전적인 책임을 지고 상환 계획을 마련해야 한다. 그러나 우리의 경우 당시 문제가 된 부채는 제2금융권의 외화 차입 등 대부분 민간 부문에서 발생한 것이었다. 그러니 정부가 일부 민간기업들의 부도를 감내하겠다는 각오로 임했으면 IMF로부터의 압박

▲ 그리스 경제위기 당시 은행 현금인출기 앞에 늘어선 시민들

강도가 훨씬 완화되지 않았을까 하는 아쉬움이 있다.

과거 우리를 그렇게 혹독하게 대했던 IMF가 그리스에는 훨씬 온건한 태도를 보이는 것을 지켜보면서 이는 IMF가 한국 등에서 벌어진 위기 상황을 처리하면서 체득한 학습효과에서 비롯되었거나, 아니면 그리스의 국가 부도 위험이 우리와는 비교할 수 없을 정도로 심각하니까 퇴로를 열어주어야 한다는 역설이 작동해서가 아닌가 싶기도 하다.

경제위기에 대처하는 방식도 다르다. 우리는 금 모으기 운동을 전개하는 등 전 국민이 하나가 되어 극복한 반면, 그리스는 정치적·사회적·문화적 차이로 이런 운동을 전개하기가 어렵다. 오히려 그리스의 일부 인사들은 이러한 경제위기가 자신들 탓이 아니라 외국의 음모에서 비롯된 것이라고 하거나, 선거에서 당선되면 긴축 조치를 즉각 중단시키겠다는 포퓰리즘적 선동을 지지하는 경우도 있다. 물론 이제는 일반인들도 이런 달콤한 유혹에 근거가 없다는 사실을 잘 인식하고 있다.

그리스의 많은 지식인들은 최근의 경제위기가 결국 1980년대부터 시작된 포퓰리즘적인 복지국가 정책에서 비롯되었다고 지적한다. 견실한 소득원이 없음에도 거의 모든 세대가 최소 1채 이상의 자기 집을 소유할 수 있었고, 상대적으로 가난하다고 여겨졌던 스페인과 포르투갈이 EEC에 가입코자 했을 때 이를 거부할 힘이 있었다는 긍지 역시 결국은 실물경제에 기반을 둔 게 아니라 착시에서 비롯되었다고 반성한다. 정확한 원인 분석과 이에 따른 해법 도출로 그리스가 경제위기를 성공적으로 극복해나가기를 기대해본다.

12
현대 그리스의 주요 정당

현대 그리스의 정당들 중 가장 오래된 공산당을 제외한 주요 정당의 현황은 아래와 같다.

🏛 신민당(New Democracy)

신민당은 1974년 10월 민주정부로의 이양을 위한 총선을 위해 콘스탄티노스 카라만리스 총리가 창당한 중도우파정당이다. 정강으로는 '급진적 자유주의(radical liberalism)'를 내세웠는데, 이는 자유시장경제정책을 바탕으로 하되 사회적 정의를 위한 국가 개입도 정당화한다는 의미라고 내세웠다.

1974년 11월 총선에서 압승한 후 공산당 합법화, 왕정 폐지와 공화정 수립, 언론 자유 확대, 자유시장경제 정책 등을 추진했다. 1979년 5월 야당인 범그리스사회운동당(PASOK)과 공산당의 반대를 무릅쓰고 EU 가입 협정에 서명했으며, 이로써 그리스는 1981년 1월 EU의 10번째 회원국으로 가입한다. 1980년 5월 카라만리스가 총리직을 내려놓고 대통령으로 물러선 후 총리가 된 예오르기오스 랄리스(1918~2006)는 1981년 10월 총선에서 범그리스사회운동당에 대패했고, 이로써 신민당은 제1야당이 된다.

야당 시절이던 1984년 10월 콘스탄티노스 미초타키스(1918~2017)가 당수로 선출된 후 1989년 6월과 11월 두 차례 총선에서 승리하나 절대과반수의 의석을 확보하지 못해 공산당을 포함한 좌파연합과 임시 연립정권을 수립한다. 1990년 4월 총선에서는 총 의석 300석 중 151석을 얻고, 1석을 확보한 민주개혁당의 지원을 받아 가까스로 미초타키스 총리 정권을 출범시킨다.

미초타키스 집권기의 신민당은 정부 지출 감축, 국영기업 민영화, 공공 부문 개혁 등을 추진하고, 마케도니아 국명 문제 타협 협상 등도 진행했다. 한편, 마케도니아 국명 문제에 대한 미초타키스 총리의 유화적 태도에 대한 반감으로 1993년 6월 안토니스 사마라스(1951~)가 분당해나가는 등 내부 분열을 겪다가 1993년 10월 총선에서 안드레아스 파판드레우가 이끄는 사회당에 패해 정권을 넘겨준다.

1997년 콘스탄티노스 카라만리스 전 총리의 조카인 코스타스 카라만리스(1956~)가 당 총재로 선출되었으며, 몇 차례의 총선에서 근소한 차이로 패배를 거듭하다가 야당이 된 지 11년만인 2004년 3월 총선으로 재집권했다. 카라만리스 정부는 경쟁력 제고를 위해 노동관계법, 상점 영업시간 자유화 관련 법, 국영통신사 조기퇴직 관련 법 등을 개정하고, 사립대학 설립 허용 등 대학 개혁, 재판장 선출 방식 개선 등 사법 개혁, 국회면책특권 및 겸직 규정 엄격 제한 등 사회 전반의 개혁을 추진했다.

이 시기의 그리스에서는 대내외적으로 경제적 어려움이 가중되고 있었다. 이런 상황에서 근소한 차이로 다수당을 유지하느라 과감한 정책을 추진하기가 어려웠던 카라만리스는, 2009년 9월 조기 총선을 실시했다. 그러나 범그리스민주연합에 패해 신민당 총재직에서도 물러났다. 이러한 상황에서 1993년 탈당 후 2004년 복당한 안토니스 사마라스가 2009년 11월 당 총재에 선출된다. 사마라스가 이끄는 신민당은 사회당 신정부가 집권한 지 얼마 뒤 EU 및 IMF와 제1차 구제금융 지원 협정을 체결하려는 것을 강력히 반대했다. 그러나 2010년 5월 제1차 구제금융 협정은 체결되었다.

이 협정만으로는 경제위기 진화가 어렵자 사회당 정부는 제2차 구제금융 협정을 추진한다. 이 과정에서 국내의 강력한 반발에 직면한 요르고스 파판드레우 총리는 결국 2011년 11월 사임한다. 파판드레우 총리가 사임하자 신민당은 사회당이 추진한 구제금융 협정에 찬성하기로 한 뒤 2012년 5월 총선에서 승리했으나, 다수 의석을 확보하지는 못했다. 결국 2012년 6월 치러진 추가 총선으로 사마라스가 총리로 취임한다.

사마라스의 신민당은 구제금융 협정에 찬성하는 사회당과 연립정부를 구성하고 경제 개혁을 통한 경제위기 탈출, 불필요한 공공 부문 인력 감축, 강력한 난민 대책 등을 추진했으나, 심화되는 경제위기와 국내 정치적 대립 문제를 해소하지 못하고 2015년 1월 총선에서 급진좌파연합에 패한다. 제1야당이 된 신민당은 2016년 1월 콘스탄티노스 미초타키스 전 총리의 아들인 키리아코스 미초타키스(1968~)를 총재로 선출하여 재집권을 모색했다. 2019년 7월 실시된 총선에서 신민당은 과반수 의석을 획득하여 다시 집권당이 되었으며, 미초타키스가 총리로 취임했다.

급진좌파연합(Siryza)

급진좌파연합은 2004년 결성된 좌파 성향의 13개 정치그룹의 연합체다. 기존 체제를 반대하는 이념적 성향 및 EU에 대해 회의적인 시각을 표출하면서도 EU로부터의 탈퇴를 의미하는 그렉시트(Grexit)에는 반대하고 있다.

2015년 1월 총선에서 알렉시스 치프라스 대표가 채권단의 긴축정책에 반대하는 선거 공약을 내세워 149석의 제1정당으로 올라서면서 독립그리스당과 연립정부를 구성한다. 2015년 7월 채권단과 독일의 압박에 몰린 치프라스 총리가 제3차 구제금융 협정에 서명하자 연합 내에서 이에 반대하는 의원 25명이 탈당했다. 그리하여 의회 내 과반수 의석을 유지할 수 없게 된 치프라스는 총리직 사임과 함께 재선거를 요구한다. 9월에 치러진 총선에서 급진좌파연합은 의석 145석을 확보한 뒤 다시 독립그리스당과 연립정부를 구성한다.

선거 과정에서는 긴축정책 반대, 구제금융 협정 파기, 부채 탕감 등을 공약으로 내세우면서 일반 대중의 감성을 자극해 집권에 성공했으나, 채권단과의 협상 과정에서 기존 정당들이 추진했던 합의보다 못한 수준의 합의에 동의했다는 비판을 많이 받았다.

2019년 1월 북마케도니아와 국명 문제를 타결했으며, 2019년 7월 선거에서 신민당에 패해 제1야당이 되었다.

🏛 범그리스사회운동당(PASOK)

범그리스사회운동당은 1974년 안드레아스 파판드레우가 설립한 중도좌파 정당이다. 국가적 독립, 대중 주권, 사회적 해방, 민주적 절차 등을 정강으로 내걸고, 1981년 총선에서 승리해 그리스 최초의 좌파정부를 수립한다.

안드레아스는 그리스의 NATO 및 EEC 탈퇴를 선거 공약으로 내세웠으나 당내 반발로 거둬들이고, 대신 강력한 개혁정책을 시행한다. 교회결혼제도가 아닌 민사결혼제도의 인정, 제2차 세계대전 당시 좌파의 레지스탕스 활동 인정과 연금 지급, 그리스 내전 후 도피한 좌파 인사의 귀국 허용, 국가 의료 시스템 도입, 억압적 법률 폐지, 임금 인상 등의 조치를 단행했고, 케인스식 확대재정정책을 신봉해 정부 지출을 확대했다.

이러한 정책들 덕분에 국민들에게서 많은 지지를 받았으나 집권 후반부에 긴축정책을 도입한 것과 금융스캔들 때문에 1989년 6월 총선에서 신민당에 정권을 내주었다. 금융스캔들로 기소되어 재판까지 받던 안드레아스는 '정치보복'이라는 동정여론에 힘입어 1993년 10월 총선에서 다시 승리하면서 총리로 복귀한다. 1996년 1월 건강이 악화된 안드레아스가 사퇴하고 코스타스 시미티스(1936~)가 총리직을 맡게 된다.

시미티스 총리 시기인 1997년 그리스는 아테네 올림픽 개최권을 확보하고, 2001년 유로존에 가입한다. 경제적 성과는 나쁘지 않았으나 사회당의 집권이 길어지자 오랜 지지층인 중하위계층의 지지가 점차 약화되었으며, 젊은이들의 관심도 줄어듦에 따라 시미티스 총리는 당 총재직을 사임한다. 이에 후임으로 선출된 요르고스 파판드레우가 2004년 3월 총선을 지휘한다.

범그리스사회운동당은 2004년 선거에서는 패했지만 2009년 10월 선거에서는 과반수를 넘는 의석을 확보해 요르고스 파판드레우를 총리로 취임시켰다. 그러나 2010년 4월 요르고스 파판드레우 총리가 그리스의 심각한 경제 상황을 고백하고, 곧이어 제1차 구제금융 협정마저 체결되자 범그리스사회운동당의 인기는 급락한다. 2011년 11월 파판드레우 총리가 사임하고 이후 치러진 여러 차례의 총선에서 사회당의 의석은 현저히 줄었다.

안토니스 사마라스의 신민당 정부 때에는 신민당과 연립하기도 했으나, 2015년 1월과 9월 총선에서 미미한 성과를 보이며 극우정당이나 공산당의 의석수에도 못 미치는 제5정당으로까지 추락했다. 이후 중도 좌파 정당들과 통합하여 '변화를 위한 운동(Movement for Change: Kinima Allagis)'이라는 당명으로 새로운 정치그룹을 형성했다. '변화를 위한 운동'은 2019년 7월 총선에서 신민당과 급진좌파연합에 이은 제3당이 되었다.

🏛 독립그리스당(Independent Greeks)

독립그리스당은 채권단이 요구하는 긴축정책에 반대하며 신민당을 탈당한 파노스 카메노스(1965~)가 2012년 설립한 우파 민족주의 정당이다. 민족주의와 보수주의를 표방하고 다문화를 거부하며, 그리스 정교회의 교리에 충실한 교육과 가정생활 등을 강조한다.

특히 그리스가 채권단과 맺은 제1차 및 제2차 구제금융 협정은 채권단이 국가 부채를 빌미로 그리스를 통제하려는 것이라며 파기를 주장하고, 독일이 제2차 세계대전 당시 끼친 피해에 대한 배상금 지불을 요구하며, 난민의 대량 유입도 반대한다.

2015년 1월 총선에서 13석, 9월 선거에서 10석의 의석을 확보한 후 이념적으로 이질적인 급진좌파연합과 연립정부를 구성한다. 2019년 1월 치프라스 정부의 북마케도니아와의 국명 협상에 반대해 연립정부에서 탈퇴했으며, 2019년 7월 선거에는 불참했다.

🏛 황금새벽당(Golden Dawn)

황금새벽당은 복역 중인 군사정부의 우두머리들로부터 영향을 받은 니콜라오스 미할롤리아코스(1957~)가 1980년 설립한 국수주의적 극우정당이다. EU에 대한 회의론과 함께 반이슬람 정책과 고토 회복 운동 등을 주창한다.

난민·동성연애자·소수인종에 대한 증오범죄에 연관되었으며, 반미·반

유대주의를 견지하고, 나치스 추종적 입장을 표출한다. 민족주의 성향을 가진 이들이 주축인 지지층이 다소나마 있으며, 2015년 1월 선거에서는 17석, 9월 선거에서는 18석의 의석을 확보했다. 2019년 7월 선거에서 황금새벽당은 단 1석도 얻지 못하면서 9월에 해체·해산되었다.

▲ 2019년 7월 17일 선거 결과에 따라 새로 구성된 그리스 의회의 취임 선서식

[곁다리 이야기] 공산당이 그리스에서 가장 오래된 정당이라고?

서구 민주주의가 기원한 곳으로 널리 알려진 그리스에 1당 독재를 표방하는 공산당이 상당한 세력을 유지하고 있다는 사실에 의아해하는 사람들이 많다. 그러나 전통적으로 공산당은 그리스에 상당한 영향력을 미쳐왔으며, 현존하는 그리스 정당들 중 가장 오랜 역사를 자랑한다.

러시아 혁명이 일어난 다음 해인 1918년 '사회주의 노동당'이라는 간판을 내걸고 출범한 그리스 공산당은, 1924년 본격적으로 '그리스 공산당(KKE)'으로 명칭을 바꾸면서 마르크스-레닌주의를 기본 원칙으로 채택했다.

그런데 코민테른(Comintern, 국제 공산당 조직)의 지시에 충실한 나머지 그리스-터키 전쟁(1919~1922)을 제국주의 전쟁으로 규정해 강력히 반대하고, 북부 지역의 소수민족 자결을 주장하며 마케도니아 및 트라키아의 독립국가 설립을 지지하는 등 그리스 일반인들의 정서와는 어긋나는 활동을 했다. 결국 1936년 이오안니스 메탁사스 총리에 의해 불법단체로 규정되어 활동을 금지당한다. 제2차 세계대전 중에는 이탈리아 및 나치독일의 침공에 맞서 파르티잔 활동을 적극 전개했으나, 나치독일에서 해방된 1944년 10월 이후에는 자유주의 정부와의 내전에 돌입했다.

특히 유고슬라비아 및 알바니아와 연결된 북부 지역에서는 공산당이 오랫동안 큰 영향력을 발휘했다. 지도를 펼쳐보면 동유럽과 발칸 반도 역내 국가들 중 제2차 세계대전 이후 공산당이 권력을 장악하지 못한 나라는 그리스가 유일했다. 그만큼 그리스가 공산주의 세력의 압력을 지속적으로 받아왔다고 볼 수 있다.

미국의 '트루먼 독트린'과 '마셜 플랜'은 공산주의 세력이 그리스와 터키로 확장되는 것을 저지하는 데 중점을 두었다. 당시 미국은 그리스에 대규모의 군사적·경제적 지원을 했다. 결국 그리스 내전을 촉발한 공산당 및 좌파 지도부가 미국의 지원을 등에 업은 정부군의 강력한 토벌에 밀려 1949년 10월 휴전을 선언함으로써 그리스의 오랜 내전은 종결된다.

비록 내전은 종결되었으나 그리스의 좌·우 세력 간 대립과 갈등은 계속되었다. 특히 1967~1974년의 군사정부하에서는 공산주의 계열에 대한 탄압이 가중되었다. 군사정부가 무너지고 민주정부가 복구된 1974년 코스타스 카라만리스 총리는 국민 통합을 위해 오랫동안 불법화된 공산당을 합법화하는 조치를 취한다. 그 직후 치러진 총선에서는 놀랍게도 공산당이 9.36퍼센트의 지지율을 확보해 만만찮은 지지기반이 있음을 보여주었다.

공산당은 1989년 6월 신민당 주도의 연립과도정부의 연정 파트너로 국정에 직접 참여하기도 했으며, 한때 총선에서 13퍼센트 이상 득표하기도 했다. 2019년 7월 총선에서도 그리스 전체 국회의석 300석 중 15석을 획득하여 제4당의 위치를 유지하고 있으며, 그리스에 할당된 유럽 의회 의원 15명 중 2명 역시 공산당 소속이다.

지역자치단체 중에도 공산당 출신들이 단체장을 맡은 곳들이 있다. 그리스에서 세 번째로 큰 도시인 파트라스 시의 시장도 공산당 출신이다. 이 시장은 현지를 방문하는 한국 인사들과의 면담 때마다 한국전쟁에 그리스가 참전한 것에 대해서 비판적인 시각을 강하게 견지해 방문인사들을 당혹케 하는 경우가 종종 있다. 아울러 실업 문제에 항의한다며 파트라스─아테네 간 220킬로미터 거리 행진 시위를 주도하는 등 튀는 행동을 하기도 했다. 하지만 현지 시민들 사이에서는 인기가 있는 편이다.

한편, 그리스의 식자층 중에는 그리스가 당면한 가장 큰 문제는 엄청난 부채가 아니라 시대착오적인 소련─마오쩌둥식 공산주의에 대한 다수 그리스인들의 사랑이라고 비판하는 이들도 많다. 큰 정부가 개별 기업가보다 더 나은 관리자라고 생각하는 일반인들의 인식이 있고, 국가가 운영하는대학의 학생들에게 무상교육을 제공하자고 주장하는가 하면, 학교에 등록만 하고 다니지를 않는 학생들에게도 여러 혜택을 제공하자는 등 과거 공산주의를 했던 국가도 이미 폐기한 정책을 지속한다는 비판도 많다. 하지만 현실은 아직 바뀌지 않고 있다.

우리 기업이 진행했던 아테네 시 대중교통 전자티켓 시스템 구축 사업과 관련, 상당수 사람들이 새로 설치된 기계를 계속 부수거나 기계 설치를 방해했다. 이들의 논리는 "대중교통 서비스는 국가가 제공하는 것이며, 일반 시민들은 대금을 지불할 필요가 없다"는 것이었다. 바로 이런 인식과 사고방식이 그리스 정가에서 공산당이 상당한 세력을 유지하는 기반이 되고 있다.

그리스의 여러 거물 정치인들 중에는 젊었을 때 공산당 활동을 열심히 했던 사람도 많다. 급진좌파연합의 알렉시스 치프라스 전 총리도 학생 시절에 공산당 활동을 열심히 했던 것으로 유명하다. 어찌 보면 개개인의 평등을 중시하고 국민을 위한 국가의 역할을 강조하는 그리스라는 나라 자체가 개개인 간의 비정한 경쟁을 수반하는 자본주의체제와는 잘 어울리지 않는 나라일지도 모른다.

제 **2** 부

문명 속의 그리스

1
그리스의 문자와 언어

그리스어는 무려 3,400여 년 전에 작성된 기록이 남아있을 정도로 현존하는 인도·유럽언어 중 가장 오래된 언어다. 서유럽 문학의 원조라 할 수 있는 호메로스의 《일리아스》 및 《오디세이아》는 물론 기독교의 《신약성서》도 그리스어로 쓰였고, 천문학·수학·논리학·철학의 많은 중요 저작들도 그리스어로 작성되었다. 특히 과학 분야의 수많은 수식에 등장하는 그리스 알파벳은 그리스 언어·문자의 영향력이 얼마나 큰지를 반증한다. 사실 알파벳이라는 용어 자체도 그리스어의 알파^(α)와 베타^(β)를 덧붙인 말에서 나온 것이다.

오늘날 그리스어는 그리스와 사이프러스의 공용어이자 EU의 24개 공식 언어 중 하나다. 물론 사이프러스인들이 사용하는 그리스어는 억양이 본토 그리스인들의 것과는 차이가 있기에 누구나 '바로 저 사람은 사이프러스 출신이구나' 하고 짐작할 수 있을 정도다.

그리스 문자를 역사적으로 추적해보면 그리스 문명의 기원인 크레타 섬의 미노아 문명^(BC3000~BC1450) 시절에 궁정 및 종교의식에서 사용되었으리라 추정되는 '선형문자 A^(Linear A)'가 등장한다. 고고학자 아서 에번스 경^(1851~1941)이 크레타 섬에서 발굴한 점토판이나 항아리에 새겨진 선형문자가 그것인데, 오늘날에도 해석을 못하고 있다.

다음으로 미케네 문명^(BC1600~BC1100) 시절에 사용된 것으로 여겨지는 '선형문자 B^(Linear B)'가 있다. 미케네, 필로스, 테베뿐만 아니라 크레타 섬에서도 발견되는 점토판과 항아리 등에 새겨진 문자다. 이는 선형문자 A에서 파생된 것으로 추정된다. 그리스어를 필기하는 최초의 문자로 여겨지며, 오늘날 상당히 많이 해석되었다.

BC9세기경에는 페니키아 알파벳의 영향을 받은 그리스 알파벳이 등장했으며, 오늘날 사용되는 그리스 알파벳은 BC5세기경에 형성되었다. 특히 알렉산드로스 대왕이 동방을 정복해 대제국을 이룬 헬레니즘 시대부터 로마·비잔틴 시대에 이르기까지 고대 그리스어인 코이네 그리스어(Koine Greek)가 일종의 국제어(lingua franca) 역할을 했다. 코이네 그리스어의 위상은 '코이네'가 공통어(common)를 의미하는 말로 남은 것에서 짐작할 수 있다.

코이네 그리스어와 오늘날의 그리스어는 어미와 동사의 변화, 자음/모음의 발음상의 변화, 장모음/복모음의 단모음화 같은 차이가 있다. 현재 그리스 알파벳은 총 24개이며, 매 알파벳마다 대문자(uppercae)와 소문자(lowercase)가 있다.

그리스어는 여러 학문 분야 용어의 기초로 사용되어온 만큼, 오늘날에도 새로운 학문 분야의 용어를 만들 때 그리스어 단어 조합으로 조어를 하는 경우가 빈번하다. 미국이나 영국의대학에서는 입학시험이나 자격시험을 볼 때 어려운 영어 단어의 의미를 묻는 경우가 자주 있다. 이때 제시된 단어가 어려울수록 그리스계 학생들은 매우 높은 점수를 받는다고 한다. 왜냐하면 그런 어려운 단어나 고어는 대부분 그리스어에서 차용해온 것이기 때문이다. 특히 그리스어에서 편입된 단어나 용어는 대체로 학식 있는 사람들이 사용하는 용어로 인식되고 있다.

영어에서 그리스어가 얼마만큼 큰 비중을 차지하고 있는지를 극적으로 보여준 예가 있다. 유명한 경제학자이자 그리스 은행 총재 겸 1989~1990년에는 과도정부의 총리를 역임한 크세노폰 졸로타스(1904~2004)가 1957년과 1959년 세계은행 총회에서 행한 연설이 그것이다. 졸로타스는 관사와 전치사만 제외하고 그리스어를 사용한 연설로 자신의 의견을 전달하겠다면서 다음 페이지의 내용과 같은 연설을 했다.

[원문]

I always wished to address this Assembly in Greek, but realized that it would have been indeed "Greek" to all present in this room. I found out, however, that I could make my address in Greek which would still be English to everybody. With your permission, Mr. Chairman, I shall do it now, using with the exception of articles and prepositions, only Greek words.

Kyrie, I eulogize the archons of the Panethnic Numismatic Thesaurus and the Ecumenical Trapeza for the orthodoxy of their axioms, methods and policies, although there is an episode of cacophony of the Trapeza with Hellas. With enthusiasm we dialogue and synagonize at the synods of our didymous organizations in which polymorphous economic ideas and dogmas are analyzed and synthesized. Our critical problems such as the numismatic plethora generate some agony and melancholy. This phenomenon is characteristic of our epoch. But, to my thesis, we have the dynamism to program therapeutic practices as a prophylaxis from chaos and catastrophe. In parallel, a Panethnic unhypocritical economic synergy and harmonization in a democratic climate is basic. I apologize for my eccentric monologue. I emphasize my euharistia to you, Kyrie to the eugenic and generous American Ethnos and to the organizers and protagonists of his Amphictyony and the gastronomic symposia.

[번역문]

저는 항상 이 총회에서 그리스어로 연설하고 싶었습니다만, 그렇게 한다면 여기 계신 모든 분들께 정말 '그리스어 연설'이 되겠다는 생각이 들었습니다. 그런데 제가 그리스어로 연설을 하더라도 모든 분들이 영어처럼 알아들으실 수 있다는 사실을 알게 되었습니다. 위원장님, 허락해주신다면 저는 관사와 전치사 정도만 제외하고 그리스어만으로 연설을 해보겠습니다.

위원장님, 저는 국제통화기금과 세계은행의 총재들이 자신들의 원칙과 수단 및 정책의 정통성을 위해 노력하고 있는 것을 찬양합니다. 비록 그리스는 세계은행과 갈등을 겪었지만요. 우리는 열정을 갖고 양대 기관 회의에서 대화하거나 만나고 있으며, 이를 통해 다양한 양태의 경제 개념 및 학설을 분석하고 통합합니다. 통화량 과다와 같은 우리에게 매우 중요한 문제들이 상당한 고통과 슬픔을 야기하고 있습니다. 이러한 현상은 우리 시대의 특징입니다. 그러나 제 이론에 의할 것 같으면, 우리는 혼란과 재앙을 방지하는 치유 활동을 실행할 활력이 있습니다. 아울러 민주적인 환경에서는 가식이 없는 경제 협력과 화합이 범세계적으로 이루어지는 게 당연합니다. 저의 별난 독백을 용서해주시기 바랍니다. 저는 위원장님과 친절하고 너그러운 미국 국민들, 그리고 이번 회의와 좋은 음식을 준비하신 회의 주최자 및 주요 관계자 분들께 감사를 표합니다.

⛫ 1959년 연설

[원문]

Kyrie, it is Zeus' anathema on our epoch for the dynamism of our economies and the heresy of our economic methods and policies that we should agonize the Scylla of numismatic plethora and the Charybdis of economic anaemia. It is not my idiosyncrasy to be ironic or sarcastic, but my diagnosis would be that politicians are rather cryptoplethorists. Although they emphatically stigmatize numismatic plethora, they energize it through their tactics and practices. Our policies have to be based more on economic and less on political criteria. Our gnomon has to be a metron between political, strategic and philanthropic scopes. Political magic has always been anti−economic. In an epoch characterized by monopolies, oligopolies, monopsonies, monopolistic antagonism and polymorphous inelasticities, our policies have to be more orthological. But this should not be metamorphosed into plethorophobia, which is endemic among academic economists. Numismatic symmetry should not hyper−antagonize economic acme. A greater harmonization between the practices of the economic and numismatic archons is basic. Parallel to this, we have to synchronize and harmonize more and more our economic and numismatic policies panethnically. These scopes are more practicable now, when the prognostics of the political and economic barometer are halcyonic. The history of our didymus organizations in this sphere has been didactic and their gnostic practices will always be a tonic to the polyonymous and idiomorphous ethnical economies. The genesis of the programmed organization will dynamize these policies. Therefore, I sympathize, although not without criticism on one or two themes, with the apostles and the hierarchy of our organs in their zeal to program orthodox economic and numismatic policies, although I have some logomachy with them. I apologize for having tyrannized you with my Hellenic phraseology. In my epilogue, I emphasize my eulogy to the philoxenous autochthons of this cosmopolitan metropolis and my encomium to you, Kyrie, and the stenographers. (The Speeches of Professor Xenofon Zolotas, Explore Crete, Crete useful information, Learn Greek)

[번역문]

　위원장님, 우리 시대의 경제적 활력에 대한 신의 저주와 이단적인 경제
수단 및 정책으로 인해 우리는 한편으로 통화량 과다와 다른 한편으로 경제
적 무기력증이라는 고통을 동시에 겪고 있습니다. 반어법적이고 빈정대는
것이 저의 성격은 아닙니다만, 저의 진단은 정치인들이 매우 은밀한 통화팽
창론자라는 것입니다. 비록 정치인들은 통화 팽창을 단호히 규탄하지만, 자
신들의 책략과 활동을 통해 오히려 이를 부추기고 있습니다. 우리의 정책은
정치적이 아닌 좀 더 경제적인 기준에 기반을 두어야 할 것입니다. 우리 해시
계의 바늘은 정치적·전략적 그리고 자선적인 것들의 범위 내에서 균형을
잡아야 합니다. 정치적 마법이라는 것은 항상 반(反)경제적이었습니다. 독점
과 과점, 구매자(수요) 독점, 독점적인 대립 및 다양한 형태의 비(非)탄력성 등
으로 특징지어진 이 시대에 우리의 정책은 좀 더 엄격한 논리에 기반을 두어
야 합니다. 그러나 이것이 경제학자들의 고질병과 같은 인플레이션에 대한
공포로 변질되어서는 안 됩니다. 통화의 균형을 유지한다는 것이 경제를 절
정에 이르도록 하는 노력에 대해 지나치게 적대적이어서는 안 됩니다. 경제
·통화 당국 수장들의 활동에서 조화는 기본입니다. 이와 동시에 우리는 국
제적으로도 경제·통화정책을 더욱 더 조화시키고 일치시켜야 합니다. 이러
한 목표는 정치적·경제적 지표가 안정적으로 예측되고 있는 현 시점에서
더욱 더 잘 실현될 수 있습니다. 이 분야에서 우리 두 기관의 역사는 교훈적
이며, 이들의 지식 프로그램은 다양한 이름을 갖고 있거나 개별적 특성을
유지하고 있는 여러 국민경제에 활력소가 될 것입니다. 계획을 가진 조직의
출범으로 인해 이러한 정책은 더욱 활성화될 것입니다. 따라서 저는, 비록
1~2개의 의제에 대해서는 비판적이지만, 엄격한 경제·통화정책을 만들려
는 주도자들 및 우리 두 기관 지도층의 열정에 공감하고 있습니다. 비록 엄
격한 경제·통화정책이라는 용어 자체에 대해서는 어느 정도 이견을 갖고
있지만요. 제가 그리스어의 어휘를 사용하여 여러분들을 괴롭힌 것에 대해
사과드립니다. 끝으로 저는 이 국제도시의 친절한 주민들에게 감사드리며,

위원장님과 속기사 여러분들께도 최고의 경의를 표합니다.

상당히 현학적인 연설이지만, 회의 참석자 중 이를 이해하지 못한 사람이 거의 없었다는 설명에서 알 수 있듯 서구 언어에서 그리스어의 위상은 확고하다. 물론 그리스인들이 그리스어에 대해 갖는 자부심도 충분히 미루어 짐작할 수 있다.

GREEK ALPHABET

Αα	Ββ	Γγ	Δδ	Εε	Ζζ
ALPHA [a] *άλφα*	BETA [b] *βῆτα*	GAMMA [g] *γάμμα*	DELTA [d] *δέλτα*	EPSILON [e] *ἒ ψιλόν*	ZETA [dz] *ζῆτα*
Ηη	Θθ	Ιι	Κκ	Λλ	Μμ
ETA [ɛ] *ῆτα*	THETA [tʰ] *θῆτα*	IOTA [i] *ἰῶτα*	KAPPA [k] *κάππα*	LAMBDA [l] *λάμβδα*	MU [m] *μῦ*
Νν	Ξξ	Οο	Ππ	Ρρ	Σσς
NU [n] *νῦ*	XI [ks] *ξεῖ*	OMICRON [o] *ὂ μικρόν*	PI [p] *πεῖ*	RHO [r] *ῥῶ*	SIGMA [s] *σίγμα*
Ττ	Υυ	Φφ	Χχ	Ψψ	Ωω
TAU [t] *ταῦ*	UPSILON [u] *ὒ ψιλόν*	PHI [pʰ] *φεῖ*	CHI [kʰ] *χεῖ*	PSI [ps] *ψεῖ*	OMEGA [ɔ] *ὦ μέγα*

▲ 그리스어 알파벳

2
서양 철학의 발상지

그리스가 인류 발전에 기여한 것은 한두 가지가 아니지만, 특히 서양 철학이야말로 그리스에서 발원해 그리스에서 꽃 피웠으며, 오늘날 현대인의 삶에까지 심대한 영향을 미치고 있는 분야가 아닐까 생각한다.

그리스어의 '필리아(Philia, 사랑)'와 '소피아(Sophia, 지혜)'가 결합된 '필로소피(Philosophy, 철학)'는 말 그대로 지혜를 사랑하는 학문이다. 신화와 상상의 시대가 지나가면서 사람들은 점차 존재·진실·정의·가치·이성과 같은 본질적 문제에 대한 의문과 함께 이에 대한 답을 추구하면서 철학은 탄생했다.

소아시아(터키의 아나톨리아)의 밀레투스 지역에서는 BC7세기경부터 한 무리의 철학자들이 등장했다. 이들 중 첫 번째 그리스 철학자로 인식되는 탈레스(BC624~BC545)는 우주의 근원 문제에 천착했고, 우주의 근원은 물이라고 주장했다. 물은 온도에 따라 형질이 변화되고, 물이 지닌 영양소로 모든 것이 자라나며, 씨앗도 습도가 있어야 발아되기 때문이라는 것이다.

아낙시만드로스(BC611~BC546)는 만물의 근원은 특정한 물질이 아니라 무제한적인 어떤 것이라고 하면서, 어떤 물질은 그때그때 완전히 반대되는 성격을 가진 것으로 변할 수 있으므로 전통적인 의미의 특정 물질이 만물의 근원은 아니라고 했다. 아낙시메네스(BC546~BC528)는 공기를 압축하면 물이 되고, 더 압축하면 흙이나 돌이 되며, 희박해지면 불이 된다면서 만물의 근원을 공기라고 했다.

사모스 섬 출신인 피타고라스(BC580~BC500)는 모든 존재의 이면에는 수학의 원리가 작용된다고 판단했다. 이와 같이 우주나 만물의 근원에 대한 논리적 사유가 심화되는 가운데 점차 사유의 폭과 깊이가 확장되었다.

한편, 시간이 지나가면서 많은 지식인들이 그리스의 정치와 경제 중심지로 기틀을 잡아가는 아테네에 몰려들기 시작한다. 이 지식인들은 돈을 받고 아테네의 유력인사들에게 지식과 함께 남을 설득하는 기술(수사학)을 가르쳤다. 흔히 소피스트(Sophist)라고 불린 이들은 말 그대로 '지식이 있는 사람' 또는 '선생'이었다. 이들은 그리스의 전통적 가치체계나 신화 등을 가르쳤으며, 진리는 상대적이라는 입장을 견지했다.

'인간은 만물의 척도'라고 주장하며 진리가 상대적임을 주창한 프로타고라스(BC485~BC414) 등 수많은 소피스트들이 등장했다. 특히 아테네가 페르시아 및 스파르타와 전쟁을 하던 BC5세기경에 이들의 활동이 두드러졌다. 소피스트들은 아테네의 지식사회와 여론을 주도했다. 특히 시칠리아 섬 출신이자 대표적인 소피스트인 고르지아스(BC490~BC416)는 펠로폰네소스 전쟁 시절 시칠리아 섬 정복의 당위성을 적극 설파했고, 결국 시칠리아 섬 정복전쟁에서 대참패를 겪은 아테네가 얼마 후 스파르타에 져 몰락하는 데 일조하게 된다. 소피스트들은 지식이 많은 사람들이었지만, 자기 이익과 야심 추구를 위해 궤변을 일삼고 도덕을 무시하는 행태를 보여 후세 철학자들에게서 많은 비판을 받게 된다.

아테네의 지식사회가 소피스트들에 의해 주도되던 시기에 전통적인 지혜에 대해 계속 의문을 제기하고, 끊임없는 질문과 답변으로 진리를 추구하고자 했던 이가 등장했다. 그가 바로 유명한 소크라테스(BC469~BC399)이다. 소크라테스는 어느 누구도 나쁜 짓을 원치 않는데 누군가가 나쁜 짓을 한다는 것은, 그가 의도하지 않았거나 무지하기 때문이라고 했다. 그렇기에 모든 선(善)은 곧 지식에서 비롯되며, 지혜로운 사람이 매우 중요하다고 주장했다.

소크라테스는 그리스인들이 신을 존중하는 것에 대해서도 의문을 품었다. "그리스의 신들은 살인·납치·강간을 예사롭게 하는데, 이는 도덕이라는 관점에서 볼 때 정말 해서는 안 될 짓이 아닌가! 그러니 어떻게 이런 신들을 존중하고 따라야 한단 말인가!"라는 의견을 피력하기까지 했다.

소크라테스는 민주주의에 대해서도 비판적이었다. 투표는 아무렇게나 해서는 안 되며, 교육을 받아 지혜가 있는 사람을 선출해야지, 아무 능력도 없는 선동꾼들이나 선출하면 안 된다고 강연했다. 소크라테스는 소피스트들과는 달리 강연의 대가로 돈을 받지 않았기에 매우 곤궁하게 살았으나, 여러 제자들이 그를 따랐다.

당시 아테네는 스파르타와의 전쟁에서 패하고 정치는 피폐해졌으며, 국민들의 사기는 땅에 떨어졌었다. 그래서 소크라테스의 강연은 아테네의 기성 세력에게는 불온한 선동으로 인식되었다. 결국 소크라테스는 젊은 사람들을 타락시키며 새로운 신을 만들어냈다는 죄명으로 재판에 회부된다. 500명의 남자들로 이루어진 배심원단은 유무죄 여부를 묻는 제1차 심판에서는 근소한 표 차이로 유죄를 선고하나, 처벌 방식으로 사형이냐 벌금형이냐를 정하는 제2차 심판에서는 피고인이 뉘우침을 보이지 않는다며 압도적인 표 차이로 사형을 선고한다.

비록 사형 선고가 내려졌더라도 사형수가 아테네를 떠나면 눈 감아주는 일이 당시의 관행이었다. 그래서 친구인 크리톤은 많은 준비를 갖추어놓은 뒤 소크라테스에게 도망갈 것을 제안한다. 그러나 소크라테스는 "아테네의 시민은 아테네의 법률에 속해있으며, 그걸 위반하는 건 사회에 큰 해악을 끼치는 것"이라며 거부한다. 아울러 "도망치는 것은 아테네라는 국가와 자신과의 사회적 계약을 깨트리는 것"이라면서 결국 헴록(hemlock)이라는 독미나리에서 추출한 독약을 마시고 사망했다. 소크라테스는 이렇게 해서라도 자신이 추구하고자 하는 가치를 지키고자 했던 것이다. 소크라테스가 남긴 기록은 현존하지 않지만, 그의 강연과 일화 등은 모두 제자인 플라톤의 저술에 기록되었다.

소크라테스의 제자인 플라톤(BC427~BC347)은 아테네의 귀족 가문에서 태어났다. 젊을 때는 잠시 정치에 관심을 가졌지만, 소크라테스의 죽음 등을 목격하면서 곧 현실 정치에 환멸을 느끼고 영원 불멸한 진리를 추구하는 데 많은 노력을 기울였다.

오늘날 대학의 원류인 아카데미아(Academia)를 아테네에 설립해 다양한 학문을 가르쳤으며, 수많은 저술도 남겼다. 특히 서양 철학의 기틀이 될 수 있는 많은 저작물을 남겼기에 영국의 철학자 앨프리드 화이트헤드(1861~1947)는 "서양 철학의 전통이라는 것은 한마디로 말해 플라톤의 이론에 각주를 붙인 것일 뿐이다"라고 주장했다.

플라톤의 저술은 주로 대화체(dialogue) 형식으로 구성되었는데, 24개의 '대화'와 13개의 편지를 남겼다고 알려졌다. 하지만 이보다 더 많은 대화를 남겼다는 주장과 추가적 작품은 남이 쓴 위작이라는 주장 등이 대립한다. 주요 대화에는 소크라테스가 주인공으로 등장하기에 플라톤의 저술이 본인의 이야기인지 소크라테스의 이야기인지 알 수 없다는 주장도 있다.

플라톤의 가르침에서 자주 인용되는 것 중 하나가 '동굴의 비유(allegory of the cave)'이다. 동굴에 묶여있는 사람은 동굴 내부의 벽에 드리워진 그림자만 볼 뿐 동굴 밖 세상의 일을 알지 못한다는 것이다. 만일 그 사람이 밖으로 나갈 수 있다면 무엇이 동굴 내부의 벽에 그림자를 드리운 것인지 알 수 있을 것이다. 그런데 바깥세상을 경험한 이 사람이 다시 동굴로 들어가면 그 안의 사람들은 이 사람의 말을 믿으려 하지 않을 것이라고 플라톤은 말한다. "진리를 깨친 사람인 철학왕(philosopher king)은 현명하나, 대부분의 사람은 무식하다"는 가르침을 설명하는 우화이기도 하다.

플라톤의 가르침에서 중요한 축을 차지하는 이데아(Idea)도 이 '동굴의 비유'와 동일한 연장선상에 있다. 현상계(現象界)는 진실의 세계가 아니라 이미 지어지거나 모방을 한 세계일 뿐이며, 모든 사물의 본질이자 원인에는 이데아가 있다는 것이다. 현상계에서는 모든 것이 낡고 사라지게 되나, 이데아는 시간이 지나도 변치 않는 불변의 절대적 진리이며, 결국 인간의 이성으로만 알 수 있는 것이라고 한다. 따라서 동굴을 벗어나고 이데아에 가까이 다가가기 위해서는 교육으로 지혜를 갖춰나가는 것이 필요하다고 플라톤은 말한다. 특히 수학·기하학·천문학·변증론 등이 중요하다고 설명했다. 플라톤의 절대 선과 불변의 진리라는 개념은 후세 기독교 사상과도 일맥상통하면서 상호 연관성도 가졌다는 평가를 받는다.

플라톤은 당시 그리스 여러 도시국가들의 통치 행태를 보면서 가장 좋은 정치제제와 나쁜 정치체제를 설명한다. 가장 좋은 정치체제는 철학왕이 다스리는 철인정(Aristocaracy)이다.

철학왕이란 이데아를 볼 수 있는 능력이 있으며, 일종의 항해를 떠난 배의 선장과 같은 사람이다. 다수의 민중은 항해 관련 지식이 없는 선원과 같은 사람들이다. 그런데 선원들 다수의 투표로 선출된 선장이 해로(海路)에 대한 지식이 없다면 그 배는 좌초하고 만다. 선원들 중에는 자신이 배를 운전한 경험이 있다며 불평과 선동도 하는 자가 있겠지만, 결국 항해에 필요한 해로·계절·천문·별·바람 등에 관한 전반적인 지식을 가진 선장만이 배를 안전하게 운항할 수 있다고 플라톤은 설명한다. 아울러, 철학왕과 같은 이상적인 통치자는 다른 사람에 비해 능력과 사회적 지위가 뛰어나므로 사유재산을 갖지 않고 금욕적이며 정의로운 삶을 사는 사람으로 인식된다.

플라톤은《국가론》등 여러 저술에서 지혜와 이성에 기반을 두고서 다스리는 철인정(Aristocracy)을 이상적인 정치 형태로 수 차례 상정한다. 아울러 아래와 같은 몇 가지 불완전한 정치체제에 대해서도 설명한다.

첫 번째는 명예정(Timocracy)이다. 공적과 명예가 있는 인사들에 의한 정치체제로서, 일종의 귀족정이지만 세습제는 아니다. 여기서 지배계층은 평화보다는 승리와 명예를 쫓는 전사(warrior)와 같은데, 플라톤은 스파르타를 염두에 두었다. 명예정의 지도자(들)는 명예뿐만 아니라 재물에 대한 은밀한 욕심도 매우 크다고 설명한다.

두 번째는 과두정(Oligarchy)이다. 재산이 많은 부자들만 지도자가 될 수 있으며 가난한 사람들은 통치에 관여하지 못하는, 오늘날 흔히 말하는 금권정치(Plutocracy)와 맥을 같이 하는 정치체제다. 과두정하에서 사람들은 돈벌이를 귀하게 여길 뿐 훌륭함은 귀하게 여기지 않으며, 결국 부자와 가난뱅이만 존재할 뿐이다. 또한 부에 대한 만족할 줄 모르는 욕망과 다른 것에 대한 무관심 때문에 파멸한다.

세 번째는 민주정(Democracy)이다. 이는 각 개인의 정치적 기회와 자유가 균등하게 보장되는 정치체제로, 물론 아테네를 염두에 두었다. 그런데 이 체제는 가난한 사람들이 싸움에서 이겨 다른 편을 죽이거나 추방한 후 일반인들에게 시민권을 평등하게 나누어주고 관직을 추첨으로 할당하면서 생기는 체제다. 그래서 어떤 사람이 정치 활동을 하기 전에 어떤 일을 했었는지 전혀 신경 쓰지 않으며, 대중의 호감을 잘 얻는 사람이 높은 평가를 받는다. 이런 민주정하에서는 자유가 전면적으로 확장됨으로써 무정부 상태가 스며들 가능성이 높다. 심지어 아들이 아버지를 무서워하지 않고, 선생이 학생을 두려워하며, 학생은 선생을 무시하고, 노예가 주인을 두려워하지 않는 지나친 방종으로 흐르기 쉽다는 것이다.

이런 지나친 자유에서 가장 야만스러운 예속 상황이 조성되는데, 그것이 참주정(Tyranny)이다. 폭군인 참주는 하층 민중의 불만을 이용해 그들의 지지를 얻어 무력으로 정권을 장악한 후 독재정치를 펴는 사람이다. 참주를 제외한 모든 피지배자는 참주에게 억압받고, 참주는 다수의 피지배자에 의한 보복의 공포에 휩싸이며, 그래서 이런 사회에는 무절제가 만연하게 되니 가장 나쁜 정치체제라고 플라톤은 말했다.

플라톤은 먼저 언급된 정체에서 후에 언급된 정체로 갈수록 좋지 않은 정체임을 암시한다. 그런 의미에서 민주정이 마지막에서 두 번째에 거론되는 것이 매우 흥미롭다. 한편, 정치 철학자 칼 포퍼(1902~1994)는 플라톤이 주장하는 철학왕의 개념이 아돌프 히틀러(1889~1945)나 이오시프 스탈린(1879~1953) 같은 독재자들이 왜 출현했는가를 설명하기 위한 이론적 기반을 제공했다고 비판한다.

아리스토텔레스(BC384~BC322)는 그리스 북부 할키디키 반도 바로 위에 있는 마케도니아 지역의 스타게이라에서 태어났다. 17세 때부터 무려 20년간 아테네에 있는 플라톤의 아카데미아에서 수학했다. 플라톤 사후 아카데미아의 운영 방침에 실망해 북부 지역과 섬 지역 등을 여행하다 마케도니아 왕인 필리포스 2세의 요청으로 그의 아들 알렉산드로스 대왕을 가르쳤다. 이후 아테네에 돌아와 리케이온(Lykeion)이라는 교육기관을 설립하고 교육과 저술 활동을 했다. 알렉산드로스 대왕 사후 아테네의 반마케도니아 정서가 높아져 핍박을 받게 되자 다시 아테네를 떠나 그리스 중부의 에비아 섬으로 갔고 그곳에서 타계했다.

아리스토텔레스는 논리학·물리학·미학·윤리학·형이상학·정치학·동물학·식물학·시선(詩選) 등에 대한 다양한 저술을 남겼다. 하지만 원저로 남은 것은 거의 없으며, BC40년에서 BC30년 무렵에 수집되고 편집된 것들이 전해지고 있다. 다만 경험한 사실에 대한 체계적인 분류 작업으로 자연의 숨겨진 질서를 파악코자 했던 아리스토텔레스의 학문방법론을 인정해, 흔히 아리스토텔레스를 '학문의 아버지'라고 부른다.

아리스토텔레스는 초기에는 플라톤의 이론을 많이 따랐으나, 후기에는 자신의 주장을 독자적으로 펼쳐나갔다. 무엇보다도 경험적 관찰과 논리적 진실을 중시했다. 특히 스승 플라톤이 설파한 "진실은 현실계에 있는 것이 아니라 비물질적이고 절대적이며 현상을 초월하는 어떤 것(이데아)에 있다"는 이데아론을 순수한 상상이거나 시적 은유에 불과하다고 비판하기도 했다.

아리스토텔레스는 사물의 본질이라는 것이 플라톤의 이데아처럼 사물과 따로 존재하는 것이 아니라 현실 세계의 사물 안에 있다고 생각했다. 그래서 플라톤이 현실을 넘어 이상적인 것까지 다루는 수학을 중시한 것과는 달리, 끊임없이 변하는 현실 세계를 이해하는 데 중요한 방법인 '경험을 통한 현실 세계의 기본 원리 탐구'를 중시했다. 그의 이론은 뒤이어 유행한 스토아 철학에 가려져 당시에는 큰 평가를 받지 못했다. 하지만 이후 그의 저술이 이슬람권과 중세 기독교 사회에 소개되고 환영받으면서 크게 주목받게 된다.

아리스토텔레스는 이론적 학문인 형이상학과 자연과학뿐만 아니라, 실천적 학문인 윤리학과 정치학의 기초도 다진 선구자였으며, 논리학과 삼단논법의 창시자로도 알려졌다. 논리학은 어떤 주장이 참이라는 것에서 다른 주장도 참이라는 것까지 정당화하는 것, 즉 추론과 증명에 대한 학문이다. 아리스토텔레스는 논리학을 학문의 한 분과가 아니라 모든 학문의 예비학으로 규정했다.

아리스토텔레스는 정치체제의 우열과 관련해 플라톤의 의견처럼 소수의 뛰어난 사람이 다스리는 철인정을 가장 선호했다. 아울러 다스리는 사람의 수와 정치체제의 정상 여부를 기준으로 정치체제를 6가지로 분류했다.

한 사람이 다스리는 정치체제 중 정상적인 것을 왕정(Monarchy)으로, 비정상적이고 일탈적인 형태를 참주정(Tyranny)으로, 소수가 다스리는 정치체제 중 정상적인 것을 철인정/귀족정(Aristocracy)으로, 비정상적이고 일탈적인 형태를 과두정(Oligarchy)으로, 다수가 다스리는 정치체제 중 정상적인 것을 폴리티(Polity, 혼합정)로, 비정상적인 형태를 민주정(Democracy)으로 구분했다.

여기서 아리스토텔레스가 설명하는 민주정은 가난한 다수가 자신들의 이익을 위해 부자에게 높은 세금을 매기거나 착취하는 체제이며, 폴리티는 다수가 지배하는 정치체제 중 헌법과 규율에 기반을 두고서 통치되는 체제다. 아리스토텔레스는 좋은 정치체제는 교육을 잘 받은 사람들이 다스리는 체제이며, 다수가 다스리는 민주정에서는 이를 기대하기 어렵다고 했다.

로마의 바티칸 궁 건물 내에 있는 '라파엘로의 방'의 벽에는 르네상스 시대의 거장 라파엘로(1483~1520)가 그린 <아테네 학당>이라는 유명한 벽화가 있다. 이 그림에는 그리스와 중동 지역의 유명 철학자들이 토론하는 모습이 묘사되었는데, 그림의 중심에는 플라톤과 아리스토텔레스가 자리 잡고 있다. 그런데 플라톤은 손으로 하늘을 가리키는데, 아리스토텔레스는 땅을 가리키고 있다. 이 그림 하나가 두 사람의 철학의 차이를 극명하게 설명한다. 플라톤은 현실을 넘어선 절대적이고 불멸적인 진리를 추구했던 반면, 아리스토텔레스는 현실에 기반을 두고서 개개인에 대한 연구를 지향했음을 나타낸다.

▲ 로마 바티칸 궁의 '라파엘로의 방'에 걸린 벽화 〈아테네 학당〉. 중앙에 플라톤과 아리스토텔레스
가 서있다.

알렉산드로스 대왕의 동방 원정이 이루어진 BC4세기부터 로마가 이집트
를 병합한 BC1세기까지의 시대를 흔히 '헬레니즘 시대'라고 한다. 고대 그리
스 철학 전문가인 이한규 교수는 저서 《그리스철학 이야기》에서 헬레니즘
시대 그리스인들에 대해 다음과 같이 설명한다.

"이전에 생각지 못한 광대한 세계를 경험하고, 아울러 절대군주의 통치하
에 놓이게 된 그리스인들은 과거 플라톤과 아리스토텔레스가 관심을 두었던
도시공동체적 삶을 넘어 새로운 정치적 삶에 관심을 두었다."

이 시기에는 철학적 다양성도 급속히 확대되었다. 그러나 이전의 철학 대
가들이 탐구의 주제를 주로 도시국가 공동체의 보존을 목표로 한 도덕에 중
점을 두었다면, 이 시기에는 주로 개인적 차원의 선(善)과 덕(德)을 어떻게 수
행하고 달성할 것인가에 많은 관심이 쏠렸다. 굳이 경제학적 사고로 비유하

자면 그리스 황금기의 철학 대가들은 보다 거시적인 측면에, 헬레니즘 시대 철학자들은 미시적인 측면에 천착했다고 설명할 수 있다.

플라톤 그리고 아리스토텔레스와 같은 시기에 키니코스학파(Cynicism, 견유학파[犬儒學派]로 번역되는데, 떠돌아다니는 개처럼 활동한다는 의미)라는 철학자들이 있었다. 이들은 일반 대중이나 다른 철학자들과는 전혀 다른 삶을 이상적이라고 여겼다. 이들은 허영·사치·위선과 같은 욕망의 노예가 아니라 주어진 것에 만족하는 소박한 삶을 추구했다.

소크라테스의 제자로 키니코스학파를 창시했다는 안티스테네스(BC445~BC365)는 덕을 중시해 신체적·정신적 단련을 강조하고 쾌락을 멀리하며, 단순하고 간소한 생활을 추구했다. 안티스테네스의 제자라는 디오게네스(BC412~BC323)는 문명을 거부하고 길거리 나무통에서 살며 무소유를 실천했다. 디오게네스는 남루한 옷차림을 하고서 늘 등잔을 들고 다녔는데, 그 등잔은 정직한 사람을 찾기 위한 '도구'였다. 디오게네스에 관한 일화로 유명한 것은 알렉산드로스 대왕과의 만남 이야기다.

디오게네스의 철학자로서의 명성을 잘 알고 있던 알렉산드로스는 직접 그를 찾아갔다. 디오게네스는 마침 나무통(집)에서 편하게 낮잠을 즐기고 있었다. 이윽고 인기척을 느껴 부스스 깨어난 디오게네스에게 알렉산드로스는 자신이 대왕임을 밝히고 바라는 것이 있으면 뭐든 들어주겠다고 했다. 이에 디오게네스는 이렇게 말했다. "햇볕 좀 쬐게 비켜주시오."

그런 다음 다시 잠을 청했다. 곁에 있던 알렉산드로스의 부하들은 디오게네스의 무례함에 칼을 빼어들었지만, 알렉산드로스는 이를 말리면서 "내가 만일 알렉산드로스가 아니었으면 디오게네스가 되었을 것"이라고 했다.

키니코스학파 사람들은 이렇듯 권력이나 세속적인 것에 속박되지 않는 자유를 원했고, 코스모폴리탄(Cosmopolitan, 세계시민)으로 자처하며 헬레니즘 세계에서 설교를 위한 유랑을 다니기도 했다.

이 시기에 나타난 또 다른 사조로 회의주의(懷疑主義, Skepticism)가 있다. 회의와 의심을 통해 깨달음과 진리로 나아갈 수 있다고 생각하는 학파다. 그런 회의를 철학의 중심으로 삼았던 최초의 철학자가 피론(BC365~BC270)이다. 피론이 가르친 철학의 핵심은 "모든 것에 대한 판단을 유보하고, 그것을 긍정하지도 부정하지도 말아야 한다"는 것이다. 사물의 진실은 우리가 파악할 수 없으므로 판단을 중지하라는 것이다. 어떤 믿음이나 주장·이론에 대해 그것이 참인지 거짓인지 같은 가치 판단을 너무 일찍 내리지 말아야 하는 이유는 무엇일까? 결론을 일단 내리고 나면 그것이 맞는지 틀린지 확신할 수 없어 계속 불안하기 때문이다.

피론은 판단하지 않는 마음의 상태로 흐트러짐 없는 평온한 마음의 상태인 아타락시아(ataraxia)에 이르고자 했다. 언젠가 피론은 배를 타고 항해하는 중에 폭풍우를 만났다. 같은 배에 타고 있던 사람들은 절망에 빠져 온통 야단법석이었는데, 피론은 그때 아무런 동요 없이 무언가를 열심히 먹고 있는 새끼돼지를 발견했다. 피론은 그 새끼돼지를 가리키며 사람들에게 "현자는 언제나 이 새끼돼지처럼 마음이 평정한 상태를 유지한다"라고 말했다.

피론의 제자 티몬(BC320~BC230 추정)은 스승의 가르침을 글로 남긴 철학자로서, 마치 소크라테스의 가르침을 플라톤이 글로 남긴 것과 같은 역할을 했다.

플라톤이 세운 아카데미아의 학장 출신인 아르케실라오스(BC316~BC241 추정)는 동시대의 스토아학파를 독단론자들로 규정한 뒤, "철학자는 오류에 빠지지 않기 위해 그 어떤 주장에도 동의하지 말아야 한다"고 했다. 아르케실라오스는 회의주의를 일종의 도구로 활용해 진리에 도달하고자 했다. 그리스의 회의론자들은 상대적인 경험적 진리를 부정하는 것이 아니라 독단적인 주장과 형이상학에 반대했는데, 이들의 태도는 참된 진리를 발견코자 하는 근대의 실증주의에 가깝다고 할 수 있다.

도시국가 붕괴로 인한 정체성과 소속감 상실 및 정복전쟁으로 인한 가난과 죽음의 위협은 그리스인들로 하여금 공적인 삶에서 벗어나 개인적이고 은둔적인 삶에 보다 많은 관심을 쏟도록 이끌었다. 이 시대의 유명 철학자이자 쾌락주의(Hedonism)의 창시자인 에피쿠로스(BC341~BC270)는 "쾌락이 인생의 목적이며, 당장 현실적으로 즐길 수 있는 삶이야말로 미래가 불확실하고 험난한 세상을 견뎌내는 바람직한 삶의 방식이다"라고 주장했다.

그러나 쾌락에 대한 에피쿠로스의 정의는 우리가 흔히 생각하는 방탕함에 빠진 자포자기의 삶이나 식욕·성욕의 충족과 같은 강렬한 육체적 쾌락만을 추구하는 감각적 쾌락주의와는 거리가 멀었다. 에피쿠로스는 "육체적 쾌락은 고통을 당하지 않는 것이요, 영혼의 쾌락은 번민에 사로잡히지 않는 것"이라고 하면서, "육체적 고통에서 벗어나는 한편, 정신적인 불안과 혼란에서도 벗어나기 위해서는 흔들리지 않는 마음인 아타락시아를 가져야 한다"고 주장했다.

에피쿠로스는 욕구가 고통의 원인이라고 보았다. 그래서 자연스럽고 필요한 욕구는 충족시켜야 하지만, 불필요하고 과도한 욕구나 쾌락 추구는 고통의 원인이 되므로 그런 것에서 벗어나야 한다고 강조했다. 회의론자들이 모든 판단을 중지하고 모든 것에 무관심해지면 아타락시아에 이를 수 있다고 한 반면, 에피쿠로스는 과도하고 불필요한 욕망에서 벗어나면 이를 달성할 수 있다고 했다. 에피쿠로스의 철학적 입장은 쾌락을 적극적으로 추구하기보다는, 고통과 근심을 제거해 쾌락을 얻을 수 있다고 보기 때문에 '소극적 쾌락주의'라고도 한다.

죽음에 대해서도 에피쿠로스는 "우리가 살아있는 동안 죽음은 존재하지 않고, 죽음이 존재할 때 우리는 더 이상 살아있지 않으므로 죽음을 두려워할 이유가 없다"고 했다. 그러면서 매 순간 감사하는 마음을 가지고서 살라고 했다.

에피쿠로스는 아테네에 집 한 채와 그에 딸린 정원을 구입해 누구에게나 개방하는 학교를 만들고, 우애를 바탕으로 한 공동체 생활을 유지했다. 에피쿠로스의 사상은 동시대의 여러 사람들에게 퍼져나갔으며, 오늘날에도 많은 사람들의 사고에 영향을 미치고 있다.

고대 아테네의 아고라(agora, 광장)에는 기둥들이 늘어선 '스토아(stoa, 주랑[柱

廊)'라는 긴 복도형 건물이 있었다. 이 스토아에서 철학을 논하던 사이프러스 섬 출신인 제논(BC333~BC262)과 그의 제자들을 '스토아학파'라고 부른다.

제논은 스토아에서 철학의 가장 중요한 분야라 할 수 있는 윤리학·논리학·자연학을 가르쳤다. 스토아학파는 에피쿠로스학파와 치열한 경쟁 관계를 유지하면서 발전했고, 로마에도 전파되어 로마 시대를 지배한 철학이 되었다.

스토아학파는 발전 과정에서 제논의 철학을 계승하기보다는 여러 다양한 철학적 주장을 펼쳤다. 그런데도 그들 모두를 '스토아학파'라고 뭉뚱그려서 부르는 이유는, 가장 기본적인 철학적 입장이 같았기 때문이다. 그것은 어떤 외부적 상황에도 동요치 않는 의연함을 의미하는 아파테이아(apatheia)의 추구였다.

스토아학파가 주장하는 아파테이아는 쾌락이나 고통처럼 마음에서 생겨나는 일체의 동요에서 벗어남을 의미한다. 우주는 철저하게 이성에 의해 움직이고, 인간 또한 이성을 가진 존재이기에 우주적 이성인 로고스(logos)를 이해하고 그에 따라 살 때 비로소 아파테이아에 도달할 수 있다는 것이다. 이를 위해서는 우리를 이성으로부터 멀어지게 하는 정념인 쾌락·고통·욕망·두려움 등에서 해방된 선한 삶을 살아야 한다고 강조한다.

스토아 철학을 대표하는 사람들은 대개 그리스의 변경 지역이나 타 민족 출신들이었다. 이런 면에서 그리스 문물이 헬레니즘 시대에 좁은 도시국가의 틀을 넘어 널리 지중해 연안의 여러 지역에 영향을 미치기에 이르렀음을 알 수 있다.

스토아 철학의 전개 과정은 크게 3개 시기로 나뉜다.

초기는 BC3세기경으로, 스토아 철학을 창시한 제논과 그의 제자인 클레안테스(BC330~BC231) 그리고 크리시포스(BC280~BC207) 등이 중심인물이며, 아테네를 기반으로 철학적 탐구가 이루어졌다.

중기는 BC2세기경으로, 스토아 철학을 로마에 전파한 파나이티우스(BC185~BC110)와 포세이도니오스(BC135~BC50)가 활동한 시기다. 그들의 강의는 검소하고 투철한 도덕관념을 지닌 로마인들에게서 큰 인기를 얻었다.

후기는 AD1세기 이후, 즉 로마 제국의 후기다. 네로 황제의 스승이었으나 바로 그 네로 황제에게 자살을 명령받고 죽음의 공포를 홀연히 견뎌낸 루키우스 세네카(BC4~AD65), 노예 신분이었지만 "진정한 자유는 신분이나 외부적 조건으로 결정되는 것이 아니라, 내가 어떻게 생각하고 욕구하고 선택하는지에 따라 결정된다"고 설파한 에픽테토스(AD55~AD135), 황제로서의 특권을 버리고 도덕적 엄격함과 의무에 충실하며 황량한 전쟁터에서 피폐해진 정신과 육체적 고통을 이겨낸 《명상록》의 저자 마르쿠스 아우렐리우스가 자주 거론된다.

스토아 철학에서 비롯된 영어 단어인 '스토익(stoic)'은 오늘날에도 과묵함, 강한 절제심, 금욕주의를 대변하는 단어로 자리매김하고 있다.

AD3세기에 플로티노스(AD205~AD270)가 발전시키고 그 후계자들이 수정해 나간 신플라톤주의(Neoplatonianism)는 그리스 철학의 마지막 형태라고 볼 수 있다. 신플라톤주의는 이데아계와 현상계라는 플라톤의 이원론을 계승하는 등, 플라톤의 철학으로부터 많은 개념과 이론을 빌려왔다.

플로티노스는 이데아계를 다시 3분해 만물의 창조자이자 세상 모든 것의 원천이며 가장 높은 단계인 일자(一者, The One)라는 개념을 제시하고, 이 일자에서 누스(Nous)라는 정신이 나오며, 누스에서 프시케(Psyche)라는 영혼이 나온다고 생각했다. 프시케는 다시 정신에 가까운 영혼과 정신에서 먼 영혼으로 구분되는데, 후자가 결국 자연을 만들며 물질계의 개별 사물들을 이룬다는 것이다. 그리고 프시케는 이데아계와 그 그림자인 현상계를 연결하고 양자를 매개하는 기능이 있다. 이런 3가지 원리는 각각 독립된 실체가 아니라 일자에서 나온 것으로, 그 움직임이 높은 단계에서 낮은 단계로 자연스럽게 내려오지만, 거꾸로 의식적인 노력에 의해 낮은 단계에서 높은 단계로 올라갈 수도 있다.

플로티노스는 '인간의 육신은 소멸하지만, 영혼은 불멸하고 환생을 거듭한다'고 생각했다. 그러나 물질 세계는 일자와는 거리가 멀기 때문에 명상과 금욕 같은 수행을 반복함으로써 일자와의 합일을 추구해야 한다고 생각했다.

신플라톤주의 철학의 일자 개념은 기독교의 유일신 개념과 유사하다는 점 때문에 기독교의 삼위일체(三位一體) 교리 등 중세 기독교 철학에 영향을 주었다. 그래서 기독교 신학자 성 아우구스티누스(AD354~AD430)는 플로티노스의 생각 중 몇 마디만 바꾸면 기독교의 교리와 다름없다고 평했다. 다만 신플라톤주의 철학자들은 '신의 육화(肉化)'와 같은 개념은 논리적으로 불가능하다고 보았기에 예수가 곧 주님이라는 기독교의 주장을 받아들이지 않았고, 이 때문에 기독교에서는 이단으로 지목당했다.

기독교가 로마 제국의 국교로 정해지고, 그리하여 기독교의 사상과는 어긋나는 것을 가르치는 이교도적인 학교들의 폐쇄가 이어지면서 신플라톤주의 철학 사조 이후의 그리스 철학은 쇠퇴의 길로 접어든다. 철학은 이제 '기독교 신학의 시녀' 역할을 하게 되었으며, 기나긴 중세 시대를 거쳐 르네상스 시대가 올 때까지 철학에 대한 관심은 지성인들의 세계에서 사라질 수밖에 없었다.

3

서양 최초의 문학작품
그리고 비극과 희극의 원류

과거 우리나라 여러 집안의 서재를 장식하던 '세계문학전집'에서 예외 없이 첫 번째 칸을 차지하던 책이 《일리아스》와 《오디세이아》였다. 책 표지에 '서양 최초의 문학'이라는 카피가 곁들여진 것도 기억난다. 호기심에 꺼내들어 읽어보지만 등장인물의 수가 엄청나게 많고, 인간의 싸움과 여정에 신들이 끼어들며, 어렵고 조금 난삽한 서술에 질려 중간에 몇 번이고 읽기를 중단했다가 다시 읽는 사람들이 많았던 것이 생각난다.

이 2개의 책이 이렇게 읽기가 곤란했던 이유는 《그리스 신화》에 나오는 신들을 포함해 생소한 등장인물이 너무 많았고, 그리스 전통의 운율에 맞춘 서사시를 한글로 단순 번역하다 보니, 한국어판은 매우 건조하고 딱딱한 문체로 이루어졌기 때문이었으리라. 실제로 그리스 현지에서 《일리아스》와 《오디세이아》를 낭송하는 것을 들어보면 나름 일정한 운율을 유지하고 있어 우리의 판소리를 듣는 것 같다.

아마 오늘날의 그리스인들도 《일리아스》와 《오디세이아》가 낭송되면 그 옛날 자신들의 선조가 음유시인의 낭송에서 느꼈던 감동을 대부분 그대로 느끼지 않을까 생각한다. 다행히도 요즈음 우리나라에서 발간되는 두 책의 번역본은 보다 상세한 배경설명과 충실한 해설로 훨씬 편하고 흥미롭게 책 내용을 전달하고 있다.

두 작품은 BC8세기경 호메로스가 지은 것이지만, 상당수의 사람들은 호메로스가 직접 지었다기보다는 오랜 옛날부터 구전되어오던 이야기를 호메로스가 단순히 정리했을 뿐이라고도 한다. 분명한 사실은 두 작품이 그리스가 오랜 암흑기를 거친 이후에 홀연히 등장했으며, 서양에서의 최초의 문학 작품일 뿐만 아니라, 향후 서양의 여러 문필가들이 이를 기반으로 다양한 작품을 저술할 만큼 서양 문학의 반석과 같은 역할을 해왔다는 점이다. 그런데 정작 호메로스는 앞을 못 보는 시각장애인이었다고 하니, 문자화는 다른 사람이 해주었을 것이라고 짐작해본다.

《일리아스》는 '일리온의 노래'라는 뜻으로, 트로이의 옛 지명인 '일리온'에서 비롯되었다. 그리고 잘 알려졌다시피 트로이 전쟁에 관한 서사시다. 트로이 전쟁은 10년간 지속되었다고 하는데, 《일리아스》는 이 중 마지막 52일간의 사건을 노래했다. 이야기는 트로이의 왕자 파리스가 아프로디테를 가장 아름다운 여신이라고 찬양한 데 대한 보상으로 인간 여인 중 가장 아름답다는 스파르타의 왕비 헬레네를 트로이로 납치하는 데 성공하자 그리스 각지의 여러 왕들과 장수들이 이를 그리스 전체에 대한 모욕으로 여기고 트로이를 원정한 상황을 배경으로 한다.

《일리아스》는 트로이 현지에서 그리스군 총사령관 아가멤논이 그리스군 최고의 장수 아킬레우스가 전리품으로 얻은 여인을 빼앗음으로써 아킬레우스가 출전을 거부하는 것에서 시작된다. 최고의 장수가 빠진 그리스군은 많은 인명을 손실하고, 마침내 아킬레우스의 가장 가까운 친구인 파트로클로스마저 전사하는 지경에 이른다. 이에 크게 분노한 아킬레우스가 다시 출전해 트로이군의 최고 장수 헥토르 왕자를 죽이고 그 시체를 자신의 전차에 묶어 끌고 돌아다니는 등 모욕한다. 그러나 헥토르의 아버지이자 트로이의 왕인 프리아모스의 눈물 어린 호소를 듣자 시체를 돌려주고 장례 기간 동안 휴전한다. 이렇듯 《일리아스》의 핵심 인물은 아킬레우스이며, 그의 분노가 어떻게 생겨나고 어떻게 해소되는지를 묘사하는 가운데, 인간이 겪는 고통의 의미를 되돌아보게 한다.

《오디세이아》는 트로이 전쟁을 승리로 이끈 그리스의 장수들이 고향으로 돌아갈 때, 그중 이타키의 왕 오디세우스가 겪는 길고 험난한 여정에 관한 서사시다. 그 유명한 '트로이의 목마' 전술을 기획해 트로이를 멸망시키는 데 큰 공을 세운 오디세우스는 고향인 이타키로 돌아가는 과정에서 또 다른 10년을 보내야 하는 운명을 맞게 된다. 항해 도중 외눈박이 거인 폴리페모스의 동굴에 갇히기도 하고, 요정 키르케와 뱃사람을 유혹하는 세이렌으로부터 겨우 벗어나며, 괴물 스킬라와 소용돌이를 만드는 바다괴수인 카립디스의 틈바구니를 빠져나오기도 하고, 불사의 요정 칼립소의 섬에서 7년을 보내기도 한다.

천신만고 끝에 고향에 돌아왔지만, 오디세우스의 부재중에 왕궁에서는 그의 재산과 아내 페넬로페를 탐해 구혼을 하는 수많은 악당들이 온갖 악행을 저지르고 있었다. 마침내 108명이나 되는 '구혼자'를 모두 척살하고, 아내 그리고 아들 텔레마쿠스와 행복하게 재회하면서 이야기는 끝난다.

《오디세이아》는 우리 인간들이 겪는 끊임없는 고난의 삶을 묘사하면서도, 이를 극복해나가려는 불굴의 정신과 의지를 잘 나타내 많은 공감을 받아왔다.

그런데 두 작품 모두 인간과 함께 수많은 신들이 등장해 인간의 운명을 지배하는 등 현실 세계와는 상당히 동떨어진, 신화적인 이야기를 그리고 있다. 그러나 여기에 근거가 있다고 판단해 작품 속의 내용을 적극적으로 추적한 사람들이 있었다. 대표적인 인물이 아테네에서 성공한 상인으로 거주하던 독일인 하인리히 슐리만(1822~1890)이었다. 슐리만은 트로이를 찾아 나섰고, 오늘날 터키의 히살릭에서 트로이의 유적을 발견했다. 즉,《일리아스》가 역사적 배경이 있는 이야기임을 밝혀낸 것이다.

트로이 발견에 힘입은 슐리만은 뒤이어 아가멤논이 지배한 곳으로 알려진 미케네 지역을 발굴했고, 오디세우스의 고향 이타키 섬에 대한 발굴 작업도 진행했다. 미케네에서는 오늘날 아테네에 있는 고고학 박물관의 핵심 전시물이 된 황금으로 만든 아가멤논의 데스마스크를 발견하는 개가를 올렸다. 물론

▲ 아테네의 고고학 박물관에 전시되어있는 미케네 지역에서 출토된 아가멤논의
  황금 데스마스크

이 황금 마스크가 진짜 아가멤논의 것이었는가에 대해서는 근거가 희박하다는 주장이 많다. 그리고 이타키 섬에서는 의미 있는 유적을 발굴하지 못했지만, 옛 사람들이 살았던 흔적 중 일부를 오디세우스와 연결해 설명하고 있다.

슐리만은 발굴 과정에서 유적의 상당 부분을 훼손했기에 오늘날에는 그를 비판하는 사람도 많다. 하지만 그리스에 대한 세계인의 관심을 유도했다는 측면에서 지금까지도 위대한 인물로 인정받고 있다. 슐리만의 묘는 아테네 시내에 있는 국립묘지에서 위용을 자랑하고 있으며, 그가 거주하던 아테네 시내의 대저택은 오늘날 화폐박물관으로 개조되어 수많은 방문객들이 즐겨 찾고 있다.

눈 먼 시인 호메로스가 무려 3천 년 전에 음송한 《일리아스》와 《오디세이아》는 그 옛날의 이야기임에도 불구하고, 이야기의 구조가 탄탄하고 수많은 반전과 극적 긴박감을 내포하고 있다. 그래서 오늘날의 시각에서도 뛰어난 작품으로 인정받고 있다. 바로 이런 이유 때문에 많은 그리스의 희비극과 풍자극이 《일리아스》와 《오디세이아》를 근간으로 만들어졌으며, 근대의 여러 문학 거장들 역시 두 작품의 내용에서 모티브를 잡아 다수의 유명한, 때로는 난해한 작품들을 창작했다.

이해하기가 어렵기로 소문난 제임스 조이스(1882~1941)의 《율리시즈》도 근대적 인물들의 이야기를 《오디세이아》식 이야기 전개 방식으로 기술한 작품으로 잘 알려졌다. 지금도 '문학 오디세이아'나 '우주탐험 오디세이아'라는 말이 자연스럽게 통용되는 것을 보면서 호메로스의 영향력이 얼마나 큰가를 실감하고 있다.

▲ 헥토르의 시체를 전차에 매달고 끌고 다니면서 트로이 성 앞에서 시위하는 아킬레우스. 코르푸 섬의 아헬리온 궁 벽면에 그려진 벽화다.

고전기 아테네에서는 디오니시아(Dionysia)라는 축제가 매년 개최되었다. 디오니시아는 와인과 연극의 신인 디오니소스를 기리는 축제로, 겨울에는 아테네 주변의 여러 지역에서 봄에는 아테네 시내에서 개최되었다.

아테네 시내 디오니시아의 중심 행사는 바로 연극 경연 대회였다. 비극과 희극이 공연되었으며, 이를 집정관인 아르콘(archon)과 전문성을 인정받는 여러 심사위원들이 평가해 등위를 결정했다. 5일 정도 진행된 공연 중 첫 3일에는 대개 비극이 공연되고, 나머지 2일에는 노래 경연이 진행되었다. 비극 경연은 각 참가자가 3개의 비극 작품과 1개의 사티로스(Satyros, 풍자극)를 공연해 심사받는 형식으로 진행했다. BC5세기경부터는 희극 경연도 진행되었다.

당시의 작가는 희곡을 쓰는 것은 물론 연기와 노래도 직접 지도했다. 무대에 등장하는 배우는 원래 1명뿐이었다가 훗날 2명으로, 그리고 다시 3명까지 늘었다. 배우 1명이 여러 역할을 번갈아 하고, 합창대인 코러스(chorus)가 등장해 해설과 조연 등의 부수적 역할을 담당했다.

올림픽 대회가 그리스인들의 신체적 강인성을 경쟁하는 장이었다면, 디오니시아 축제는 정신적 완결성을 경쟁하는 장이었다. 비록 아테네를 중심으로 진행되었지만 말이다. 디오니시아 연극 경연은 아테네가 스파르타와 전쟁을 하던 기간에도 계속되었다. 아크로폴리스 언덕 아래에 있는 디오니소스 극장에서 1만여 명 이상이 연극을 관람했다는 것으로 보아, 당시 아테네 성인 남녀 대부분이 참관했으리라.

당시 만들어진 희비극은 문헌상 상당수에 이르렀던 듯하다. 그러나 오늘날까지 전해지는 비극은 39개 정도이며, 희극은 아리스토파네스의 작품 11개를 제외하고는 온전히 전해지는 것이 없고, 풍자극도 극소수만이 전해진다. 관객들이 대리 경험으로 카타르시스(catharsis, 마음의 정화)를 느끼게 하는 비극은 당시에도 가장 인기가 높은 예술 분야였다. 흔히 3대 비극작가라고 알려진 아이스킬로스, 소포클레스, 에우리피데스의 작품들은 당시에도 최고의 인기를 구가했을 뿐 아니라 오늘날에도 많은 사람들의 공감을 받으며 전 세계에서 공연되고 있다. 비극 작품들의 주제 대부분은 《그리스 신화》에 나오는 유명한 일화나 호메로스의 《일리아스》와 《오디세이아》에서 묘사된 신화적 이야기에 기반을 두고서 펼쳐진다.

3대 비극작가 중 선구자라 할 수 있는 아이스킬로스(BC525~BC456)는 디오니시아 연극 경연 대회에서 13차례나 우승했다. 그는 군인으로서 마라톤 전투와 살라미스 해전에도 참전했으며, 연극에서는 공연 배우의 수를 1명에서 2명으로 늘리고, 코러스의 역할을 줄이는 대신 대화가 연극의 중심이 되게 하는 등 혁신적 연출도 이루었다.

아이스킬로스의 비극 작품 <페르시아인들>은 비극의 통상적 주제인 신화를 바탕으로 하지 않고, 이때로부터 바로 몇 년 전에 벌어진 살라미스 해전을 페르시아인의 시각에서 다루었다. 그리스 원정에 실패한 페르시아의 왕 크세르크세스 1세가 이 비극의 주인공이다. 크세르크세스 1세는 패전의 원인이 오만(hubris)에서 비롯되었으며, 결국 그리스적인 민주정이 페르시아적인 전제정보다 낫다는 메시지를 암묵적으로 전달한다.

트로이 전쟁의 영웅 아가멤논 왕이 고향 아르고스로 돌아온 후 아내에게 피살되는 내용을 다룬 <오레스테이아>는 최초의 3부작(triology) 형식 비극으로 평가된다.

아이스킬로스 본인의 죽음에도 비극적 요소가 가미되었다. 그는 디오니시아 축제에서 소포클레스에게 밀려난 후 말년에 시칠리아 섬으로 떠났다. 어느 날 시칠리아 섬의 겔라라는 곳의 야외에 앉아있었는데, 독수리가 대머리인 그를 바위로 착각해 움켜잡고 있던 거북이를 깨먹을 요량으로 그의 머리에 떨어뜨렸다. 아이스킬로스는 이 '거북이 폭탄'에 맞아 사망했다는 것이다. 후세 사람들이 아이스킬로스의 죽음에 비극적인 요소를 가미하기 위해 지어냈을 가능성도 엿보이는 극적인 이야기다.

소포클레스(BC496~BC406)는 페리클레스가 아테네의 최전성기를 이끌 때 10명의 최고지도자 겸 장군인 스트라테고스에도 당선되기도 했던 비극작가다. 청년 시절 당대의 최고 작가인 아이스킬로스를 디오니시아 축제에서 물리치고 우승한 후 18번이나 우승한 기록을 갖고 있다. 흔히 '테베의 비극'이라고 일컬어지는 3개의 작품인 <안티고네>, <오이디푸스 왕>, <콜로누스의 오이디푸스>를 포함해 소포클레스의 작품 7개가 현재까지 남아있다.

소포클레스의 대표작인 <안티고네>는 "개인과 국가의 이익이 충돌할 때 정의는 어디에 존재하는가?" 하는 근본적인 질문을 던진다. <안티고네>의 줄거리는 테베의 왕 오이디푸스가 죽은 후 두 아들이 번갈아가며 통치하기로 했는데, 장남이 왕좌를 물려주지 않자 차남이 이를 뺏기 위해 전쟁을 벌이면서 시작된다. 이 과정에서 두 아들이 모두 전사하고, 이 틈을 타 이들의 삼촌인 크레온이 왕으로 등극한다. 크레온은 큰 조카의 경우 테베를 사수하다 전사했으므로 국장으로 예우하지만, 작은 조카는 반란군이기에 매장하지 말고 성 밖에 방치하라고 한다. 이들의 여동생인 안티고네는 크레온의 어명에도 불구하고 작은 오빠를 매장하려고 한다. 이에 크레온은 안티고네를 사형에 처하라고 명령한다. 안티고네를 사랑한 크레온의 아들 하이몬은 아버지에게 안티고네를 풀어줄 것을 간청하면서 가출해버리지만, 안티고네는 목을 매 자살한다. 나중에 이 소식을 접한 하이몬도 스스로 목숨을 끊는다. 아들을 잃은 크레온의 아내도 연이어 자살한다. 크레온은 이런 모든 비극에 책임을 느끼면서 빨리 죽어야겠다며 탄식한다.

<안티고네>는 우리나라의 여러 연극단체들도 가장 즐겨 공연하는 연극이기도 하다.

에우리피데스(BC480~BC406)는 3대 비극작가 중 가장 마지막 시기를 장식한다. 디오시니아 축제에서 5번 우승했고, 비극 18편을 포함해 다수의 단편들이 오늘날까지 전해지고 있다.

에우리피데스가 남긴 유명한 작품 <트로이의 여인들>은 호메로스의 서사시 《일리아스》에서 트로이가 패한 후 트로이의 여인들에게 닥치는 비극적인 운명을 다룬다. 트로이의 왕후 헤쿠바는 오디세우스의 노예로, 그녀의 딸 카산드라는 아가멤논의 측실로, 며느리이자 전사한 헥토르의 부인 안드로마케는 아킬레우스의 아들인 네오프톨레무스의 측실로 가되 그녀의 어린 아들은 살해되고, 가장 어린 공주인 폴리세나는 아킬레우스의 무덤에 제물로 쓰이기 위해 살해당하는 이야기다. 트로이 전쟁의 원인이 된 스파르타의 왕비 헬레네는 사형되리라는 전망과는 달리 남편 메넬라우스에게 용서를 빌어 그를 따라 귀향한다.

이 연극의 출연자들은 트로이 여인들의 비극을 비장한 어조로 전달한다. 에우리피데스의 또 다른 작품인 <헤쿠바>, <안드로마케>, <헬레네>도 동일한 비극적 이야기를 주제로 하고 있다.

에우리피데스는 이외에도 《그리스 신화》 속에 나오는 질투에 눈먼 아름다운 마녀 메데이아가 자신을 버린 남편 이아손에 대한 보복으로 둘 사이의 아이까지 죽인다는 이야기를 내용으로 한 <메데이아>와 곧 죽을 운명인 페라이의 왕 아드메토스를 대신해 죽게 되는 왕비 알케스티스의 이야기를 그린 <알케스티스> 등의 작품을 남겼다.

희극작가로 유명한 아리스토파네스(BC446~BC386)는 왕성한 활동 시기에 펠로폰네소스 전쟁과 아테네에서의 두 차례의 과두정 출현 및 민주정 회복을 모두 경험하면서 정치적으로 비판적인 희극 작품을 많이 만들었다.

아리스토파네스의 작품 <리시스트라테>는 펠로폰네소스 전쟁 때 여성들이 남성들의 전쟁을 종식시키기 위해 부부관계 보이콧을 선언하면서 벌어지는 소동을 그렸다. 아테네의 여성 리시스트라테가 전쟁을 계속하는 남편들에 대한 부부관계 보이콧을 주도하면서 적국인 스파르타의 여성들까지 이에 동참시킨다. 마침내 남성들이 전쟁을 포기하고 평화에 이른다.

다른 작품인 <구름>에서는 채무자가 아들을 소크라테스에게 보내 언변술을 교육받게 한 후 빚쟁이가 찾아오자 궤변과 산파술(産婆術, 상대방으로 하여금 스스로 무지함을 깨닫게 하는 진리 탐구 방법)로 빚쟁이를 모순에 빠뜨려 쫓아버렸으나, 이를 자축하는 과정에서 아들이 아버지를 때리게 된다. 이를 아버지가 나무라자 아들은 "아버지가 저를 때리셨으니, 저도 아버지를 때릴 수 있습니다. 이것 역시 아버지께서 잘되시라는 의미입니다."라는 궤변을 늘어놓는다. 이에 극도로 화가 난 아버지는 이 모든 것이 돼먹지 못한 변론을 가르친 소크라테스 때문이라며 그의 회당에 불을 지르고 조롱하는 내용이다. 플라톤이지은 《소크라테스의 변론》에서 소크라테스는 아리스토파네스의 <구름>이끼친 해악 때문에 자신이 재판을 받게 되었다고 비판한다.

아리스토파네스의 또 다른 작품인 <개구리>에서는 그리스 비극의 전통을 세운 아이스킬로스와 연극에 몇 가지 혁신적 요소를 도입한 에우리피데스가 저승에서 누가 최고인지를 겨룬다는 내용이다. 심판관인 디오니소스 신은 결국 아이스킬로스를 승리자로 정하면서 지상의 우둔함과 악을 개혁하는 작업을 시킨다. 이는 펠로폰네소스 전쟁에서 패퇴한 아테네의 정치에 대한 은유적인 비판을 의미하는 것이다.

재미있는 점은 연극 <구름>으로 서로 사이가 좋지 않았을 소크라테스와 아리스토파네스가 상당한 시간이 흐른 뒤 플라톤의 저서 《향연》에 여타 인사들과 함께 등장해 에로스에 대한 토론을 하는 것이다. 아리스토파네스에 따르면 원래 인간은 지금 모습의 몸 2개가 붙어있었는데, 힘이 너무 강해지자 신들의 왕 제우스가 이를 약화시킬 요량으로 그 몸을 반으로 쪼갰다는 것이다. 이에 따라 인간은 잘려나간 반쪽에 대해 끊임없이 갈망하면서 원래의 모습을 회복코자 하는데, 이러한 기능을 하는 것이 '에로스'라는 것이다.

다방면에 걸쳐 많은 저작을 남겼던 아리스토텔레스는 비극과 서사시에 대한 일종의 이론서 또는 제작법이라 할 수 있는 《시학(poetics)》도 저술했다. 물론 그는 《시학》에서 희극에 대해서도 별도로 서술하겠다고 했지만, 희극에 대한 부분을 비롯해 《시학》의 많은 부분이 소실되어 아쉬움이 크다. 이와 관련, 서구에서는 오랜 세월 동안 아리스토텔레스가 희극에 대해 썼다는 저서 《시학》 제2권을 찾으려는 노력을 지속했다. 움베르토 에코(1932~2016)의 소설 《장미의 이름으로》는 《시학》 제2권의 존재를 둘러싼 수도원에서의 살인 사건을 주제로 했다.

그런데 철학자가 시간이 얼마나 많았기에 비극이나 희극에 대해 그렇게 심오한 이론서를 쓸 수 있었을까 하는 의문을 제기하는 사람들도 있다. 이는 비극과 희극이 당시 그리스인들의 일상생활에 얼마나 깊숙이 자리를 잡고 있었는가를 이해하면 자연스럽게 해소될 문제다. 고대 그리스인들이 많이 살았던 도시에는 거의 예외 없이 원형 극장이 만들어졌다. 그중 대부분이 세월의 힘에 눌려 무너져 내려 초라해 보이는 기초만을 드러내고 있다. 하지만 고대 그리스인들의 예술에 대한 안목과 인간에 대한 탐구욕을 보여주는 이런 유적들 앞에서는 자연스레 고개를 숙이지 않을 수 없다.

요즈음에도 그리스에서는 매년 여름철마다 옛날 모습을 거의 그대로 유지

▲ 펠로폰네소스 반도 남부에 있는 에피다우루스 극장에서는 매년 여름마다 고대 그리스식 연극을 공연한다.

하고 있는 에피다우루스 소재 원형 극장 등지에서 그리스 희비극을 공연한 다. 출연자들은 비록 오늘날의 현대식 복장을 한 채 아폴론과 헤라클레스 같은 신들의 역할까지 수행하지만, 스토리만큼은 원작이 만들어졌던 시대의 것과 동일하다.

놀라운 점은 1만여 명을 수용하는 원형 극장의 음향 시스템이 너무나도 잘 갖춰져서 마이크를 쓰지 않아도 저 멀리의 꼭대기 좌석까지 소리가 선명 하게 들린다는 것이다. 무려 2,500여 년 전에 음향과학의 원리를 잘 연구해 뛰어난 건축물을 만들어낸 고대 그리스인들의 기술력이 놀랍다.

2016년 리우 하계올림픽의 성화채화식이 진행되던 당시 그리스 올림픽 위원회가 주요 외국 귀빈들이 모인 올림피아 시에서 <트로이의 여인들>을 공연했듯이, 그리스 희비극은 오늘날에도 그리스를 홍보하는 중요 문화 자 산으로 활용되고 있다. 우리나라에서도 여러 계기로 그리스의 희비극을 많 이 공연하고 있는데, 최근에는 판소리 창극 형식을 빌린 <트로이의 여인 들>까지 선보이면서 그리스 비극에 비장미를 더하는 새로운 시도까지 이루 어지니 신선해 보인다.

4
헤로도토스와 투키디데스가 그렸던 역사

비슷한 시기에 동시대인으로 살면서도 두 사람 모두 '역사학의 아버지'라고 불리는 사람들이 헤로도토스와 투키디데스다.

헤로도토스는 BC484년경 소아시아(터키의 아나톨리아) 지역 서부 해안의 할리카르나소스(터키의 보드룸)에서 태어나 BC425년경 사망했다. 그는 그리스뿐만 아니라 먼 변방까지 돌아다니며 여러 민족이 살아가는 특성을 기록하고, 이를 '그리스-페르시아 전쟁에 대한 탐사보고서'라는 의미인 《역사(Histories)》라는 저술에 녹여 넣었다.

헤로도토스의 기록은 신화나 영웅의 이야기가 아니고, 실제로 일어났던 사안과 자신이 보고 들었던 내용을 기술했기에 "역사학의 서장을 열었다"는 평가를 받고 있다. 이런 연유로 공화정기 로마의 대표 지식인이자 웅변가였던 마르쿠스 키케로(BC106~BC43)는 헤로도토스를 '역사의 아버지'라고 지칭했다.

투키디데스는 BC460년경 아테네에서 태어나 BC400년경 사망했다. 펠로폰네소스 전쟁에 아테네의 장군으로 직접 참전했으며, 전투에서 패한 책임을 추궁당하자 중립국으로 망명해 아테네 동맹과 스파르타 동맹 간의 전쟁 기록인 《펠로폰네소스 전쟁사》를 저술했다.

투키디데스는 오직 있는 그대로의 사실만을 적으려고 노력했으며, 헤로도토스가 다수의 풍문이나 전언(傳言)까지 저술에 포함시킨 것과는 달리 객관성이 확인된 사실만을 기록코자 했다. 그런 점에서 근대 역사학의 아버지인 독일의 레오폴트 폰 랑케(1795~1886)는 투키디데스를 '진정한 역사의 아버지'라고 칭송했다. 또한 《군주론》의 저자인 이탈리아의 니콜로 마키아벨리(1469~1527)나 영국 철학자 토머스 홉스(1588~1679)에게서도 '정치적 현실주의자'

의 태두(泰斗)로 평가받은 바 있다.

헤로도토스의《역사》는 총 9권으로 구성된 방대한 책이다. '서문'에서 헤로도토스는 "인간들의 행적이 시간이 지나면서 망각되지 않도록 하고, 헬라스(Hellas, 그리스)인들과 이방인들이 서로 전쟁을 벌였던 원인을 세상에 알리고자" 이 탐사보고서를 쓴다고 기술했다.

《역사》의 구성은 리디아의 크로이소스 왕(재위 BC560~BC546) 치세인 BC560년부터 페르시아군이 미칼레 전투에서 그리스군에 패배한 BC479년까지 약 80여 년간을 중심으로 했다. 그러면서 중간중간 헤로도토스 자신이 직접 보았거나 들었던 여러 민족들의 생활양식과 풍속 등을 다양하게 기술했다.

《역사》의 장별 구분은 헤로도토스 자신이 아니라 후세 사가들이 한 것이라고도 하는데, 일단 1장에서 6장까지는 리디아 등 주변국들을 복속시키면서 페르시아 제국이 성장하는 과정을 그렸고, 7장에서 9장까지는 다리우스 1세 왕 때 벌어졌던 마라톤 전투에 대한 간략한 기술과 함께 대부분의 분량을 페르시아의 크세르크세스 1세 왕의 그리스 원정과 그리스-페르시아 전쟁에 할애하고 있다.

흔히 헤로도토스의《역사》가 그리스와 페르시아 간 전쟁에 초점을 맞춰 기술되었을 것으로 생각하는데, 오히려 훨씬 많은 분량이 페르시아의 내부 사정과 그 주변국들에 대한 기술에 치우친 것을 보노라면 고개를 갸웃하기 마련이다. 그러나 이는 전쟁의 원인을 다양한 측면으로 충실히 설명하고자 하는 데서 비롯된 것이다.

《역사》의 기본 줄거리는 ① 소아시아 지역 내 그리스계 도시들을 복속시켜 착취해오던 리디아에 대한 설명, ② 페르시아가 리디아를 정복하고 그리스계 도시들에 대한 착취를 계속 이어가자 현지 그리스인들의 반감과 폭동이 발생하는 상황, ③ 이 폭동을 지원한 아테네 등 그리스 본토의 도시국가를 징벌·복속시키고자 페르시아가 단행한 두 차례의 대규모 그리스 원정, ④ 전쟁의 진행 과정에 대한 설명이다.

헤로도토스는 그리스-페르시아 전쟁에서 페르시아가 패배한 이유를 "자국이 강력한 대제국이라는 오만(hubris)에 빠진 것에 대한 신들의 징벌이었으며, 페르시아의 전제적이고 야만적인 정치체제에 대한 그리스의 민주적이고 자유주의적인 정신의 승리"라고 주장했다.

헤로도토스는 오늘날에도 여행하기 힘든 지역까지 돌아다니며 여러 인종들의 다양한 삶의 방식과 풍습을 소개했다. 그중 상당 부분은 과장되고 허황된 이야기인지라, 헤로도토스는 당시에도 '최고의 거짓말쟁이'라는 별명까지 얻었다. 그러나 근대에 들어 헤로도토스가 기술했던 내용의 많은 부분이 사실에 가까운 것으로 확인됨으로써 그의 저술이 허구가 아니라는 주장이 힘을 얻게 되었다. 오히려 민속학·인류학적 측면에서 지대한 공헌을 한 역사가로 재평가를 받고 있다.

헤로도토스의 《역사》를 통해 엄청난 부자의 대명사로 통하는 크로이소스왕에 대한 이야기와, 페르시아 제국의 역대 왕들인 키루스 2세, 캄비세스 1·2세, 다리우스 1·2·3세, 크세르크세스 1세 등에 대한 상세한 역사를 알게 되는 것도 큰 즐거움이다.

크로이소스 왕의 일화로 부와 권력이 반드시 행복과 직결되는 것은 아니라는 교훈을 주기도 하고, 플라타이아 전투에서 승리한 스파르타의 파우사니아스 장군이 페르시아군이 패주하면서 남기고 간 호화로운 막사에서 그들의 호화로운 음식과 스파르타의 조악한 식사를 비교하면서 "페르시아인들은 이렇게 좋은 식사를 하면서도 보잘것없는 우리의 식사를 뺏으러 왔구나"라고 언급한 부분은 잔잔한 공감을 일으킨다.

아울러 《역사》에 소개된 페르시아의 키루스 2세 대왕(재위 BC559~BC530)의 에피소드는 정말 새겨볼 만하다. 키루스 2세의 신하들이 타국의 비옥한 땅을 차지해 그쪽으로 이주하자고 간언하자, "그렇게 하면 좋겠지만, 그럴 경우 우리가 더 이상 지배자가 되지 못하고 다른 민족의 지배를 받게 될 것"이라고 키루스 2세는 경고했다. 그러면서 "부드러운 땅에서는 부드러운 인간이 나온다. 훌륭한 작물과 전쟁에 강한 남자는 그러한 땅에서는 나오지 않는다!"라고 덧붙였다. 헤로도토스는 "그리하여 페르시아인들은 비옥한 땅을 일구며 타국에 예속되어 사느니, 척박한 땅에 살면서 다른 민족을 지배하는 길을 택한 것이다"라는 설명으로 역사의 교훈을 제시했다.

한편, 일부 역사가들은 헤로도토스의 《역사》에 대해 "페르시아 측으로서는 그리스와의 전쟁이 크게 중요하지 않아서 별도로 기록을 남길 필요를 느끼지 못했으나, 그리스 측은 대제국을 상대로 승리한 전쟁이기에 과장된 묘사까지 한 것"이라는 비판도 하고 있다.

특기 사항 중 하나는 헤로도토스가 이집트에 대해 설명하는 과정에서 《그리스 신화》의 근원이 이집트에서 나온 것이라고 소개한 것과, 위에서 인용한 사례와 같이 페르시아에 대해 일부 우호적인 언급을 남긴 것 때문에 생존 당시에도 '그리스에 비우호적인 인사'라는 비판을 많이 받은 점이다.

투키디데스는 헤로도토스가 신의 섭리와 같은 비합리적인 설명을 일부 하는 것과는 달리, 객관적인 근거 수집 및 분석과 어느 한편에 치우치지 않는 불편부당한 자세로 펠로폰네소스 전쟁의 원인과 결과를 설명코자 했다. 투키디데스는 총 8권으로 이루어진 방대한 《펠로폰네소스 전쟁사》의 '서문'에서 아테네와 스파르타 간의 전쟁이 과거의 어떤 전쟁보다 기록해둘 만한 가치가 있는 전쟁이라 믿기에, 그 기록을 남겨서 후세의 사람들이 유사한 상황에 직면했을 때 이를 교훈으로 삼도록 집필했다고 서술했다.

투키디데스의 기록은 펠로폰네소스 전쟁의 종전을 약 7년이나 남긴 BC411년에서 갑자기 중단되었고, 그래서 《펠로폰네소스 전쟁사》는 미완성으로 남았다. 이에 대해서는 투키디데스가 그때 사망해서라는 주장도 있으나, 실은 BC400년경에 사망했다는 설이 일반적이라 의문이 해소되지 않고 있다. 결국 "왜 BC411년 이후의 내용은 쓰지 않았는가?"에 대한 명확한 해답은 나오지 않은 것이다. 한편, 투키디데스가 마지막으로 쓴 부분 이후부터 펠로폰네소스 전쟁 종료 시까지의 역사는 크세노폰(BC431~BC354)이 저술한 《헬레니카(Hellenika)》로 보완된다.

투키디데스는 또한 《펠로폰네소스 전쟁사》에는 설화가 없어 재미가 없을 것이나, 과거사에 관해 그리고 인간의 본성에 따라 언젠가는 비슷한 형태로 반복될 미래사에 관해 명확한 진실을 알고 싶어 하는 사람들은 《펠로폰네소스 전쟁사》를 유용하게 여길 것이라고 했다. 그러면서 "나는 그걸로 만족한다"고 말했다. 투키디데스의 염원대로 《펠로폰네소스 전쟁사》는 한때의 갈채를 받기 위해서가 아니라 인류 전체를 위한 불멸의 작품이기에 지금도 빈번히 인용되고 있다.

투키디데스의 분석에 따르면 펠로폰네소스 전쟁이 발발한 현상적 원인은 켈키라와 에피담노스 간 분쟁 이후 전개된 아테네와 스파르타 간의 대립이었다. 하지만 보다 근본적인 원인은 페르시아와의 전쟁 이후 급격한 세력 확장의 길을 걸어온 아테네에 대한 스파르타의 두려움 때문이었음을 지적한다.

투키디데스의 이런 주장은 신흥 세력이 기존 패권 세력에 도전하는 과정에서 흔히 전쟁이 발생했다는 소위 '투키디데스의 함정(Tuchididdes Trap)'이라는 용어를 탄생시켰다. 오늘날 신흥패권국을 자처하는 중국이 어떤 계기가 있을 때마다 미국에 대해 "투키디데스의 함정에 빠지는 것을 원치 않는다"고 강조하는 배경이기도 하다.

투키디데스는 《펠로폰네소스 전쟁사》의 중간중간에 당시의 정치지도자들이나 장군들의 연설 내용을 소개해 전쟁 상황을 보다 생동감 있게 전달했다. 유명한 페리클레스의 전몰장병 추모 연설이 오늘날까지 전해질 수 있었던 것도 바로 투키디데스가 《펠로폰네소스 전쟁사》에 소개한 덕분이다.

투키디데스는 또한 《펠로폰네소스 전쟁사》에서 정치지도자의 리더십, 특히 민주정에서의 리더십이 중요하다고 강조한다. 투키디데스는 페리클레스만큼은 흠모했으나 보통의 민주주의 신봉자들이나 선동가들을 혐오했다.

투키디데스는 페리클레스가 위대한 이유는 "대중에게 끌려 다니지 않고 오히려 자신의 선견지명에 따라 대중이 바람직한 길로 나아가도록 설득했기 때문"이라고 설명한다. 그러면서 "민주정은 훌륭한 지도자가 있을 때에만 이루어질 수 있다"는 관찰도 제시한다. 동시대의 아테네 장군 중 1명인 클레온의 예를 들면서, "클레온의 대중 연설은 뛰어나지만, 그는 대중의 뜻에 영합해 그 인기로 리더가 되고자 하며, 이것이 민주적이라고 착각한다"고 설명한다. 페리클레스가 사망한 후 아테네가 내리막길을 걸었던 이유도 "선동가들의 득세로 주요 시점마다 합리적인 정책 결정을 하지 못해서"라고 주장한다.

헤로도토스가 그리스의 민주정과 자유정신이 페르시아와의 전쟁에서 승리하는 데 원동력이 되었다고 설명하는데 반해, 투키디데스는 아테네의 비합리적 민주정이 스파르타와의 전쟁에서 패하는 요인이 되었다는 다른 시각을 제시한다.

한편, 《펠로폰네소스 전쟁사》에서 백미로 꼽히는 부분 중 하나가 강대국과 약소국 간의 역학관계를 생생히 보여주는 사례를 소개한 부분이다.

프랑스 루브르 박물관의 대표적 전시물인 비너스 여신상이 출토된 밀로스 섬의 옛 지명은 멜로스 섬이다. 그 사례는 이 섬의 슬픈 역사와 관련된 내용이다.

에게 해 남부에 있는 멜로스 섬은 스파르타의 동맹국이었다. 아테네는 멜로스 섬에 쳐들어가면서 겁박을 했는데, 정치외교학자 강성학 교수가 저서 《새우와 고래싸움》에서 원작보다 더 생생하게 풀어낸 아테네의 겁박 내용은 다음과 같다.

"국가 간의 관계에 있어 정의는 동등한 힘을 가진 국가들 사이에서만 가능한 것이다. 정의라고 하는 것은 아름다운 이름일 뿐이다. 정의를 말하고 권리를 말하기 위해서는 동등한 힘이 필요하며, 이러한 힘이 없을 경우에 정의라고 하는 것은 한낱 아름다운 수사에 지나지 않는다. 강대한 국가는 자기가 얻고자 하는 것을 얻으며, 약한 국가는 그것을 인정할 수밖에 없는 것이다."

그런데도 멜로스 섬은 계속 저항했으나 아테네의 압박이 거세지자 중립을 인정해달라고 애원했다. 이에 대해 아테네는 다음과 같이 응수한다.

"우리 아테네인들이 두려워하는 것은 당신들의 적대감이 아니다. 우리가 해양제국으로서 해양에서 계속 강한 힘을 유지하기 위해서는 섬나라인 멜로스를 우리 제국에 굴복시켜야만 하는 것이다. 만약 우리가 당신들 같은 조그만 섬나라 하나를 굴복시키지 못한다면 우리는 약한 국가로 세상에 인식될 것이며, 이는 제국에 커다란 혼란을 초래하게 된다. 그러므로 절대로 당신들의 중립을 인정할 수 없다."

그러자 멜로스인들은 자신들을 도와줄 신이 있다는 것과 동맹국인 스파르타가 도와주러 올 것이라고 주장한다. 그러자 아테네인들은 이렇게 역설한다.

"우리 아테네를 돕는 신도 얼마든지 있으며, 신들의 세계에서도 강력한 신이 약한 신을 지배한다. 강자가 약자를 지배하는 것이라는 자연의 법칙은 옛날부터 있어왔으며, 지금도 있고, 앞으로도 영원히 그러할 것이다. 또한 스파르타는 자신의 안전을 위해 원군을 보내지 않을 것이다."

그런데도 멜로스인들이 투항하지 않고 말만 늘어놓자 아테네인들은 화를 내며 다음과 같은 최후통첩을 보낸다.

"지금 우리 대화에서 중요한 것은 당신들이 직면한 '생존에 관한 문제'인데, 당신들은 자신의 생존에 관해 이야기하지 않고 미래에 '있을지도 모르는 희망'에 관해 이야기하고 있다. 당신들은 전쟁이냐, 여러분의 삶의 안정이냐 하는 중요한 선택을 하면서 무엇이 합리적인가는 생각하지 않고 불확실한 미래의 희망에 모든 것을 걸고 있다. 이것은 당신들이 그만큼 무감각하고 오만하다는 증거다."

아테네는 결국 멜로스 섬을 공격해 멸망시킨 후 모든 성인 남성들을 처형하고, 모든 여성들과 아이들을 노예로 삼는 징벌적 조치를 취했다. 투키디데스가 소개하는 아테네인들과 멜로스인들 간의 대화만큼 국제정치의 현실주의를 적나라하게 보여주는 예도 없을 것이다.

《펠로폰네소스 전쟁사》는 이렇듯 민주국가에서의 선동정치의 위험성과, 인간이란 무엇이고 정치란 무엇인가를 다시 한번 생각하게 하는 고전이다. 아울러 투키디데스의 명성을 무려 2,500년이 지난 오늘날에까지 떨치게 한 역작이다.

그리스 고전기에 헤로도토스와 투키디데스 이 두 사람이 기록한 역사서들은 후세 사가들의 전범(典範)이 되었고, 오늘날에도 가장 많이 그리고 자주 인용되는 불멸의 저술로 손꼽힌다.

5
그리스의 민주주의와 도편추방제의 부작용

그리스하면 제일 먼저 떠오르는 연관 단어 중 하나가 '민주주의'이다. 인류 역사상 민주주의 제도를 최초로 도입했고, 더군다나 시민 모두가 참여하는 직접 민주주의를 실시한 경험이 오래이기 때문이다.

2016년 버락 오바마 미국 대통령(1961~)은 자신의 마지막 해외 순방의 일환으로 그리스를 찾았고, 민주주의가 태동한 현장을 방문코자 했던 어릴 적 희망이 이루어졌다며 감격스러워 했다. 물론 초창기의 아테네 민주주의는 여성과 노예의 참여가 배제된 불완전한 제도였다는 설명도 곁들였다.

오바마 대통령이 지적한대로 오늘날 우리가 향유하는 민주주의는 구체적인 내용 면에서 고대 아테네의 민주주의와는 차이가 있다. 어찌 보면 오늘날의 민주주의는 서유럽의 시민혁명과, 그것의 원인이 된 '확장된 민권 의식'을 바탕으로 형성된 제도인 것이다. 하지만 민주주의체제로 높은 수준의 철학·문학·예술 그리고 창의적 사고 등이 그리스에서 자연스럽게 발아되었기에 오늘날에도 많은 사람들이 그리스(아테네) 민주주의에 대해 열광하는 것이 아니겠는가.

많은 그리스인들은 자신들의 조국에서 민주주의가 태동했다는 사실에 긍지를 갖고 있다. 그러면서도 자신들의 민주주의에는 상당한 문제점이 있다는 사실도 인식하고 있다. 우선 민주주의가 꽃피웠던 그리스 고전기를 살펴보더라도 민주주의는 합리적인 의사결정체제로 작동하기보다는 종종 말 잘하는 정치선동가가 달콤한 언사로 민중을 현혹하거나 강경원칙론에 휘둘려 가장 어리석은 정책을 채택하는 체제로 작동하는 경우가 많았다.

아테네의 황금기를 열었고, 투키디데스로부터 "형태는 민주적인 통치였지만, 실제로는 혼자 통치했다"는 평가지 들은 페리클레스도 아테네가 조금만 어려운 상황에 처하면 곧바로 탄핵의 대상이 되는 등 일반 민중의 변덕에 크게 영향을 받았다.

펠로폰네소스 전쟁 당시 아테네가 쇠퇴하게 된 계기인 시칠리아 원정 결정도 알키비아데스의 선동이 일반인들의 합리적 판단을 그르친 예로 자주 거론된다. 이와 함께 시민집회가 원정군을 지휘할 3명의 장군들에게 동등한 지위를 부여해 처음부터 지휘계통이 일체화될 수 없게 한 결정을 한 것도 민주주의의 취약점을 드러낸 사례로 자주 언급된다. 시칠리아 원정을 나간 알키비아데스를 전투가 시작되기도 전에 본국으로 소환하는 결정을 하거나, 알키비아데스가 스파르타로의 망명과 페르시아로의 도주 등 굴곡진 삶을 거친 후 아테네로 돌아오고자 했을 때 이를 허가한 변덕스러운 결정도 시민집회에서 이루어졌다. 이후 알키비아데스를 다시 아테네군 사령관으로 임명하고, 얼마 후에는 몇 차례의 패배를 이유로 해임시킨 것도 선동이 난무하는 시민집회의 결정이었다.

민주정의 약점으로 지적되는 일반 시민들의 끊임없는 변덕과 장기적·전략적인 시각의 부족은 결국 아테네 패권의 몰락으로 연결되었다. 바로 이런 사실 때문에 플라톤, 아리스토텔레스, 크세노폰, 플루타르코스 등 당대의 지성인들은 결코 아테네적인 민주정을 높게 평가하지 않았다.

현대에도 그리스의 민주주주의는 많은 시련을 겪고 있다.

오랜 민주적 전통이 몸에 밴 결과인지는 몰라도, 보통의 그리스인들은 남들에게 매우 관용적인 태도를 보인다. 여타 서유럽인들에 비해 외부인들을 훨씬 더 친밀하게 대할 뿐만 아니라, 난민으로 흘러 들어온 사람들에게까지도 인류애를 바탕으로 매우 수용적인 자세를 견지한다. 그러나 자기 자신의 자유를 무엇보다 중시해 그 자유가 지나쳐서 방종에 가까운 태도를 보이거나, 이해가 엇갈리는 문제가 생기면 시위부터 시작하는 행태도 나타난다.

시민사회 구성원인 나의 목소리가 국가 운영에 있어 무엇보다 중요한 요소임을 계속 확인하고 또 인정받고자 하는 의식의 발로가 아닌가 싶다.

지금도 그리스에서는 하루가 멀다 하고 시위가 벌어지고, 다른 국가에서는 찾아보기 힘든 무정부주의자의 공공기물 파괴 행위나 공공건물과 사유건물에 대한 무차별적인 낙서 등이 빈빈히 자행되고 있다. 그런데도 경찰·검찰 등 법을 집행하는 기관이 시위주동자나 파괴행위자에 대한 처벌을 강력히 하지 않기 때문에 이들은 더욱 기고만장해서 계속 불법 파괴행위를 감행하는 경우도 나타난다.

수시로 대중교통 운행이 중지되고, 페리선의 파업으로 관광객이 섬에 묶이는 상황도 발생한다. 연간 엄청난 규모의 돈이 이런 불법 행위의 결과로 낭비된다. 하루에도 수많은 관광객들이 소매치기 피해를 신고하지만, 범인들을 잡았다는 소식은 거의 듣지 못한다. 법·질서파괴자를 다루는 데 있어서도 민주주의적 절차를 우선 강조하다보니 신속한 처벌을 못하는 경우가 자주 발생한다.

지적 능력이 뛰어난 그리스의 지식인과 경제인 중에는 이런 그리스의 미래를 우려하면서 "시간이 지날수록 그리스는 후발 민주국가인 루마니아, 세르비아, 불가리아보다 뒤처지는 국가가 되지 않겠나"라고 걱정한다. 그 이유는 민주주의에도 일종의 규율이 있어야 하며, 규율이 없는 민주주의는 진정한 의미의 민주주의가 될 수 없기 때문이라는 것이다. 위의 세 나라의 경우 공산주의체제를 거치면서 국가적으로 크게 피폐해졌지만, 적어도 공산주의 치하에서 규율 하나는 잘 잡혔기에 개혁·개방이 이루어진 현 시대에 들어와서는 그리스보다 안정된 질서를 유지하면서 민주주의를 발전시켜 나간다는 것이다.

그리스는 민주주의를 태동시키고 수많은 나라에 이를 전파해 현 시대를 사는 우리가 자유와 투표권 등 민권의 혜택을 충분히 향유토록 하는 데 크게 기여했다. 그런데 우리가 현재 누리고 있는 민주주의는 그간 부단한 변화와 조정의 과정을 거쳐 부족한 부분을 계속 수정·보완해온 결과물이다. 물론 앞으로도 불비한 측면은 계속 보완되어야 할 것이다.

민주주의에 대한 상당수 그리스인들의 인식과 태도를 보면서 그리스의 민주주의는 고전기 민주주의의 순수성을 여전히 잘 유지하고 있는 장점은 있으나 시대 상황을 따라 크게 변화하지 않아서 어느 정도 화석화되고 교조적이 된 민주주의가 아닌가 싶기도 하다. 한편, 고대 아테네에서도 민주주의의 여러 측면에 대한 고민과 반성이 이루어지고 있었으니, 그것을 보여주는 사례가 바로 도편추방제의 탄생과 폐지의 역사다.

▲ 아테네의 민회 등 직접 민주주의의 현장이었던 프닉스(Pnyx) 언덕

아테네의 옛 아고라(agora, 광장) 내에 있는 스토아 건물 안에는 아고라 주변에서 출토된 유물들을 전시한 박물관이 있다. 전시된 여러 유물 중 유독 관람객의 관심을 끄는 것은 바로 도편추방에 쓰였던 도편(陶片)이다. 깨진 도기 파편에 사람들의 이름을 쓴 것인데, 도편 중에는 뚜껑처럼 둥그런 것도 있다. 글자는 날카로운 금속으로 긁듯이 새긴 듯한데, 2천여 년이 지난 오늘날에도 선명하다.

이런 도편을 그리스어로는 오스트라콘(ostrakon)이라고 불렀는데, 이 단어에서 '사회적 배척'이라는 뜻을 가진 오스트라시즘(ostracism)이라는 용어가 나왔다. 종이가 등장하기 이전 시대였기에 주변에서 가장 흔히 구할 수 있던 재료인 도기 파편이 일종의 투표용지로 활용되었던 셈이다.

전시된 도편에는 여러 사람의 이름이 쓰여있지만 그중에서도 살라미스 해전을 승리로 이끌었던 테미스토클레스의 이름이 다수 있는 것을 보면, 그를 추방할 때 사용되었던 도편들이 무더기로 발견된 것 같다.

▲ 아테네의 아고라 내 스토아 건물의 박물관에 전시된 도편들

도편추방제는 아테네 민주주의의 한 제도로서, 야심이 과도하거나 독재자가 될 가능성이 있어 민주정에 위해가 될 수 있는 사람을 일반 시민의 투표로 10년 동안 추방하는 제도다. 매년 민회에서는 그해에 도편추방을 할 사람이 있는지를 문의하는데, 다수가 이에 찬성하면 두 달 후 도편 투표를 실시했다. 이 투표에서 6천 표 이상을 받으면 추방령이 내려졌다.

추방령을 받은 사람은 10일 내에 아테네를 떠나야 하며, 추방 기간 만료 전에 돌아올 경우 사형에 처해졌다. 단, 추방령을 받더라도 재산은 그대로 보존해주며, 추방을 마치고 돌아오면 다시 완전한 일반 시민으로서의 권리를 누릴 수 있도록 보장해주었다. 물론 추방 기간 만료 전에라도 아테네에 필요한 인재라고 판단되면 이 조치를 종료시키고 다시 불러오기도 했다. 제2차 그리스-페르시아 전쟁 직전에 추방된 사람들에게 사면령을 내려 불러들인 경우라든가, 스파르타와의 전쟁 과정에서 교섭의 필요상 추방된 키몬(BC510~BC449) 장군을 불러온 경우가 대표적이다.

도편추방제는 아테네가 마라톤 전투에서 페르시아를 물리친 직후인 BC490년부터 시작되었으며, 스파르타와의 펠로폰네소스 전쟁 말기에 정적 제거를 위해 오용되는 과정에서 제도 자체에 대해 의문이 제기되었다. 그리하여 BC417년 이후 더 이상 운용되지 않았다.

도편추방제 도입 초기에는 민주주의를 독재에서 보호하는 순기능을 인정받았으나, 시간이 지날수록 정적을 추방(제거)하는 데 악용되고, 나중에는 개인적 악감정을 발산하는 수단으로까지 사용되는 등 부작용이 많이 나타났다. 특히 살라미스 해전의 영웅 테미스토클레스는 시민들의 시기심 때문에 추방된 후 다시는 아테네 땅을 밟지 못했을 뿐 아니라, 적국이었던 페르시아로 건너가 의탁해 살다 생을 마쳐야 했다.

도편추방제에 의한 마지막 추방자로 기록된 이페르볼로스(?~BC411)는 정적인 니시아스(BC470~BC413)와 알키비아데스(BC450~BC404) 중 하나를 추방코자 공작하다가 오히려 이 두 사람에게 역공을 당해 추방되는 등 도편추방제의 운영 과정에서는 많은 정치 공학이 작용했다.

잠재적 독재자의 마수에서 민주주의를 지키려는 좋은 의도에서 시작되었지만, 결국 많은 부작용을 남긴 탓인지 앞서도 설명했듯이 오늘날 오스트라시즘(ostracism)이라는 용어는 아예 "어떤 사람을 사회나 국가에서 왕따시킨다"는 의미로 굳어졌다.

6

인류의 유산이 된 건축과 조각

그리스가 인류에게 기여한 뛰어난 유산 중 하나가 고대 그리스 양식 건축물이다. 웅대한 고대 그리스식 건축물은 오랫동안 서유럽 건축물의 전범이 되었으며, 오늘날에도 전 세계의 많은 국가들이 품위 있는 건물을 지을 때 우선적으로 고려하는 양식이다. 교육·과학·문화 분야를 관장하는 UN기구인 유네스코(UNESCO)가 자신들의 로고 디자인을 고대 아테네의 파르테논 신전을 형상화해서 만들었다는 사실도 바로 이런 측면이 반영된 것이다.

이렇듯 대단한 그리스 건축은 그리스의 장구한 역사만큼이나 오래되었다. 돌이 많은 그리스의 지리적 특성을 충분히 고려해 석회석을 많이 활용했고, 차츰 대리석을 사용한 고급 건축물이 등장했다. 현존하는 그리스 건축물 중에서 가장 오래되었다는 평가를 받는 크레타 섬 미노아 문명의 크노소스 궁전은 아직도 생생히 보존된 벽화로 당시의 생활상이나 해양 생물 등을 잘 묘사하고 있다. 신화의 내용처럼 미로를 구성할 정도로 많은 방이 있는 것 같지는 않지만, 건물 일부의 기둥은 위쪽이 넓고 아래쪽이 좁아 상당한 호기심을 자아낸다.

뒤이어 펠로폰네소스 반도에서 번성했던 미케네 문명은 전쟁을 많이 치르던 문명답게 엄청난 크기의 돌로 구축한 성벽, 웅장한 사자의 문(Lion Gate), 성채, 무덤 등으로 구성되었는데, 보는 이의 눈을 압도한다. 오늘날 우리가 사용하는 기중기로도 옮기기 쉽지 않을 암석을 어떻게 다루어 이런 것들을 만들었을까 싶어서 경외심마저 솟아난다.

상고대(Archaic Period, BC750~BC510)에 나타난 도리아식과 이오니아식 건축 양식은 고전기(Classical Period, BC510~323)에 전성기를 맞이했다. 이어 고전기 후반에 등장한 코린트식 건축 양식과 함께 고대 서양 건축의 원형으로 자리 잡았다. 이 3가지 양식은 건물의 기둥 그리고 그 기둥을 받치는 받침대 및 엔타블리처(entabliture)라는 기둥 위에 수평으로 놓인 보의 차이로 구분된다.

| 도리아식 | 이오니아식 | 코린트식 |

▲ 도리아 양식, 이오니아 양식, 코린트 양식의 기둥 모양

그리스 서부에서 시작된 도리아식은 기둥이 받침대 없이 기단에서 곧바로 세워지며, 위로 갈수록 폭이 좁아지고, 기둥 꼭대기는 장식 없는 원반과 네모꼴의 판돌로 단순하게 처리되었다. 기둥은 짧고 굵어 남성적이고 장중해 보이며, 플루트(flute)라는 수직 홈이 매 기둥마다 20개 정도씩 머리에서 아래까지 파여있다.

에게 해 너머 소아시아 지역에서 시작된 후 그리스 전역으로 퍼진 이오니아식은 기단 위에 기둥받침대가 있으며, 그 위에 기둥이 세워진다. 기둥머리에는 볼류트(volute)라는 소용돌이 모양 장식이 좌우 양쪽으로 감겨있어 유려해 보이며, 기둥의 폭은 도리아식보다 날씬해 여성적인 느낌이다. 수직 홈인 플루트도 얕게 더 많이 파여있다.

BC5세기에 활약한 아테네의 조각가 칼리마쿠스가 창안했다는 코린트 양식은 기둥머리를 그리스에서 흔하게 자라는 식물인 아칸서스의 이파리 문양

경사 지붕
페디먼트(박공)
코니스
프리즈
아키트레이브
네모꼴 판돌
기둥머리
볼류트
샤프트
받침대
기단
엔타블러처
기둥

도리아 양식

경사 지붕
페디먼트(박공)
코니스
프리즈
트라이글리프
메토프
아키트레이브
네모꼴 판돌
기둥머리
원반
샤프트
기단
엔타블러처
기둥

▲ 도리아 양식과 이오니아 양식의 건축물

으로 장식하고, 조그만 나선형 문양까지 포함시켜 매우 화려해 보인다. 기둥 형태는 이오니아식과 비슷하고, 받침대 위에 세워졌으나, 기둥의 폭은 3개 양식 중 가장 날씬한 스타일이다.

기둥 상단의 수평보인 엔타블러처는 다시 가장 아래쪽 부분인 아키트레이브(architrave)와 중간 부분인 프리즈(frieze), 가장 위쪽 상판인 코니스(cornice)로 구분할 수 있다. 이 중 중간 부분인 프리즈 부분을 장식하는 방식은 3개 양식이 제각각 다르다.

도리아식은 프리즈의 양쪽 끝부분과 중간중간을 3개의 수직 막대 장식인 트라이글리프(triglyph)로 꾸미고, 트라이글리프 사이사이에는 메토프(metope)라는 돋을새김(부조) 조각으로 장식했다. 반면 이오니아식은 중단 없이 하나의 긴 판으로 연결된 프리즈에 돋을새김 조각을 연속적으로 장식한다. 코린트식도 일반적으로 하나의 긴 판으로 된 프리즈를 화려한 조각으로 꾸미는 형태다.

엔타블레처 상단에는 흔히 페디먼트(pediment)라는, 지붕 양쪽 끝부분의 삼각형 모양으로 된 벽면(박공)이 있는데, 3개 양식 모두 여기에 여러 인상적인 조각들을 설치하는 것이 일반적이다.

고대 그리스는 가장 중요한 기술을 신전 건축에 활용했다. 특히 도리아 양식의 대표 건물인 파르테논 신전은 건축가 이크티누스와 칼리크라테스가 설계를 맡아 BC447년부터 BC438년까지 불과 9년 만에 완공했는데, 장중하면서도 단순함과 절제미가 빼어나 이후 수많은 서양 건축물의 교범이 되었다. 정밀 건축 기구가 없던 시절에 만들어졌음에도 돌과 돌 사이에 틈새 하나 없을 정도의 정밀함을 유지한 것을 보면 그 기술력이 놀랍다.

특히 여러 기둥들은 중간 부분이 위쪽이나 아래쪽보다 굵은 배흘림기둥(entasis)으로 되었고, 제일 바깥쪽의 기둥들은 중간에 있는 기둥들보다 좀 더 굵으며, 지붕의 상판도 중간 부분이 양 끝단보다 조금 위로 올라가게 건축되었다. 이 모두 약간 멀리서 바라보았을 때 생기는 착시 현상을 보정하기 위한 것이다.

파르테논 신전은 추후 기독교의 교회와 이슬람의 모스크(mosque, 사원)로 변모했고, 한때 오스만 투르크군의 화약고로도 쓰이다가, 베네치아군의 포격으로 대폭발하는 운명을 맞았다. 불행 중 다행히 많은 기둥과 뼈대가 그대로 유지되어, 이를 기반으로 최근 대대적인 복원공사가 진행 중이다.

이오니아 양식의 대표적인 건물은 오늘날 터키의 에페소에 있었던 아르테미스 신전이다. 세 차례에 걸쳐 새로 지어졌지만, 기독교의 등장에 따른 신전 폐쇄와 게르만계인 고트족의 파괴 행위 등으로 지금은 터만 남아있다. 그러나 《신약성서》의 <사도행전>에 사도 바오로가 그곳에서 전교를 했다는 기록이 뚜렷이 남아있으며, BC2세기 후반의 그리스 시인 안티파테르가 인간이 만든 세계의 7대 불가사의 작품을 선정하면서, '그중에서도 가장 뛰어난 작품'으로 이 신전을 찬양한 사실도 있다. 안티파테르가 파르테논 신전은 아예 경이로운 건축물로 선정하지도 않았던 것을 생각해보면 아르테미스 신전의 그 대단했던 위용을 상상해볼 수 있을 것 같다. 한편, 파르테논 신전 옆에 서있는 에렉티온 신전도 대표적인 이오니아식 건축물 중 하나로 손꼽힌다.

코린트 양식은 아테네에 있는 리시크라테스 기념탑(Monument of Lysicrates) 등 일부 건축물에 쓰였으나, 화려함을 크게 선호하지 않았던 그리스에서는 많이 채택되지 않았다. 그러나 로마 시대에는 코린트 양식의 호화로운 건축물이 많이 축조되었으며, 이후 오늘날까지 여러 서유럽 건축물에 이 양식이 활용되고 있다. 특히 미국의 국회의사당이나 대법원 건물의 외곽 기둥과 같이 화려하게 치장되는 건물일수록 코린트 양식으로 설계되는 경우가 흔하다. 특이한 점은 로마의 콜로세움이나 현 그리스 의회 건물과 같이 제일 아래층은 도리아식, 중간층은 이오니아식, 제일 윗부분은 코린트식 기둥으로 장식해 하나의 건축물 내에 3개 양식 모두를 선보이는 건물들도 존재한다는 사실이다.

신전과 함께 많이 지어진 건축물은 반원형의 계단식 극장이다. 구릉지가 많은 그리스의 지리적 특성을 충분히 살리고, 많은 관객을 수용하며, 음향 효과도 극대화하기 위한 설계가 반원형 극장으로 나타난 것이다. 그리스의 주요 도시에는 아직도 원래의 모습을 간직하고 있거나 토대만 앙상히 남은 수많은 반원형 극장이 산재해있다. 오늘날에 지어지는 최신식 강당과 뮤직홀도 상당수가 반원형으로 건축되는 것을 보면, 고대 그리스인들의 뛰어난 식견을 인정하지 않을 수 없다.

또 다른 건축물로는 스타디움(stadium)이라는 경기장이 있다. 스타디움이라는 용어 자체는 거리 측정 단위인 스타디온(stadion, 약 180미터)에서 비롯되었다. 스타디움 내에서 달리기를 하는 주로(走路)는 길쭉하거나 또는 말밥굽 형태로 되었고, 주로의 양 옆 언덕에는 계단식의 관람석이 설치되었다. 고대 올림픽이 열렸던 올림피아나 델피 및 에피다우르스 등지에는 오늘날까지 스타디움의 유적이 잘 보존되어있다. 그리스의 스타디움은 오늘날 경기장을 지칭하는 일반 명사가 되었으며, 현대식 경기장도 기본 설계는 그리스식 스타디움의 형태에서 크게 벗어나지 않고 있다.

건축물과 함께 그리스인의 미적 완성도를 보여주는 것이 조각 작품들이다. 그리스의 조각은 뛰어난 섬세함과 과학적인 비율 적용으로 인간을 가장 아름답게 표현한 걸작으로 인정받았으며, 로마 등 이후 시대 조각들의 준거가 되어왔다. 그리스인들은 일찍부터 인간의 몸이 가장 아름다운 예술적 표현의 대상이라고 판단했고, 자신들이 섬기는 신들도 인간의 형상으로 표현코자 했다. 초기에는 진흙을 구워 만든 작은 테라코타(terracotta, 점토로 구워낸 토기류의 통칭) 상들을 많이 만들었지만, 차츰 상아·청동·석재를 사용한 조각들이 등장했다.

상고대에 들어 이집트와 메소포타미아의 거대 석상 문화의 영향으로 돌에 새기는 조각이 유행했으며, 고전기에 들어 청동과 대리석을 사용한 조각이 전성기를 맞게 된다. 청동 조각은 대리석 조각보다 조금 앞서 유행했다고 하는데, 델피 박물관에 있는 '마차를 끄는 마부상(Charioteer of Delphi, BC474년 작품)'과 아테네 국립 고고학 박물관에 있는 '아르테미시온의 제우스 신상(Artemision Zeus, BC460년 작품)'이 그 섬세한 묘사로 주목을 끄는 청동 조각들이다.

아테네의 조각가 미론(BC480~BC440)의 조각 작품인 '원반 던지는 사람

(Discobolus)'은 원래 청동으로 제작되었으나 원 작품은 전해지지 않고, 오늘날 우리가 접하는 작품은 로마 시대에 대리석으로 복제한 제품이라고 한다. 조각품들은 무덤 등을 장식하는 데에도 쓰였지만, 대부분은 신전 등 주요 건물의 내부와 외부를 장식하는 데 사용되었다.

고전기를 대표하는 조각가로는 단연 피디아스(BC490~BC430)를 꼽을 수 있다. 페리클레스의 총애를 바탕으로 파르테논 신전의 외곽과 내부의 조각 작품을 감독·제작한 인물이다. 파르테논 신전 내부에 세워졌던 거대한 아테나 여신상과 올림피아의 제우스 신전 내에 봉헌된 거대한 제우스 신상을 만든 장본인이기도 하다.

아테나 여신상과 제우스 신상은 나무로 된 프레임에 상아와 금을 입혀 만든 크리슬리판타인 양식(Chryselephantine statue)으로 유명하다. 지금은 모두 사라지고 없지만, 2개의 상을 묘사한 동전이나 복제품 등으로 그 원형의 모습을 유추할 수 있다. 제우스 신상은 안티파테르가 선정한 세계의 7대 불가사의 작품 중 하나이기도 하다. 파르테논 신전을 장식하는 데 쓰인 조각들은 그리스의 전통대로 설치 당시에는 모두 채색이 되었었다. 그러나 오랜 세월 동안 색채가 바랜 결과 현재 남은 일부 작품들은 육안으로는 채색 여부를 알 수 없다.

피디아스가 총책임을 맡아 완성한 파르테논 신전의 조각들은 19세기 초 콘스탄티노플(터키의 이스탄불)에서 오스만 투르크 제국 주재 영국 대사이던 제7대 엘긴 백작 토머스 브루스(1766~1841)가 오스만 투르크 당국을 회유해 승인을 받은 뒤 약 절반 가까이를 떼어갔다. 삼각형 형태의 지붕 박공 부분에서 17개의 조각 작품, 건물 외곽의 92개 메토프 중에서 15개의 작품, 건물 내부를 장식하는 약 160미터 길이의 프리즈 부분에서 75미터 정도를 각각 탈취했으니 엄청난 규모다.

소위 '엘긴 마블(Elgin Marbles, 엘긴의 대리석)'로 명명된 탈취 조각품은 현재 런던의 대영 박물관에 상설 전시 중이다. 그리스는 엘긴 마블의 반환을 줄기차게 요구해왔으며, 근래에는 아테네의 아크로폴리스 바로 옆에 신(新) 아크로폴리스 박물관을 지으면서 아예 건물 제일 위의 3층을 파르테논 신전과 동일한 크기, 구성, 방향을 갖도록 설계한 후 반환될 작품이 들어갈 자리를 비워놓고 있다. 그러나 여러 국제적 압력에도 불구하고 아직까지 영국이 탈취 예술품을 돌려줄 기미는 보이지 않는다.

알렉산드로스 대왕의 정복 사업으로 문화적으로 더욱 윤택해진 헬레니즘 시대의 조각상들은 감정이 한층 더 잘 표현되고 힘이 넘치는 작품들로 거듭났다. 1863년 오스만 투르크 제국 주재 프랑스 부영사인 샤를 샹프와조 (1830~1909)는 그리스 북부의 사모트라케 섬에서 BC2세기경 제작된 '승리의 여신 니케(Winged Victory of Samothrace)'의 대리석 상을 발굴했다. 이는 곧바로 프랑스로 옮겨져 오늘날 루브르 박물관의 핵심 전시물이 되었다.

승리의 여신상은 비록 머리 부분이 떨어지고 상당한 손상도 입은 상태였지만, 활짝 펼친 날개와 힘찬 몸동작으로 일반인뿐만 아니라 많은 예술가에게 깊은 영감을 주고 있다. 세계 여러 나라의 박물관과 야외 공간에 흔히 세워진 인기 복제품 중 하나가 바로 이 승리의 여신상이다.

1820년 밀로스 섬에서 밭을 갈던 농부가 BC2세기 후반경 제작된 것으로 보이는 대리석제 '비너스 여신상(Venus de Milo)'을 발견했다. 당시 오스만 투르크 제국에 큰 영향력을 행사하던 프랑스 측이 우여곡절 끝에 이를 구매해 파리로 옮겼으며, 오늘날 루브르 박물관을 대표하는 전시물이 되었다.

사과를 들었던 팔은 떨어져나갔으나, 나체인 몸통 부분과 천을 두른 다리 부분 등이 완벽한 조화를 이루는 걸작이다. 일반적으로 사랑과 미의 여신인 아프로디테('비너스'는 영어식 이름이다)를 형상화한 것으로 알려졌으나, 바다의 여신 앰피트리테를 조각한 것이라는 주장도 있다. 아무튼 그리스 조각을 대표하는 작품으로 전 세계에 이름을 떨치고 있으나, 정작 밀로스 섬에 있는 현지 박물관에는 복제품만 덩그러니 세워져있어 그리스의 슬픈 현대사를 되돌아보게 한다.

▲ 루브르 박물관에 전시된 밀로의 비너스 상(좌)과 사모트라케의 승리의 여신 니케 상(우)

에게 해에 면한 오늘날의 터키 이즈미르 주의 베르가마 지역에는 알렉산드로스 대왕 사후 생겨난 강소국 페르가몬 왕국이 있었다. BC2세기 초반 유메네스 1세 왕(재위 BC263~BC241) 시절 그곳 아크로폴리스의 한쪽 사면에 커다란 제단을 만들었는데, 이것이 흔히 말하는 '페르가몬 제단(Altar of Pergamon)'이다.

제단은 오랫동안 방치되었으나 프로이센(독일)의 기술자 카를 후만(1839~1896)이 1878년부터 8년간의 발굴 작업을 거쳐 베를린으로 반출했다. 물론 오스만 투르크 당국과의 협의를 거친 후였지만, 프랑스 및 영국과 문화적으로 어깨를 나란히 하고자 했던 프로이센 왕실의 강한 의지가 반영된 결과였다.

오늘날 베를린의 페르가몬 박물관에서 위용을 자랑하는 페르가몬 제단은, 계단 양쪽에 배치된 프리즈 벽면 상에 부조로 새겨진 조각들의 생생한 표현이 이 제단이 걸작임을 단번에 확인케 한다. 거인들과 싸우는 제우스 신과 아테나 여신을 포함해《그리스 신화》의 여러 신들의 모습이 현장감 있게 표현되어 헬레니즘 시대를 대표하는 작품으로 손꼽는다. 이런 연유로 터키 현지에서도 이 제단을 원래의 장소로 반환하라는 주장을 독일 측에 계속 제기 중이다.

1506년 이탈리아 로마의 포도원에서 발굴된 대리석제 '라오콘 군상(Laocoon and his sons)'은 현재 로마의 바티칸 박물관에 전시되어있으며, 헬레니즘 시대를 대표하는 또 다른 작품이다. BC1세기 후반 페르가몬 지역에서 제작된 것으로 알려진 이 조각상은, 트로이 목마 작전을 간파했다는 트로이의 제사장 라오콘과 그의 두 아들이 그리스 편이던 바다의 신 포세이돈이 보낸 바다뱀에 물려 고통 속에 죽어가는 모습을 묘사한 것이다.

원 작품은 청동으로 만들어졌으며, 대리석 작품은 복제품이라는 주장이 설득력을 갖고 있다. 또한 당시 발굴 작업에 미켈란젤로 부오나로티(1475~1564)가 간여했을 정도로 이탈리아 르네상스 시대의 많은 예술가들에게 영향을 준 작품이다. 고통으로 일그러진 얼굴 모습이나 몸통에 드러난 근육의 움직임이 너무 사실적이라 르네상스 시대 이후 미술을 공부하는 사람들은 반드시 연습 삼아서 그리게 되는 작품이 되었다.

한편, 헬레니즘 시대에 만들어진 청동제 작품 중 걸작으로는 아테네 고고학 박물관의 핵심 전시물인 '아르테미시온의 기수상(Jockey of Artemision, BC150년 무렵 작품)'이 있다.

이처럼 그리스의 건축과 조각은 이후 서양의 예술사를 면면히 관통하며 커다란 족적을 남겼다. 하지만 그중 많은 작품들이 그리스 사람들의 의지와는 상관없이 국외로 반출되었기에 오늘날에도 그리스는 다양한 경로로 반환을 요구하고 있다.

7
그리스인을 뜻하는 이름의 화가 엘 그레코

스페인의 마드리드에 있는 세계적으로 유명한 프라도 미술관이나 마드리드의 남서쪽에 위치한 옛 수도 톨레도의 성당과 미술관에는 수많은 엘 그레코(El Greco)의 미술 작품이 전시되어 있다. 엘 그레코가 근대 스페인의 국민화가가 아닐까 하는 생각이 들 정도이다. 작품의 주제가 주로 종교적인 내용에 관한 것이거나 초상화를 중심으로 하고 있지만 어두운 배경색, 분명한 명암 처리, 과도하게 길쭉한 신체묘사 등의 공통적인 특성을 가지고 있어 전문가가 아니더라도 그의 그림은 쉽게 알아볼 수 있다. 대체로 동 시대 화가들의 작품은 편안하고 이해하기 쉬운 그림인 데 반해 그의 작품은 신비하면서도 기괴하며 무언가를 강하게 표현하려 한다는 느낌이 드는 경우가 많다.

엘 그레코는 1541년 베네치아공화국의 지배하에 있던 크레타 섬의 수도 칸디아(오늘날의 이라클리온)에서 태어났다. 그리스에서의 원래 이름은 '도미니코스 테오토코플로스'였는데 스페인어 관사인 '엘'에 이탈리아어로 그리스인을 뜻하는 명사 '그레코'를 합하여 붙인 별명이 이름으로 굳어졌다. 그리스에서 태어나 이탈리아에서 그림수업을 받고 스페인에서 활동하다 사망한 화가를 가장 잘 묘사한 별명이 아닐까 싶다(물론 스페인어에서는 정관사에 국적 관련 형용사[이 경우 '그리스의'의 뜻인 greco]를 붙여쓰면 해당 국가 사람이 되기도 함).

고향에서 그림을 처음 시작했을 때는 주로 비잔틴 양식의 성화인 이콘화를 그리다가 26세가 되던 1567년 경 크레타를 떠나 베네치아로 건너가서 티치아노 등 현지의 거장들로부터 지도를 받았다고 한다. 1570년경 르네상스 문화의 중심지인 로마로 이동해서 새로운 화풍을 습득하기 위해 부단히 노력했으나 거장들이 즐비한 로마에서 그가 자리를 잡기에는 많은 어려움이 있었다. 특히 교황 피우스 5세^(제위 1566~1572)가 미켈란젤로가 시스틴 성당에 그린 '최후의 심판' 묘사 중 불경스러운 누드를 덧칠할 것을 지시했을 때, 엘 그레코가 전체 그림을 품위 있고 거장의 작품답게 다시 그리겠다고 제안했다고 하며 이로 인해 로마의 화가들이 건방진 그를 경원시했다고 한다. 36세가 되던 1577년 그는 스페인으로 건너갔다. 당시 강력한 국력을 자랑하던 스페인의 펠리페 2세는 새로운 수도인 마드리드 인근에 왕궁, 수도원, 성당 등의 엄청난 공사를 했기에 수많은 화가들이 스페인으로 몰려들었다. 궁정화가가 꿈이었던 엘 그레코는 비록 그 꿈은 이루지 못했으나 마드리드를 거쳐 구 수도였던 톨레도에 안착하여 왕성한 작품 활동을 전개했다.

▲ 오르가스 백작의 매장(톨레도 산토 토메 성당 소장)

웅장한 톨레도 대성당에 전시된 '그리스도의 옷을 벗김'이라는 작품도 유명하지만, 톨레도의 산토 토메 성당에 걸려있는 대표작 '오르가스 백작의 매장'은 엘 그레코의 최고의 걸작으로 평가된다. 살아 있을 때뿐만 아니라

▲ 천사들의 연주회(아테네 국립미술관 소장)

죽음을 앞두고도 수많은 선행과 기부를 한 오르가스 백작을 매장하는 광경을 현실감 있게 묘사한 하단의 지상 부분과 성인과 천사 등을 비현실적으로 그린 상단의 천상 부분으로 나누어 묘사한 대표작이다. 그는 톨레도에서 여러 학자, 지식인, 성직자와 어울리면서 많은 작품을 남겼으며 1614년 세상을 떠났다. 궁정 화가가 아니었기에 사후에는 오랫동안 별 주목을 받지 못했으나 인체를 일그러뜨려 묘사한 그의 표현 방식이 19세기 들어 입체파(Cubism)의 아버지라 불리는 폴 세잔느(Paul Cézanne)에게 영향을 주었다는 주장과 함께 파블로 피카소(Pablo Picasso)의 첫 번째 입체파 작품인 '아비뇽의 여인들(Les Demoiselles D'Avignon)'이 엘 그레코의 '성 요한의 계시: 다섯 번째 봉인의 개봉(The Vision of Saint John: The Opening of the Fifth Seal)'이라는 작품에서 영감을 받은 것으로 알려지면서 다시 유명세를 얻게 된다. 이와 관련 피카소는 "큐비즘은 스페인에 그 기원을 두고 있으며 내가 큐비즘을 창안했다. 우리는 세잔느로부터 그가 스페인에서 받은 영향을 알아내야 한다. 그것은 바로 엘 그레코다."라는 유명한 말을 남겼다.

엘 그레코가 작품 활동을 한 주 무대는 스페인이었지만 그는 항상 자신의 작품에 '도미니코스 테오토코플로스(Δομήνικος Θεοτοκόπουλος)'라는 본명을 그리스 문자로 서명하여 본국에 대한 자부심과 애정을 나타냈다. 스페인뿐만 아니라 이탈리아, 미국, 영국, 프랑스 등에 많이 전시되어 있는 엘 그레코의 작품은 아쉽게도 조국 그리스에서는 몇 점 남아있지 않다. 아테네의 국립미술관(The National Gallery - Alexandros Soutzos Museum)에 두 점, 출생지 이라클리온에 있는 크레타 역사박물관(The Historical Museum of Crete)에 두 점 정도 전시되어 있으며, 이라클리온 외곽에 있는 엘 그레코 박물관(The Mueum of El Greco)에는 그의 작품 복제품들이 전시되어 있다. 그렇지만 그리스인들은 항상 조국을 생각했던 영원한 그리스인 엘 그레코를 무척 자랑스러워한다.

8
델피의 신탁

고대 그리스의 매우 특이한 관습 중 하나는 중요한 일을 앞두고 신탁(神託, Oracle)을 구하는 것이었다. 백과사전에 설명된 신탁이란 "신이 사람이나 기관을 매개자로 해 그의 뜻을 나타내거나, 인간의 물음에 가장 현명한 조언을 주거나, 미래를 예측해주는" 일이다. 그리스인들은 중요한 전쟁을 앞두고는 거의 예외 없이 신탁을 구했는데, 역사상으로 유명한 신탁들이 오늘날에도 다수 전해 내려온다.

영험한 신탁을 받을 수 있는 장소로는 델피, 도도나, 코린토스 등이 있었지만, 그중에서도 가장 신통력이 있다고 인정받아온 곳은 델피의 아폴론 신전이었다. 《그리스 신화》에는 신들의 왕인 제우스가 지구의 중심이 어디인지 알아보려고 독수리 두 마리를 각각 동쪽과 서쪽으로 날렸다. 이 두 새가 만난 곳이 바로 델피였다. 제우스는 두 새들이 만난 지점에 '옴파로스(Omphalos, 지구의 배꼽)'라는 돌을 세웠다는데, 일설에는 그 돌이 제우스의 아버지 크로노스가 제우스의 간계로 먹었다가 뱉어낸 돌이라고 한다.

높이 2,200미터의 장엄한 파르나소스(Parnassos) 산자락에 위치한 델피는, 주변의 산봉우리들에 병풍처럼 둘러싸이고 멀리 코린트 만의 바다가 바라보이는 전형적인 배산임수(背山臨水) 지역이다. 델피를 병풍처럼 둘러싼 산들의 붉은 빛이 감도는 흙 색깔도 어쩐지 영험한 기운을 느끼게 한다.

그리스의 각 도시국가에서는 신탁을 잘 받기 위해 델피에 많은 공물을 바쳤다. 마라톤 전투에서의 승리를 기념해 아테네인들이 바친 보물을 보관한 창고, 히오스인들이 어떤 도시보다 우선적으로 신탁을 받을 수 있는 권리

▲ 델피의 박물관에 전시 중인 옴파로스 돌(좌)과 아폴론 신전 주변의 야외에 전시 중인 옴파로스 돌(우)
좌측의 돌은 원통형의 대리석 외피를 마치 탯줄과 같은 매듭 모양이 둘러싸고 있는데, 후기 그리
스 시대 또는 로마 시대에 만들어진 것이라고 한다. 우측의 돌은 1913년 델피 성역(聖域)에서 발
굴되었으나 추후 도난당한 돌의 복제품이다.

를 달라며 아폴론 신전 입구 맞은편에 세운 제단 및 나선형 솟대 등 델피는
많은 도시국가들의 공물로 치장되었다. 신탁을 구하는 관습은 1천 년 이상
지속되었으나 기독교의 전래와 함께 점점 쇠락했으며, 결국 AD393년 테오
도시우스 1세 황제가 공식적으로 금했다.

델피에서는 피씨아(Pythia)라는 아폴론 신전의 여사제가 연중 9개월간 매달
제7일에 요청받은 사항에 대한 신탁을 주었다. 피씨아는 아폴론 신전 내로
분출되는 가스 또는 연기를 마신 몽롱한 상태에서 다리가 3개인 삼족의자에
앉아 신과 소통하고 신탁을 주었다. 피씨아가 주는 신탁은 은유적인 표현으
로 되었거나 모호해서 바로 이해할 수가 없었다. 그래서 신탁을 받은 사람들
은 신탁의 의미를 정확히 해석하기 위해 많은 노력을 기울였다. 종종 해석을
정반대로 해 커다란 재앙을 맞은 경우도 있다.

소아시아(터키의 아나톨리아) 지역의 부유한 나라인 리디아의 왕 크로이소스는
이웃이 된 신흥 강국 페르시아와 전쟁을 할지에 대해 델피에서 신탁을 구했
다. 피씨아가 내려준 신탁은 크로이소스 왕이 리디아와 페르시아 간의 국경

인 할뤼스 강을 건널 경우 큰 제국을 멸망시킬 것이라는 내용이었다. 이에 자신감을 얻은 크로이소스 왕은 BC547년 페르시아의 키루스 2세 대왕을 공격했으나, 오히려 대패해 자신의 왕국이 페르시아의 일부가 되는 것을 봐야 했다.

마라톤 전투에서 패한 페르시아가 BC480년 다시 그리스 본토를 침공했을 때 아테네인들은 어떻게 대응해야 할지 델피에 신탁을 구했다. 신탁의 내용은 "나무로 된 성채를 쌓으라"는 것이었다. 상당수 아테네인들은 아크로폴리스(Acropolis, 신전이 있는 높은 언덕)에 나무로 성채를 둘러치자고 했다. 하지만 테미스토클레스는 나무로 함선을 만들어 해군을 강화하라는 뜻이라고 해석했다. 결국 아테네 시 자체는 함락당했지만, 테미스토클레스가 준비한 함대 덕분에 살라미스 해전에서 승리하면서 아테네는 전쟁의 판도를 바꾸게 된다.

한편, 강압으로 신탁을 받아낸 경우도 있다. 알렉산드로스 대왕은 동방 원정에 나서면서 델피에 들러 신탁을 구하려 했다. 하지만 신탁을 주는 때가 아니니 다음에 다시 오라는 답변을 들었다. 알렉산드로스는 격분한 나머지 피씨아의 머리채를 붙잡고 그녀가 "당신은 무적!"이라고 외칠 때까지 압박했다.

재미있는 신탁으로는 소크라테스가 불과 30대의 무명이던 BC440년경에 받은 "가장 현명한 사람은 소크라테스"라는 신탁이 있다. 이에 대해 소크라테스는 "모두가 똑같이 무식해서겠지. 또는 나 자신만이 스스로가 얼마나 무식한지를 알고 있으니, 그런 점에서 내가 가장 현명하다는 뜻 아니겠나."라고 설명했다.

현재 가장 많이 거론되면서도 신탁의 모호성을 가장 잘 나타내주는 예는, 한 무명용사가 전쟁에 참가해도 되는지를 물은 데 대한 답변이다. 당시 신탁의 뜻을 영어로 번역하면 "You will go, return, not die in the war(너는 갈 것이고, 전쟁에서 죽지 않아서 돌아올 것이다)."라고 한다. 문제는 쉼표를 'not' 앞에 두느냐 또는 뒤에 두느냐에 따라 의미가 완전히 뒤바뀐다는 점이다. 즉, "You will go, return not, die in the war(너는 가서 돌아오지 못할 것이다. 전쟁에서 죽을 테니

▲ 여사제인 피씨아가 신탁을 주는 장면.
독일 화가 하인리히 로이터만(1824~1905)의 작품이다.

^{까)}."가 될 수도 있는 것이다. 그러니까 결과가 어떻든 피씨아는 "신탁은 틀리지 않았다"고 주장할 수 있는 것이다. 앞서 예로 든 "나무로 된 성채를 쌓으라."처럼 말이다.

신탁을 받는 관습은 로마 시대에도 계속 이어졌다. 웅변가 키케로, 네로 황제, 하드리누아스 황제도 델피에서 신탁을 구한 사람들이다. 특히 네로 황제는 "어머니 살해범이여, 당신은 73이라는 숫자에 끝날 것이다."라는 신탁을 받고 격분해 피씨아를 산 채로 불태워 죽였다. 결국 네로 황제는 새 황제가 되는 스페인 총독 루키우스 갈바 장군^(재위 AD68~AD69)이 73세였던 해에 발생한 민중봉기로 자살했다.

오늘날에도 중요한 선거나 정책 결정을 앞둔 세계 각국의 정치인들과 기업인들은 델피를 자주 찾는다. 그리스를 방문하는 우리나라 정치인들도 여야를 불문하고 델피의 신탁에 대해 큰 관심을 보이며 먼 길을 마다 않고 찾아간다. 역시나 델피 신탁의 영험함은 시대와 장소를 초월하는 것 같다.

9

인류 문명을 선도한 수학 · 과학 등
학문의 업적

🏛 세상이 수(數)로 이루어졌다고 믿은 피타고라스

학창시절 배우는 여러 수학 이론 중 '피타고라스의 정리(Pythagorian theorem)' 만큼 몇십 년이 지난 이후까지 머릿속에 오래 남은 이론도 없을 것이다. "직 각삼각형의 빗변을 한 변으로 하는 정사각형의 넓이는 다른 두 면을 각각 한 변으로 하는 정사각형 넓이의 합과 같다"는 유명한 이론 말이다. 이 정리 하나만으로 피타고라스는 수학의 역사에서 반드시 첫 머리에 거론되는 원로 로서 대접받고 있다.

피타고라스는 에게 해의 오늘날 터키 바로 앞에 떠 있는 사모스 섬에서 BC570년경에 태어났다. 무역업에 종사하는 부모를 따라 어릴 때부터 여러 곳을 돌아보았고, 청년기에는 20여 년 이상 이집트에서 기하학과 천문학을 배웠다. 이후 이집트를 침공한 페르시아인들에게 끌려가 바빌론에서 10여 년 이상을 보내면서 여러 지식을 쌓았다. 장년기에는 사모스 섬으로 돌아와 제자들을 가르쳤으나, 여러 정치적인 이유로 이탈리아 반도 남부에 있는 그 리스의 식민도시 크로토네로 이주한다. 크로토네에서 피타고라스는 학교를 세워 제자들을 가르쳤고, 일종의 비밀 종교 조직을 운영하면서 제자들과 공 동생활을 했다.

헌신과 금욕을 중시했고, 영혼은 불멸하기에 몸이 소멸할 때 다른 사람이 나 동물의 몸으로 그의 영혼이 다시 들어간다는 윤회사상도 가르쳤다. 윤회 사상에 바탕해 육식을 하지 않도록 가르쳤으나, 특이하게도 콩은 먹지 않게 했다. 한편 피타고라스는 공동 조직 내의 비밀을 외부로 발설하지 않게 하고, 이를 어기면 축출했다. 피타고라스가 크로토네에서 길러낸 많은 제자들은 추후 철학자나 정치인으로 성장했다.

피타고라스의 사상과 이론은 추후 플라톤의 《대화편》과 《국가론》에도 많은 영향을 미쳤다. 크로토네에서의 피타고라스의 지위는 확고했으나, 그의 제자가 되지 못한 사람들이 그가 운영하는 학교와 조직에 대해 부정적인 헛소문을 퍼뜨렸다. 이에 격분한 시민들이 학교에 방화를 하는 바람에 많은 제자들이 살해당했다. 당시 피타고라스는 무사히 탈출했으나, 얼마 뒤인 BC500년에 북쪽 도시 메타폰툼에서 사망했다.

피타고라스는 세상의 모든 수는 정수 또는 분수로 이루어졌다고 믿었다. 즉, 비율적으로 나타낼 수 있는 간단한 유리수(有理數, rational number)로 구성되었다고 정의했다. 그런데 경악할 상황이 벌어졌다. 피타고라스의 정리를 설명하는 과정에서 두 변의 길이가 각각 1인 직각삼각형의 대각선의 길이는 정수나 분수로 나타낼 수 없다는 것을 알게 된 것이다. 즉, $1+1=2$라는 결과에서 제곱으로 2를 만들어내는 수가 있어야 하는데, 아무리 생각해봐도 딱 맞는 수를 발견할 수가 없었던 것이다.

오늘날에는 $\sqrt{2}$라는 제곱근 형식의 무리수(無理數, irrational number)로 표현하지만, 당시에는 정확한 값을 알 수 없었다. 피타고라스가 보기에 이런 수가 수없이 존재한다는 것은 조화로운 수로 세상을 설명하려던 피타고라스 학파에는 재앙과 같았다. 결국 피타고라스 학파에는 무리수의 존재란 '죽음보다 무서운 비밀'이었던 셈이다. 실제로 피타고라스의 제자였던 히파수스(BC530~BC450)가 무리수의 비밀을 누설하자 학파의 존립 기반이 무너질 것을 우려한 피타고라스와 다른 제자들은 히파수스를 지중해에 수장시켰다. 가히 끔찍한 흑역사(黑歷史)가 아닐 수 없다.

무리수의 발견으로 피타고라스의 정리도 수학적 산술보다는 기하학적 방식으로 설명하는 방향으로 발전했다. 기하학에서는 $\sqrt{2}$를 일정한 수를 갖는 단위점으로 표시할 수는 없어도 일정한 길이의 선분으로는 나타낼 수 있기 때문이다.

피타고라스는 유독 숫자 '3'을 이상적이고 완전한 숫자라며 중시했다. 피타고라스의 정리 자체도 삼각형으로 제시되었으며, 세상의 모든 일이 '시초'와 '중반'과 '말기'라는 3개의 요소로 구성되었고, 세상을 지배하는 신들도 하늘의 제우스, 바다의 포세이돈, 지하세계의 하데스 등 3명이지 않느냐고 했다. 제우스가 끝이 3개로 갈라진 번개를 사용하고, 포세이돈이 삼지창을 쓰며, 하데스가 세르베루스(Cerberus)라는 머리가 셋 달린 개를 데리고 있

▲ 사모스 섬에 세워진 피타고라스 상
피타고라스의 정리가 형상화되었다.

는 것도 모두 숫자 3과 관련된 것이라고도 했다.

피타고라스의 여러 주장에 대한 동의 여부와 상관없이, 그가 모든 직각삼각형에 자신의 정리가 적용된다는 사실을 증명한 것은 수학사의 발전 과정에서 획기적인 사건이었다. 피타고라스는 수학적 증명이라는 개념을 발전시켰고, 추상적인 수학을 일상생활의 대상과 결부시킴으로써 과학적 세계에 접목시킬 수 있는 기반도 제공했다. 그런 이유로 오늘날 사모스 섬에는 피타고라스의 업적을 기념해 지역 이름 자체를 '피타고리오(Pythagoreio, Πυθαγόρειο)'로 개명한 항구도 있다. 이 항구에는 피타고리스 정리를 형상화한 멋진 조각 작품이 세워져있다.

🏛 기하학의 원조 유클리드

서구 역사상 《성서》 다음으로 많이 읽힌 책은 뭘까? 현대 서유럽인들은 유클리드가 기하학(geometry)을 집대성해서 저술한 《원론(Elements)》이라는 데 대체로 의견의 일치를 보인다.

기하학(幾何學)은 서구 언어의 'Geometry'를 중국에서 한자로 '지허(幾何)'라고 음역한 것인데, 이를 우리식 한자음으로 읽다보니 '기하'가 된 것이다. 그리스어에서 'Geo'는 '땅'을 의미하고, 'metry'는 '재고 측정한다'는 의미다. 결국 기하학은 토지를 측량하거나 여러 도형을 측정하는 기술을 의미하는 학문인 것이다.

원래 그리스식으로는 에우클레이디스(Εὐκλείδης)라 불려야 하는 유클리드는 BC325년경에 태어나 BC270년경에 사망했다고 하며, 일생 중 대부분을 알렉산드로스 대왕의 측근 장수 출신인 이집트의 왕 프톨레마이오스 1세(재위 BC305~BC285) 치세의 이집트 알렉산드리아에서 살았다.

고대 이집트에서는 나일 강의 잦은 범람 때문에 기존 토지 구획이 자주 바뀌어 다시 측량하는 일이 빈번했다. 그래서 오래전부터 측량과 관련된 지식이 발달했다. 유클리드는 기존의 측량 지식을 발전시키면서 이를 과학적으로 증명하는 방법으로 집대성해 기하학의 견고한 기반을 구축했다.

유클리드가 설명한 기하학 이론은 19세기 말에야 여러 비유클리드 기하학 이론들이 등장하기까지 무려 2천 년 이상 세계의 과학계와 수학계를 지배했다. 그리스어로 저술된 유클리드의 《원론》은 비잔틴 시대를 거쳐 아랍권으로도 전파되어 많은 아랍인 학자들의 연구로 이어졌다. 아랍어로 번역된 《원론》은 중세 시대에 다시 서유럽에 소개되어 라틴어로 번역되었다. 또한 요하네스 구텐베르크(1397~1468)에 의한 인쇄술의 발달과 함께 여러 언어로 번역되어 많은 지역으로 전파되었다. 이탈리아의 선교사 마테오 리치(1552~1610)가 명나라에 서유럽의 과학기술을 소개하면서 명나라 조정의 고위관리인 서광계(1562~1633)와 함께 번역해 소개한 《원론》의 중국어판 제목이 바로 《기하원본(幾何原本)》이다.

《원론》은 총 13권으로 이루어진 방대한 작품이다. 이 중 제1~6권은 평면상의 여러 도형에 대해, 제7~10권은 수(數)의 성질에 대해, 제11~13권은 입체에 대해 설명한다. 이 중 제1권에는 유명한 공리(公理, axiom) 5개와 공준(公準, postulate) 5개 및 정의(定義, definition) 23개와 피타고라스의 정리 등에 대한 설명이 포함되어있다. 공리란 어느 이론에서든 가장 기초가 되는 것으로서, 더 이상 증명이 곤란할 정도로 자명한 것이다. 공준은 공리처럼 확실하지는 않으나 원리로 인정되어 이론 전개의 기초가 되는 명제로서, 유클리드의 공준은 기하학의 법칙이자 모든 증명의 시발점이 된다.

유클리드가 제시한 5개의 공리는 다음과 같다.

① 동일한 것의 같은 것은 서로 같다(A=B, A=C이면 B=C이다).

② 서로 같은 것에 같은 것을 각각 더하면 그 결과는 같다(A=B이면 A+C= B+C이다).

③ 서로 같은 것에서 같은 것을 각각 **빼면** 그 결과는 같다(A=B이면 A−C= B−C이다).

④ 서로 일치하는 것은 서로 같다.

⑤ 전체는 부분보다 더 크다.

이와 함께 유클리드가 제시한 5개의 공준은 아래와 같다.

① 임의의 한 점에서 임의의 다른 한 점으로 직선을 그을 수 있다.

② 유한한 선분이 있다면, 그것은 얼마든지 길게 늘릴 수 있다.

③ 임의의 한 점을 중심으로 하고, 임의의 길이를 반지름으로 하는 원을 그릴 수 있다.

④ 직각은 모두 같다.

⑤ 한 선분에 서로 다른 두 직선이 교차할 때, 두 내각의 합이 180도보다 작으면, 이 두 직선을 무한히 연장하면 두 내각의 합이 180도보다 작은 쪽에서 **교차한다**(이는 달리 해석하면 "직선 밖의 임의의 한 점을 지나고 직선과 평행인 직선은 유일하다"라는 의미로서, '평행선 공준'이라고 한다).

그런데 다섯 번째 공준인 '평행선 공준'은 다른 4개의 공준과는 달리 직관적이지도 않고 복잡하다. 그래서 이를 부정하려는 시도가 여러 수학자들에 의해 부단히 시도되었다. 마침내 19세기에 들어와 여러 수학자들이 평면이 아닌 구부러진 공간에서는 유클리드의 평행선 공준이 적용되지 않는다는 것을 증명했고, 이를 바탕으로 비유클리드 기하학이 등장하게 되었다.

그러나 유클리드 기하학은 2천 년 이상 공간을 설명하는 절대적인 수학의 틀로서 세상의 사고(思考)를 지배했다. 특히 유클리드가 직관적인 공리를 바탕으로 연역적인 추론과 논리에 의해 명제들을 이끌어냈던 방법론은 근대의 서양 수학자들뿐만 아니라 철학자들에게까지 지대한 영향을 미쳤다. 갈릴레오 갈릴레이(1564~1642)와 아이작 뉴턴(1642~1727) 같은 과학자와 르네 데카르트(1596~1650) 같은 철학자도 유클리드의 방식을 충실히 준용했으며, 심지어 '미국 건국의 아버지들'도 <독립선언서>를 작성하면서 "인간은 모두 평등하게 태어났다"라는 진리를 먼저 제시한 후 이를 바탕으로 유클리드적인 논리 전개로 영국으로부터 독립해야 한다는 결론을 도출했다.

유클리드는 또한 피타고라스의 정리를 어느 누구보다 가장 논리적으로 설명한 데다, 두 정수의 최대공약수를 쉽게 도출해내는 연산법인 호제법(互除法)을 소개했다. 아울러 원뿔·원통·피라미드의 부피를 측정하는 방법 등 오늘날에도 널리 활용되는 여러 이론들을 제시했다.

유클리드와 관련된 유명한 일화가 있다. 그의 명성을 접한 프톨레마이오스 1세가 기하학을 손쉽게 배울 수 있는 방법을 물었다. 그러자 유클리드는 이렇게 대답했다. "폐하, 기하학에는 왕도(王道)란 없습니다."

이 이야기는 오늘날에도 학문을 손쉽게 배울 방법은 없다는 의미로 인용되고 있다.

🏛 "유레카!"를 외친 아르키메데스

바다에 빠뜨린 조그만 쇠구슬은 바로 물속에 가라앉는데, 수십만 톤의 쇳덩이로 만들어진 유조선은 잘만 떠다니는 이유가 뭘까? 그 비밀은 바로 유체(流體)에 잠긴 물체를 밀어올리는 힘인 부력(浮力) 덕분이다. 어떤 물체의 전부 또는 일부가 물 같은 유체에 잠기면, 잠긴 물체가 밀어낸 유체의 무게와 같은 크기의 힘이 위로 작용한다. 이를 부력이라고 한다.

그런데 잠긴 물체가 밀어낸 유체의 부피는 해당 물체가 잠긴 부분만큼의 부피와 같을 수밖에 없다. 물에 잠긴 물체에는 위에서 내리누르는 중력과 밑에서 떠받치는 부력이 동시에 작용하는데, 중력이 크면 물에 가라앉고 부력이 크면 물에 뜬다. 동일한 부피의 물체라도 밀도가 높으면 질량이 커져 자연히 중력도 커지고, 밀도가 낮으면 질량도 작아져 중력은 약해진다. 배의 경우 사람이나 화물을 싣기 위해 많은 부분이 비었기에 배 전체의 질량이 배의 겉모양과 같은 부피의 물의 질량보다 작다. 그래서 부력이 중력보다 커져서 뜨는 것이다. 쇠구슬은 부피가 작아 밀어내는 물의 양이 적은데 반해 질량은 커서 중력이 더 세게 작용하기에 가라앉는다. 이런 원리를 처음 발견한 아르키메데스를 기념해 부력을 '아르키메데스의 원리(Archimedes' principle)'라 부르고 있다.

아르키메데스(BC287~BC212)는 시칠리아 섬의 그리스계 식민도시 시라쿠사에서 살았던 수학자이자 물리학자 겸 발명가다.

어느 날 시라쿠사의 왕 히에로 2세(재위 BC270~BC215)가 순금으로 만든 신전 봉헌용 왕관의 제작을 금세공사에게 맡겼다. 헌데 금세공사가 순금을 빼돌리고 다른 걸 섞은 건 아닌지 의심스러워서 아르키메데스에게 "왕관을 전혀 훼손하지 않고서 재질이 순금인지를 확인하라!"고 명령했다. 해법을 찾기 위해 여러 날 동안 고민하던 아르키메데스는 목욕을 위해 욕조에 들어갔다. 헌데 몸을 담그자마자 욕조 속의 물이 욕조 밖으로 넘쳐 나오는 현상을 목격하고는 아이디어가 번쩍 떠올라 "유레카(εΰρηκα, 이거야)!"를 외치며 옷도 걸치지 않고 거리로 뛰쳐나갔다.

아르키메데스는 욕조에 왕관을 넣어 왕관의 부피만큼 흘러나온 물의 양을 잰 후 왕관 전체의 무게를 이 물의 양으로 나눔으로써 왕관을 구성하는 재질의 밀도를 알아냈다. 이후 왕관과 동일한 무게의 순금을 욕조에 넣어 흘러나온 물의 양을 재어 순금의 밀도를 알아냈다. 이로써 왕관에 사용된 '재료'의 밀도가 순금의 밀도보다 작은 것을 확인해 금세공사가 싼 금속을 섞는 속임수를 썼음을 증명했다.

아르키메데스는 빈 원통 속에 나선(螺旋)을 붙인 회전축을 넣고 돌려 아래쪽 물을 위쪽으로 퍼올리는 나선양수기(Archimedes' screw)와, 기중기 같은 기계에 쇠갈고리를 달아 로마군 함선을 붙잡은 후 도르레와 지레를 이용해 뒤집어버리는 갈고리 무기(Claw of Archimedes), 해안에 청동이나 구리로 제작된 여러 개의 거울들을 반사판처럼 배치해 햇빛을 한데 모아 로마군 함선을 불태워버리는 열선 거울(Heat Ray)도 발명했다.

수학 분야와 관련해서는 오늘날의 미적분학과 무한에 관한 기초적 이론들이 이미 아르키메데스의 연구로 제시되었고, 수많은 삼각형으로 나뉜 다각형 개념으로 원과 곡선의 크기를 재는 실진법(method of exhaustion)도 발전시켰다. 특히 원의 면적을 구하는 문제를 풀 때, 원에 외접하는 원보다 큰 다각형과 원에 내접하는 원보다 작은 다각형을 만든 후, 두 다각형의 면적 사이에 원의 면적이 있는 점을 감안해 다각형의 수를 늘리면 늘릴수록 내접하는 다각형과 외접하는 다각형 사이의 면적 차이가 줄어들고, 이에 따른 원 면적의 근사치를 구할 수 있는 방법으로 실제 원의 면적에 접근했다. 다각형의 면적은 이를 수많은 삼각형으로 나누어 계산했다.

아르키메데스는 정96각형 도형으로 원주율의 값을 3.1416으로 제시했다. 사실, 원주율을 나타내는 기호 π는 18세기 초 영국의 수학자들이 처음 사용했으며, 이는 둘레를 뜻하는 고대 그리스어 페리페레스(περιφηρής)에서 따온 표현이다. 하지만 아르키메데스는 이미 π값의 근사치를 계산해냈던 것이다. 아울러 원의 면적이 원주율에 반지름(r)의 제곱을 곱한 것($\pi r2$)이라는 사실도 증명했다. 더 나아가 같은 높이의 구(球)와 원기둥이 갖는 부피의 비율을 정리해 구의 부피는 원기둥의 3분의 2에 해당한다는 사실도 밝혀냈다.

지레의 원리를 이용해 '엄청나게 긴 지렛대'와 '받침대로 사용할 만한 장소'가 있으면 지구를 들어보겠다는 주장도 했다. 심지어 이 주장을 비웃는 왕이 보는 앞에서 일련의 지레 장치를 사용하여 짐이 실린 무거운 선박을 해안에서 육지로 끌어올리기까지 했다.

인류사적으로 엄청난 족적을 남긴 아르키메데스였지만, 그의 최후는 매우 비극적이었다. 제2차 포에니 전쟁 당시 카르타고 편에 섰던 시라쿠사를 로마는 2년여의 포위작전 끝에 함락시켰다. 사령관인 로마 장군 마르쿠스 마르켈루스(BC268~BC208)는 아르키메데스가 중요한 인물임을 인식해 부하 장병들에게 그를 해치지 말고 데려오도록 명령했다. 마침 로마군 병사들이 시라쿠사 시내를 약탈하고 다닐 때 아르키메데스는 땅바닥에 원을 그려놓고 연구를 계속하고 있었다. 이때 로마군 병사들이 그에게 다가서자 "원에서 비켜나시게!"라고 외쳤다. 그러자 격분한 로마군 병사들은 아르키메데스를 살해했다.

마르켈루스가 분노와 아쉬움을 표했지만 이미 되돌릴 수 없었다. 아르키메데스의 묘지에는 그가 수학적으로 증명해냈던 내용들을 묘사하는 조형물이 세워졌다. 같은 높이의 원기둥과 그 속에 든 구를 형상화한 것도 그중 하나다.

시칠리아 섬의 시라쿠사에 있는 아르키메데스 박물관에는 그가 발명한 다양한 물품과 이론적 업적이 전시되어있다. 고대 올림픽이 개최되었던 도시인 올림피아에도 아르키메데스 박물관이 있는데, 여러 전시물 중 그림 하나가 눈길을 끈다. 양팔 저울의 한쪽 접시에는 아르키메데스가 있고, 반대쪽 접시에는 아이작 뉴턴, 카를 가우스(1777~1855), 고트프리트 라이프니츠(1646~1716), 레오나르도 다 빈치(1452~1519), 갈릴레오 갈릴레이가 함께 있는 상태에서 겨우 균형이 맞는 그림이다. 아르키메데스의 위대함이 또 다른 위대한 천재 5명을 합친 것과 같다는 의미다.

🏛 아카데미아와 리케이온

아테네 시내의 중심지인 파네피시티미오 지하철역 맞은편에는 신고전주의(新古典主義, Neoclassicism) 양식으로 멋지게 지어진 아테네 아카데미 건물이 있다. 그리스의 대부분의 역사적 건물들이 부서졌거나 잔해만 남은 것과는 대조적으로 아주 깨끗하고 완벽한 모습이다. 이 건물은 아테네대학 및 국립도서관과 함께 동일 지역 내에 야심차게 지어진 3개의 건축물 중 하나로, 1859년 착공해 1887년 완공되었다.

건물로 올라가는 중앙계단 위에는 좌측에 플라톤, 우측에 소크라테스의 좌상이 놓여있고, 그 안쪽에는 좌측에 창과 방패를 든 아테나 여신의 입상이, 우측에 하프를 든 아폴론 신의 입상이 각각 높은 원주 위에 세워져있다. 본 건물의 박공에 조각된 여러 조각의 섬세함과 건물 천장의 격조 있는 장식은 학문과 지식의 전당에 대한 경의로서 최대한의 역량을 동원해 건축한 것임을 느끼게 한다.

많은 사람들은 이곳이 플라톤이 세운 아카데미아(Academia)가 있던 장소냐고 묻는다. 그러나 아테네 아카데미 건물은 그리스가 터키에서 독립한 이후 과거의 영광을 재현하기 위해 세운 것이며, 플라톤의 아카데미아가 있던 곳과는 전혀 관계가 없다.

플라톤의 아카데미아 유적은 아테네 서북쪽 케라미코스 지역에서 좀 더 외곽에 있다. 플라톤이 살던 시절에도 케라미코스 공동묘지를 지나 아테네에서 더 멀리 나가야 하는 곳이었으니, 우리로 치면 한양을 조금 벗어난 경기도의 한적한 마을에 있었다고 볼 수 있다.

원래 아카데미아의 터는 시민공원이자 울창한 숲이었고, 레슬링 등 체력 연마에 활용되던 장소였다. 플라톤이 BC387년 이렇게 먼 곳에 아카데미아를 세운 이유는 아테네의 번잡한 정치에서 한발 벗어나 학문에 집중하기 위해서였다고 한다. 플라톤은 이곳에서 《국가론》 등 중요한 저술을 많이 집필했으며, 제자인 아리스토텔레스 역시 이곳에서 20년 동안이나 수학했다.

플라톤 사후에도 학문의 전당으로 명성을 유지해오던 아카데미아는 BC86년 로마 장군 루키우스 술라가 아테네를 공략할 때 크게 파괴되었다. 술라는 주변의 숲까지 전부 베어내 아테네를 공략하는 데 쓸 공성용 장비를 만들었다. 이후 재건해 로마 시대에도 여러 철학자들이 아카데미아에서 가르쳤으나, AD529년 동로마 황제 유스티니아누스가 이교도적 교육을 금지한다는 명분으로 폐쇄를 명령해 플라톤의 아카데미아는 역사의 뒤안길로 사라졌다. 오늘날 아카데미아 유적지에 가보면 서너 군데 건물의 기초만 남아있어 둘러보는 이의 아쉬움을 더한다.

고대에는 역시 아테네의 외곽 지역이었겠지만, 오늘날에는 아테네 시내의 중심부로 변한 현 비잔틴 박물관 건물 뒤편의 바실리시스 소피아스 도로에서 리길리스 도로로 내려가는 곳에는 아리스토텔레스가 학문을 가르쳤던 리케이온(Lykeion)의 유적이 있다. 1996년 이곳에 현대미술관을 짓기 위해 땅 파기를 하던 중 문헌으로 전해오던 리케이온의 잔해가 발견되어 공사를 중단시키고 유적지로 보존 중이다.

플라톤의 수제자였던 아리스토텔레스는 플라톤 사후 아카데미아의 원장자리를 희망했지만, 원장 자리가 플라톤의 조카이자 상속자인 스퓨시푸스에게 넘어가자 아테네를 떠났다. 이후 마케도니아의 알렉산드로스 대왕의 스승 역할을 하다 아테네가 마케도니아의 지배하에 들어간 BC335년 다시 아테네로 내려와 고등교육기관인 리케이온을 열었다.

리케이온의 부지는 예전부터 여러 철학자들이 토론을 하던 장소였으며, 젊은이들의 체력 연마장 겸 민회 장소로도 활용된 곳이다. 교육은 기둥에 천장이 드리워진 주랑현관(柱廊玄關, portico)에서 이루어졌으며, 주변 지역에 대한 산책도 교육 방식의 하나였다. 고급반은 이른 아침 산책반에 편성되어 주로 철학을 배웠으며, 초보자반은 이른 저녁 산책반에 편성되어 수사학 등을 배웠다.

아리스토텔레스는 강연하면서 현관의 계단을 오르내리거나 산책을 하며 가르쳤기에 그를 따르던 제자들은 소요학파(逍遙學派, Peripatetics)라고 불린다. 그런데 리케이온의 위치는 소크라테스가 즐겨 찾았던 일리소스 강 바로 옆에 면해있었기에 아리스토텔레스도 아침저녁 산책은 일리소스 강을 중심으로 했던 것으로 짐작된다.

알렉산드로스 대왕 사후 아테네의 반마케도니아 정서에 따라 아리스토텔레스가 BC322년 아테네를 떠나자 제자들이 리케이온을 운영했다. 아카데미아와 마찬가지로 리케이온도 BC86년 로마 장군 술라가 공성용 장비를 만들기 위해 숲을 베어내면서 크게 파괴했다. 리케이온은 AD267년 게르만계인 헤룰리족이 아테네를 초토화할 때까지 유지되었다.

아카데미아와 리케이온은 서로 경쟁하면서도 교육의 중점은 달랐다. 아카데미아는 가장 이상적이고 불변의 학문이라고 생각되던 수학이나 기하학에 중점을 두었다. 심지어 학교 정문 위에 '기하학자 이외에는 여기 들어오지 말라'라는 표어까지 붙여두었다고 한다. 반면 리케이온은 현실에 적용되는 학문에 중점을 두었으며, 논리학이나 철학뿐만 아니라 동식물학 등 과학 교육도 진행했다.

오늘날에도 아카데미아와 리케이온은 서양의대학이나 고등학교 이름의 원류로 통하고 있다. 각종 아카데미의 이름은 물론 '리세(Lycee, 프랑스의 공립 고등학교)'나 '리시움(Lyceum, 학원/문화회관)'이라는 용어 모두 여기에서 비롯되었다.

▲ 아테네 서북쪽에 있는 플라톤의 아카데미아 유적

▲ 아테네 시내에 있는 아리스토텔레스의 리케이온 유적

10
올림픽의 나라

그리스인들에게 올림픽은 특별한 의미가 있다. 우선 '올림픽(Olympic)'이라는 용어 자체가 고대에 매 4년마다 운동경기가 개최되었던 장소인 올림피아에서 비롯되었고, 그 저변에 깔린 철학도 고대 그리스인들의 사고에 기원을 두고 있기 때문이다. 올림피아는 당초 모든 신들의 제왕인 제우스를 제사지내던 곳으로, 모든 그리스인들이 신성시하던 지역이었다.

BC776년부터 시작된 고대 올림픽은 AD393년 로마 황제 테오도시우스 1세(재위 379~395)가 이교도들의 풍습이라며 중단시킬 때까지 무려 1천 년 이상 유지되었다. 이후 1,500년 이상의 휴지기를 거친 올림픽은 프랑스인인 피에르 드 쿠베르탱 남작의 적극적인 주창에 힘입어 1896년 아테네에서 개최된 제1회 근대 올림픽으로 화려하게 부활했다. 근대 올림픽이 시작된 이후 피겨 스케이팅 및 아이스하키와 같은 동계 스포츠가 초창기 올림픽 대회에 포함되기도 했으나, 1924년 프랑스 샤모니에서 개최된 제1회 동계올림픽을 계기로 올림픽은 하계와 동계로 구분되어 개최되고 있다.

고대 올림픽과 근대 올림픽은 개최 주기와 사상적 기반이라는 측면에서 동질성을 갖고 있다. 일단 고대 올림픽과 근대 올림픽이 모두 매 4년마다 한 번씩 개최되는 관례 역시 동일하다. 그리고 그리스 문화에 심취한 쿠베르탱 남작은 건전한 신체에 건전한 정신이 깃들며, 운동경기가 국가 간의 평화를 증진시킨다는 신념하에 올림픽을 부활시켰다. 이는 고대 올림픽 대회를 이끌었던 그리스인들의 철학과 정확히 일치한다. 도시국가 상호 간에 크고 작은 분쟁이 끊이지 않던 고대 그리스에서는 올림픽으로 무력 경쟁을 운동 경쟁으로 전환시키고자 했으니까 말이다.

이에 따라 올림픽이 개최되는 기간에는 전쟁도 일단 멈췄으며, 참가 선수와 구경꾼이 자기가 살고 있는 지역에서 경기장까지 안전하게 이동하고 되돌아올 수 있도록 올림픽 전후의 시기에는 '올림픽 휴전'을 선포했고, 그리스의 도시국가들은 이를 준수했다. 오늘날 UN에서는 이를 본받아 매 올림픽 대회가 개최되기 직전에 올림픽 휴전 결의를 채택하고 있으며, 이의 연장선으로 1999년 국제 올림픽 위원회(IOC)는 국제 올림픽 휴전 재단과 함께 국제 올림픽 휴전 센터를 설립했다.

물론 차이점도 많다. 고대 올림픽 참가 선수는 그리스인이거나 그리스인의 피를 물려받은 남성으로 제한됐고, 이방인이나 여성은 제외되었다. 경기 종목은 달리기 단일 종목에서 시작해 점차 늘어났지만, 마지막까지 원반던지기·창던지기·달리기·레슬링·격투기·멀리뛰기·권투·전차경주 정도로 매우 제한되었다. 당시 여건상 겨울 스포츠 종목은 상상할 수도 없었다. 로마가 그리스를 정복한 이후부터는 올림픽이 좀 더 국제화되어 참가 지역도 늘었고, 심지어 로마의 네로 황제가 올림픽 대회에 참가한 기록도 있다. 근대 올림픽에서는 성적순에 따라 금·은·동메달로 시상하고, 비록 메달을 못 받더라도 참가에 더 큰 의의를 두지만, 고대에는 1등에게 모든 영광이 집중되었다.

특이한 점은 고대 올림픽 때에는 결혼하지 않은 여자에게는 경기 관람을 일부 허용했지만, 결혼한 여자에게는 경기 관람조차도 허용되지 않았다. 고대 올림픽 참가 선수들은 대개 옷을 입지 않고서 경기를 진행했기 때문이 아닐까 생각된다.

고대 그리스인들은 올림픽 대회 내내 횃불을 밝히며 경기를 진행했다. 이는 프로메테우스 신이 신들의 세계에서 불을 훔쳐 인간들에게 전해준 사건을 기념하기 위해서였다. 이런 전통은 근대 올림픽에도 도입되어 1928년 암스테르담 올림픽 때 최초로 성화대를 스타디움 안에 설치해 불꽃을 피웠으며, 1936년 베를린 올림픽 때부터는 그리스에서 채화된 성화를 올림픽이 열리는 경기장까지 봉송하는 의식이 시작되었다.

▲ 고대 올림픽이 열렸던 올림피아의 헤라 신전에서 옛 올림픽 스타디움으로 연결되는 통로

올림피아의 헤라 신전에서 행해지는 성화채화식에는 개최국의 최고위 인사들이 참석하는 것이 관례화되었다. 1988년 서울 하계올림픽 성화채화식에는 김용래 서울시장을 단장으로 우리나라의 정계·관계·재계에서 선발된 대규모 대표단이 참석했으며, 2018년 평창 동계올림픽 성화채화식에는 이낙연 국무총리가 임석해 프로코피스 파블로풀로스 그리스 대통령, 토마스 바흐 IOC 위원장과 함께 올림픽 대회의 시작을 축하했다.

올림픽은 고대 그리스인들이 우리 현대 인류에게 선물한 매우 중요한 무형 자산이다. 국제사회와 국제 올림픽 위원회에서도 이를 인정해 모든 올림픽 대회의 개막식에서는 그리스 선수단에 맨 먼저 입장할 수 있는 특혜를 주고 있다. 그리스는 근대 올림픽 개최 100주년을 맞는 1996년에 올림픽을 다시 유치코자 했으나 미국의 애틀랜타에 패해 뜻을 이루지 못하고 절치부심 끝에 2004년 제28회 아테네 하계 올림픽을 개최하는 것으로 만족해야했다. 그러나 하계 및 동계 올림픽을 개최하는 국가는 예외 없이 올림피아에서의 성화 채화로 올림픽 대회가 시작함을 알림으로써 그리스인들의 긍지를 드높인다.

11
근대의학의 시조 히포크라테스

의학을 전공하는 사람들은 의사로서 첫발을 내딛는 순간 '히포크라테스 선서(Hippocratic Oath)'를 낭송하는 장엄한 의식을 치른다. 스승을 존경하며, 환자의 이익을 중시하고, 극약을 주지 않으며, 치료 중에 접한 비밀을 유지하겠다는 것 등이 그 내용이다.

그리스어로 쓰인 '히포크라테스 선서'는 사실 히포크라테스 본인이 직접 쓴 것이 아니라 그의 사상을 기초로 후학들이 작성한 것이다. 그런데 오늘날에는 현대적 상황에 맞춰 세계 의학 협회가 일부 내용을 수정·보완한 '1948년 제네바 선언'을 '히포크라테스 선서'로 간주해 낭송하는 경우가 일반적이다. 물론 그 선서의 내용이 히포크라테스의 사상과 가르침에 뿌리를 두고 있다는 사실 자체에 대해서는 이의를 제기하는 사람은 없다.

이렇듯 모든 의사들이 근대 의학의 시조로 존경하는 히포크라테스는 BC460년경 오늘날 에게 해의 코스 섬에서 태어났다. 현재의 터키 해안에서 불과 3~4킬로미터 밖에 떨어지지 않은 그리스의 섬이지만, 과거에는 터키의 서해안이 그리스인들의 주요 거주 공간이었고, 밀레투스 학파 등 철학자들과 헤로도토스·피타고라스 같은대학자들이 거의 비슷한 시기에 공간상으로도 가까운 거리에서 활동했던 점을 고려해볼 때, 과학적인 사유가 동일한 시기에 동일한 지역에서 여러 분야에서 상호 추동하면서 발전해나간 것으로 보인다.

히포크라테스의 업적은 의학을 신의 영역에서 분리시켜 과학의 영역으로 끌어들인 것이다. 질병의 원인이 악령 때문이라거나 신의 노여움에서 비롯되었다는 사고를 일소하고, 질병의 특성과 원인을 규명하면서 처방과 치료의 원리를 제시했다. 특히 질병이 자연으로부터 비롯된다는 것을 강조하고, 환경과 질병의 연관성에 착안해 환자의 임상관찰을 중요시했다.

히포크라테스는 특히 음식과 운동이 건강에 중요하다고 강조했다. 질병의 원인이 자연에 있듯이 가장 중요한 의사 역시 자연이라는 사상을 바탕으로, 건강에 도움이 되는 음식을 섭취하고 규칙적으로 운동하는 것이 질병 예방과 치료에 중요하다는 점을 강조했다. 히포크라테스가 좋은 음식의 예로 들었다는 미나리(watercress)는 오늘날에도 많은 나라에서 치료 효과가 큰 식재료로 대접받고 있다. 히포크라테스는 코스 섬에 병원을 세운 뒤 바로 옆 강가에서 미나리를 길러 약으로 썼다.

흔히 가장 오래된 의학서로 불리는 《히포크라테스 의학 집성(Hippocratic Corpus)》은 음식 섭취와 운동이 가진 치유력, 환자의 병력에 대한 기록의 중요성, 날씨와 질병과의 관계 등 다양한 의학 지식이 담겨있다. 이 책은 히포크라테스 자신이 저술한 것이 아니라 그와 함께 환자 진료에 참여했거나 그의 사후 치료에 참여했던 많은 의사들이 저술한 기록을 모은 것이라고 한다. 그런데도 이 책의 제목에 히포크라테스의 이름을 집어넣은 것은, 히포크라테스가 차지하는 위상과 영향력이 그만큼 컸기 때문이 아니겠는가.

히포크라테스의 명성이 얼마나 대단한지를 보여주는 또 하나의 예가 있다. 코스 섬에는 '히포크라테스 나무(Tree of Hippocrates)'라는, 가지가 옆으로 넓게 퍼진 커다란 나무가 있다. 히포크라테스는 그 나무 그늘 아래서 여러 제자들에게 의학 지식을 가르쳤다고 한다. 현재 수령은 500년 정도 되었다는데, 히포크라테스가 살았던 시대가 2,500년 전쯤이니 그 나무는 히포크라테스가 활용했던 나무의 손자에 손자뻘 정도인 나무라는 설명이다. 재미있는 사실은 세계적으로 유수한 여러 의과대학에서 그 나무의 씨앗이나 가지를 가져다가 자기네 교정에 심고 '히포크라테스 나무'임을 학생들에게 인식시키면서 의사로서의 소양을 연마케 한다는 것이다.

코스 섬에는 또한 아스클레피온(Asclepeion)이라는 역사적인 질병 치료 센터 겸 의학교의 유적이 있다. 언덕 위에 있어 코스 섬의 멋진 풍광과 함께 터키 해안까지 조망할 수 있는 곳이다. 의학과 치료의 신으로 추앙받는 반신반인(半神半人) 아스클레피우스(Asclepius)의 이름을 따서 세운 병원으로, 히포크라테스 사후 설립되어 과거 상당 기간 동안 명성을 떨쳤다.

그런데 히포크라테스가 바로 이 아스클레피우스 집안의 후손이라고 설명하는 신화적인 주장도 있다. 흔히 의사의 상징물인 '뱀이 휘감고 있는 지팡이'는 바로 이 아스클레피우스가 쓰던 지팡이를 모티브로 삼은 것이니, 의학 분야에서 두 주인공의 관계가 상당히 밀접하다고 판단해 이런 이야기가 전해지는 것 같다.

히포크라테스는 아테네를 포함한 그리스 여러 지역과 주변국들을 돌며 의학과 치료 기술을 전파하다 BC370년경 그리스 중동부 테살리아 지역의 수도 라리사에서 숨을 거두었다. 그로부터 300여 년 뒤인 BC48년 로마에 대한 주도권을 놓고 율리우스 카이사르(BC100~BC44)와 그나이우스 폼페이우스(BC106~BC48)가 대회전을 벌인 파르살라 지역은 바로 라리사 외곽에 있다. 일단 이 전투에서 패한 폼페이우스는 라리사를 거쳐 이집트로 도망했으나 결국 배신자들에게 살해당하고, 카이사르가 명실상부한 로마의 일인자로 등극하는 역사는 유명하다. 그런데 그 역사를 만들기 위해 라리사 부근에서 쓰러진 병사들에 대한 치료는 과연 어떻게 이루어졌을까?

[**곁다리 이야기**] 서양에도 사상의학(四象醫學)이 있었나?

고대 그리스 및 아랍의 의학 전통에는 사람의 체질을 체액(體液)의 종류에 따라 4가지로 구분하고, 병이 생기는 원인도 이로써 설명하려는 전통이 있었다. 특히 히포크라테스는 이를 4체액설(四體液說, Humorism)이라는 구체적인 의학 이론으로 설명하고자 했다.

히포크라테스는 우선 사람의 체액을 혈액(blood), 황담즙(yellow bile), 흑담즙(black bile), 점액질/가래(Phlegnum)로 구분하고, 이런 체액은 우리 몸속에서 균형을 잘 이루고 있으나 사람마다 좀 더 우세하게 분비되는 체액에 따라 4가지 체질이 나타난다고 했다.

혈액이 많은 사람의 체질을 다혈질(Sanguine)이라 하는데 사교적·외향적·열정적·적극적이며, 아무것도 안 하는 것을 못 참고 남의 관심을 끌고자 하는 성격이다. 황담즙이 많은 체질을 담즙질(Choleric)이라 하는데 매우 외향적·목표지향적·야심적이며, 타인들을 지배하려는 성격이다. 흑담즙이 많은 사람은 우울질(Melancholic)이라 하는데 내성적·사색적이며, 세부적인 것을 중시하고 완벽을 추구하는 성격이다. 점액질/가래가 많은 사람은 점액질(Phlegmatic)이라 하는데 느긋하고 여유롭고 편안하며, 남을 잘 배려하고 다투려 하지 않는 성격이다.

그런데 과도한 스트레스를 받으면 다혈질은 변덕이 심해지고, 담즙질은 공격적이면서 쥐고 흔들려 하며, 우울질은 비관적이고 융통성이 없어지며, 점액질은 나태하고 게을러져서 이불 밖으로 나오려 하지 않는다는 것이다. 대부분의 사람에게는 이런 체질이 정도의 차이는 있지만 약간씩 혼재되어있다. 오늘날 서양 의학에서는 이런 구분을 받아들이지 않으며, 특히 흑담즙은 과학자들이 존재하지 않는다고 주장한다. 다만 심리학이나 문학작품 등에서는 아직도 사람의 성격을 이런 구분에 맞춰 설명하는 경향이 흔히 나타난다.

그러고 보니 조선 말엽의 한의학자인 동무 이제마(1838~1900)도 사람의 체질을 태양인·태음인·소양인·소음인 등 4가지로 나누어 설명하고, 각 체질에 따른 치료법을 제시하는 사상의학을 발전시켰다는 사실이 떠오른다. 히포크라테스의 분석과 어쩐지 일맥상통하는 것 같지 않은가?

12
고대 과학기술을 엿볼 수 있는 물품

🏛 피타고라스 컵

그리스 주요 관광지의 도기 판매상이나 길거리 좌판 등에서는 '피타고라스 컵(Pythagorean Cup)'을 판다. '피타고라스의 정리'로 유명한 바로 그 피타고라스가 만든 컵이라는데, 겉모양은 고대 그리스의 일반 물잔과 비슷하고, 색채 역시 고대 그리스 양식대로 약간 붉은 빛이 감도는 바탕에 검은색 그림이 그려졌다.

그런데 일반 물잔과는 다른 점이라면 잔의 중앙부에 기둥같은 것이 하나 솟아있고, 기둥 아랫부분에는 미세한 작은 구멍 하나가 기둥 안쪽으로 뚫려 있는 점이다. 그 기둥 안에는 도기로 된 일종의 도수관(導水管)이 있고, 이 도수관이 잔의 밑바닥에 뚫린 구멍으로 연결되었다. 우리나라와 중국의 계영배(戒盈杯)와 비슷하다.

물론 계영배처럼 물이나 술을 부으면 잔의 70퍼센트 정도까지는 계속 차오르다가 그 이상이 되면 전부 잔의 밑바닥에 뚫려있는 구멍으로 빠져나온다. 단지 조금 더 부었을 뿐인데 아예 모든 액체가 빠져나오는 현상을 보여주면서 '욕심을 과하게 부리면 모든 것을 잃는다'는 교훈을 가르친다. 그러고 보니 교훈 면에서도 계영배와 똑같다.

이 잔은 피타고라스가 고대 그리스 사람들에게 '절제의 미덕(virtue of moderation)'을 가르치기 위해 만들었다고 하며, 서유럽에는 상당히 잘 알려진 잔이다. 현대 물리학의 관점에서 보면 '파스칼의 원리(Pascal's principle)'나 사이펀(siphon)의 개념이 적용된 기구인데, BC6세기 사람인 피타고라스가 이런 잔을 만들었다는 것 자체가 신비스럽다.

피타고라스 컵을 보면서 다시 한 번 계영배를 생각해본다. 최인호 작가의 소설 《상도》에 따르면, 계영배는 조선 말기에 재력가들이나 권력자들 사이에서 상당히 유명했던 것 같다. 말 그대로 가득 차는 것을 경계하기 위한 잔이니까 말이다. 그런데 계영배를 설명하는 자료를 보면 중국 춘추 시대(BC770~BC403)의 5개 패권자들 중 하나인 제나라의 환공(재위 BC685~BC643)이 과욕으로부터 자신을 지키기 위해 이런 잔을 만들어 항상 옆에 두고 마음을 다잡았다고 한다.

▲ 그리스에서 판매되고 있는 '피타고라스 컵'

그런데 환공은 BC7세기 사람이 아닌가? 그렇다면 그 먼 옛날에 계영배가 중국에서 그리스로 전해졌다는 말인가? 사실 동서양을 연결하는 비단길은 훨씬 이후 시대인 BC2세기에 수립된 한나라 때 열린 무역로이니, 이보다 훨씬 이전에 중국의 계영배가 그리스로 전해졌다고 보기는 어려울 것 같다. 오히려 피타고라스 컵이 고대 어느 때쯤 비단길을 통해 중국에 전달된 후 환공의 이야기가 만들어졌을 가능성도 있지 않을까? 아무튼 피타고라스 컵과 계영배의 기본 구조가 동일하다는 점은 아무리 보아도 참 신기하다.

계영배는 외교에도 활용된 적이 있다. 2007년 중국 베이징에서 개최된 북핵 6자 회담 당시 크리스토퍼 힐 미국 국무부 동아태차관보는 북한이 이전 회담의 합의 사항을 초월하는 추가 조건들을 제시하자 계영배 이야기를 꺼내면서 "지나친 욕심은 판을 깨고, 결국 아무것도 건질 수 없을 것"이라는 메시지를 전했다. 그리스에서도 피타고라스 시대나 그 이후의 시대에 피타고라스 컵의 신기한 현상을 보여주면서 과다한 욕심을 경계코자 하는 시도가 자주 있었다고 하니, 역시 절제의 중요성은 시대와 장소를 불문하고 중시되는 미덕인 것 같다.

🏛 2,100년 전의 컴퓨터 안티키테라 기계

1900년 10월 그리스의 특산물로 유명한 천연 스펀지인 해면을 채취하던 잠수부들이 펠로폰네소스 반도와 크레타 섬 사이에 놓인 안티키테라 섬 부근의 바다에서 침몰한 고대의 선박을 발견했다. 이 침몰선에는 BC100년 정도에 페르가몬과 에페소 등 소아시아 지역과 로도스 섬에서 제조한 예술품·동전·토기 등이 엄청나게 많이 실려있었다. 적재된 예술품들의 수준이 아주 높았기에 이 배는 소아시아 지역에서 중요 물품을 싣고 당시 패권국이던 로마로 가던 배였던 것으로 추정되었다.

그런데 인양된 여타 물품들과는 달리 근대에 만들어진 것처럼 보이는 복잡한 기계 같은 것이 있었다. 다름 아닌 '안티키테라 기계(Antikythera Mechanism)'라는 복합적인 기계였다. 가로·세로·높이가 각각 34·18·9센티미터인 이 작은 기계는 아마 근대에 만들어진 것이고, 어느 해에 같은 해역에 버려졌으리라는 주장도 제기되었다. 추후 학자들에 의한 본격적인 조사와 연구가 진행되었고, 최근에는 3차원 엑스레이 촬영 작업까지 이루어졌다. 그 결과 매우 좁은 공간에 27개의 기어가 빽빽이 들어찬 기계임이 밝혀졌다.

이 기계의 겉에는 BC1~BC2세기의 그리스어로 '금성'과 '햇빛' 같은 글자가 새겨졌기에 학자들은 이 기계가 천체와 관련된 것이라고 추측해왔다. 그런데 최근 들어 10여 년 이상 엑스레이 조사 등으로 이 기계의 내외부에 깨알같이 새겨진 글자들을 파악해냈다. 그걸 해석해보니 태양의 위치, 달의 모양, 일식과 월식 등에 대한 내용이 들어간 일종의 '사용 설명서'임을 파악했다. 물론 아직 발견되지 못한 부품들을 찾기 위한 바다 밑 추가 발굴 작업도 진행되고 있으나, 현재까지는 이 기계가 시간과 천체의 여러 움직임을 예측할 수 있게 해주는 매우 정밀한 기계식 컴퓨터라는 사실 정도만 파악되었을 뿐이다.

이집트의 태양력과 메소포타미아의 태음력의 관계, 윤년의 자동 계산, 메톤 주기(Metonic cycle, 태양력과 태음력이 거의 일치하는 주기로, 제19태음년에 7번의 윤달을 둠), 캘리

퍼스 주기(Callipic cycle, 제4메톤 주기마다 하루씩 늘어나므로 이 하루를 뺌), 사로스 주기(Saros cycle, 동일 장소에서 같은 모양의 일식·월식이 발생하는 약 18년의 주기)까지도 계산할 수 있는 것으로 분석되었다. 최근에는 이 기계에 올림피아 등 고대 올림픽이 열렸던 도시 이름이 써있으며, 4년마다의 올림픽 일정을 계산하는 기능도 있다는 연구 결과가 발표되었다.

미국과 영국의 과학자들은 안티키테라 기계를 재현한 복제물을 만들어 작동시키면서 이 기계가 얼마나 정밀하게 만들어졌는지를 보여준다. 아울러 고대 그리스의 과학기술이 우리가 생각하던 것보다 얼마나 대단했었는가도 보여준다. 다만 아직까지 이 기계의 용도가 무엇이었는지에 대해서는 다양한 이론이 제시되고 있는데, 일상생활에 사용하기 위한 것부터 교육용 기자재 또는 항해용 도구라는 주장까지 있다. 어느 용도였든 무려 2,100년 전에 이렇게 정밀한 기계가 만들어졌고, 조그만 틀 안에서 부품들이 빈틈없이 맞물리게 제작되었다는 것은 그만큼 과학기술과 제조 능력이 뛰어났다는 것을 나타낸다.

현재 안티키테라 기계는 아테네 고고학 박물관의 특별 공간에 '고대의 컴퓨터'라는 설명문과 함께 전시되어있다.

▲ 고대 그리스의 침몰선에서 인양된 안티키테라 기계(좌)와 이를 현대식으로 복원한 장치(우)

[곁다리 이야기] 고대 세계의 7대 불가사의

고대 세계의 7대 불가사의(Seven Wonders)는 인간이 손으로 만들어낸 믿기지 않는 놀라운 건축물·조각물을 일컫는다. BC2세기 후반 그리스 시인 안티파테르가 자신의 시에서 7개의 경이로운 건축물·조각물을 거론한 것에서 비롯된다. 시 자체에는 알렉산드리아의 등대 대신 바빌론의 높은 벽이 언급되었지만, 추후 알렉산드리아의 등대로 대체되었다.

당시 일개 그리스 시인이 선정한 것이고, 당시의 여건상 돌아다닐 수 있는 세계의 범위가 제한되었기에 그 대상은 그리스를 중심으로 지중해 및 메소포타미아 지역에 산재되었던 것들이다.

안티파테르가 거론한 7개의 경이로운 건축물·조각물 중 현재까지 남은 것은 이집트 왕 쿠푸(재위 BC2589~BC2566)의 피라미드뿐이다. 7대 불가사의 중 가장 오래된 건축물이 가장 오랫동안 남아있는 것이다. 나머지 건축물·조각물은 지진 등 자연재해나 인간의 파괴 행위로 그 자취를 감췄다. 오늘날에는 그 선정 범위가 전 세계로 넓어졌지만, 일단 안티파테르가 선정한 고대 세계의 7대 불가사의 건축물·조각물의 목록은 아래와 같다.

① 쿠푸 왕의 피라미드

BC26세기경 이집트 제4왕조의 쿠푸 왕 치세에 기자 지역에 축조된 피라미드다. 사각형으로 된 기단의 한 변 길이는 230미터, 높이는 146미터인 거대한 축조물이다. 하나의 무게가 작은 건 2.5톤이고 가장 큰 건 15톤에 이르는 석재 230만 개가 사용되었으며, 20년에 걸쳐 건설되었다고 한다.

② 바빌론의 공중정원

바빌론의 왕 네부카드네자르 2세(재위 BC605~BC562)가 사랑하는 왕비를 위해 축조했다는 여러 층의 테라스로 된 정원이며, 유프라테스 강의 물을 끌어들여 수많은 식물을 키웠다. AD1세기경 완전히 파괴되었다고 하나, 7대 불가사의 목록에 있는 건축물·조각물 중 유일하게 정확한 위치가 아직도 확인되지 않았다. 아시리아의 수도 니느웨에 있던 정원이라는 주장도 있다.

③ 제우스 신상

조각가 피디아스가 BC435년경 올림피아의 제우스 신전 내에 약 13미터 높이로 만든, 옥좌에 앉아있는 제우스 신상이다. 나무로 된 프레임에 상아와 금을 입혀 만든 크리슬리판타인 양식으로 만들어졌으나, 제우스 신전이 지진으로 무너질 때 함께 파손되었다. 기독교의 전래로 이교도적 풍습이 금지되는 상황에서 콘스탄티노플로 옮겨졌으나 AD475년 화재로 완전히 파괴되었다.

④ 아르테미스 신전

오늘날 터키의 에페소에 아르테미스 여신을 기리기 위해 축조된 신전으로, 세 번에 걸쳐 지어졌다. 세 번째로 지어졌을 때의 신전은 길이 137미터, 폭 55미터, 높이 18미터의 거대한 신전이었다. 이오니아식으로 지어졌으며, 안티파테르가 7대 불가사의 건축물·조각물 중에서도 가장 아름답다고 기록했다. 그러나 AD268년 게르만계인 고트족이 크게 파괴했고, 동로마^(비잔틴) 제국의 이교 신봉 금지 조치로 폐쇄되었다. 이 신전을 부셔서 나온 석재를 콘스탄티노플의 소피아 성당을 축조하는 데 재활용했다고 한다.

⑤ 마우솔로스의 영묘

페르시아 제국 할리카르나소스^(오늘날 터키의 보드룸) 지역의 태수였던 마우솔로스^(?~BC353)를 위해 그의 아내 아르테미시아^(?~BC350)가 BC351년 완성한 영묘^(靈廟)로, 높이가 45미터에 이르는 크고 아름다운 묘지 건축물이다. 여러 차례에 걸친 지진으로 1494년 완전히 무너졌으며, 잔해에서 나온 석재를 십자군이던 성 요한 기사단이 보드룸 성벽을 축조하는 데 재활용했다. 오늘날 무덤으로 쓰이는 장엄한 건축물을 이르는 영어 단어 '마우솔레움^(Mausoleum)' 은 바로 마우솔로스의 영묘에서 비롯되었다.

⑥ 로도스 섬의 거상

BC292년 태양의 신 아폴론에게 헌정키 위해 로도스 항구의 입구에 청동으로 세운 33미터 높이의 거상으로, BC226년 지진으로 무너졌다. 7대 불가사의 목록에 있는 여타 건축물·조각물에 비해 가장 짧게 존재했다. 거상의 길이는 오늘날 뉴욕에 있는 자유의 여신상의 머리에서 발끝까지의 길이에 해당하며, 잔해는 AD654년 아랍의 이슬람교도들이 로도스 섬을 점령한 뒤 녹여서 반출했다.

⑦ 알렉산드리아의 파로스 등대

BC284~BC246년에 이집트 프톨레마이오스 왕조가 알렉산드리아 항구 앞의 파로스 섬에 석회석으로 건설한 등대로, 자체 높이 100미터에 기단까지 포함하면 약 130미터에 이르는 거대 건축물이었다. 아랫부분은 넓고 윗부분은 좁아지는 3개 구간의 형태로 이루어졌으며, AD956년과 1323년에 일어난 큰 지진으로 완전히 파괴되었다. 이후 건설되는 모든 등대의 전범이 되었으며, 많은 나라에서 '파로스'가 등대를 의미하는 단어로 굳어지는 단초가 되었다.

13
그리스 정교와 아토스 산 신성 구역

교회, 특히 그리스 정교(Greek Orthodox Church)는 그리스인들의 삶에서 불가분의 일부다. 교회를 열심히 나가지 않는 사람도 정교회 내에 모셔진 이콘(icon, 성화[聖畵])에 열심히 입맞춤을 하고 신부님들에게 깊은 경의를 표명한다. 자기의 생일보다도 영명축일(靈名祝日, 자기 세례명의 원래 주인인 성인의 축일)을 더 크게 기념하고, 부활절은 연중 가장 큰 축제일이다. 국가의 주요 행사는 반드시 정교회 신부님의 기도와 축성으로 시작한다.

그리스는 인구수 대비 성직자의 비율이 높아 하루에도 몇 번씩 검은 예복을 입은 정교회 신부님들을 길거리에서 만나게 된다. 이분들은 가톨릭교회 신부님들보다 더 편안하게 일반인들과 어울리는 성직자 같다. 말끔히 면도한 목사님들이나 가톨릭교회 신부님들과는 달리 정교회 신부님들은 긴 수염을 자르지 않고 자연스럽게 늘어뜨리고 다닌다. 마치 구한말에 전통을 지키고자 노력하던 우리 선비들을 보는 것 같기도 하고, 시대의 변화를 거부하는 고집스러운 종교인의 일면을 보는 것 같기도 하다.

그리스 전역에는 크고 작은 교회가 정말 많이 산재해있다. 심지어 차가 다니는 큰 길 바로 옆에도 조그만 정교회 제단이 세워진 것이 심심치 않게 보인다.

같은 연원에서 시작된 종교인데 가톨릭교회(Catholic Church)와 정교회(Orthodox Church, 동방교회)는 어떤 부분에서 가장 큰 이견을 보일까?

가장 큰 이견은 가톨릭교회 교황의 지위에 대해서다. 가톨릭교회에서는 교황이 하느님의 대리인이자 위계질서상 최상층부에 있는 성직자로서 모든 성직자를 통할하는 권한이 있다고 여긴다. 하지만 정교회에서는 가톨릭교회에서는 교황 다음의 위치인 주교들 각자가 독립적인 대표자(autocephaly/self headed)이며, 이에 따라 교황 같은 고위 주교에게 보고하지 않는 것이 원칙이라고 한다. 즉, 정교회에서는 로마 교황도 동등한 주교들 가운데 첫 번째(first among equals)일 뿐이라는 입장을 견지했다.

초창기 기독교에는 로마, 콘스탄티노플, 알렉산드리아, 안티오키아, 예루살렘 등 당시 주요 5개 도시들에 있는 '5대 대교구'의 개념이 있었는데, 가톨릭교회는 이들의 병렬적 관계를 인정치 않았고, 정교회에서는 대교구 간 병렬적 관계를 주장했다. 이런 입장 차이는 이탈리아의 로마가 수도인 서로마 제국의 쇠락, 콘스탄티노플이 수도인 동로마(비잔틴) 제국의 발흥, 동로마 황제의 정교일체(政敎一體)적인 지위 등과 맞물리면서 가톨릭교회와 정교회 양측 간의 계속적인 갈등의 원인이 되었다.

신학적으로는 삼위일체(三位一體, trinity) 교리를 해석하는 데 있어 가톨릭교회는 성령(聖靈, holy spirit)이 성부(聖父, holy father, 하느님 아버지)와 성자(聖子, holy son, 예수 그리스도)를 통해 발현된다고 설명하는 데 반해, 정교회에서는 성령은 기본적으로 성부를 통해 발현되며 성자를 강조하다보면 성부의 역할이 심각하게 저해된다고 본다.

아울러 영성체(領聖體, communion) 시에 사용하는 빵으로 가톨릭교회에서는 효모를 넣지 않은 밀떡(unleavened bread)을 사용하나, 정교회에서는 효모가 들어간 빵(leavened bread)을 사용한다는 것, 성호를 그을 때 가톨릭교회에서는 위·아래·좌·우 순서로 하는 데 비해, 정교회는 위·아래·우·좌의 순서로 한다는 것, 가톨릭교회는 사후 천당과 지옥 사이의 연옥(煉獄, purgatory)의 존재를 강조하는 데 비해, 정교회는 이 개념을 중시하지 않는다는 것 같은 몇 가지 사안이 더 있다. 그러나 이런 것들은 서로 양립할 수 없는 근본적 차이점은 아니라고 인식되고 있다.

십자가의 경우도 가톨릭교회의 십자가는 가로축 1개, 세로축 1개로 구성되었는데 반해, 정교회의 십자가는 가로축 3개, 세로축 1개로 구성되었다.

정교회의 십자가는 가로축의 경우 제일 위 축은 짧고 중간 축은 길며 맨 아래 축은 짧으면서도 수평 형태가 아닌 왼쪽이 높고 오른쪽은 낮은 사선 형태로 되었다. 가로축의 맨 위에는 '영광스러우신 왕(The King of Glory)'이라는 의미의 글자가 쓰였으며, 맨 아래 축은 십자가의 발판이다. 이 '발판'이 앞에서 보았을 때 왼쪽이 올라간 이유는 예수 그리스도와 함께 처형된 두 도둑들 중 오른편에서 처형당한 도둑은 마지막 순간에 회개하여 천상으로 갔지만, 왼편에서 처형된 도둑은 회개하지 않아 지옥에 떨어졌다는 것을 형상화해서라고 한다.

▲ 그리스 정교회의 십자가

가톨릭교회와 정교회가 분열한 근본 원인은 다양하다.

로마 제국이 동로마와 서로마로 나뉜 후 시간이 지나갈수록 라틴어를 기본으로 하는 서로마 쪽에서는 성직자조차 《신약성서》를 집필하는 데 쓰인 그리스어를 쓸 수 있거나 이해하는 사람들이 적어지고, 정교회 역시 라틴어와 로마 전통을 잘 아는 사람이 적어진 게 대표적이다. 이에 따라 각자의 전통이 자리를 잡았기 때문이라고 한다.

아울러 AD800년 교황 레오 3세(재임 AD795~AD816)가 옛 서로마 제국의 강역에서 일어난 게르만족의 나라인 프랑크 왕국의 샤를마뉴 대제를 신성 로마 제국의 황제로 임명한 것도 들 수 있다. 서로마 제국이 쇠락한 이후 로마 제국의 법통을 지켜왔다고 자부해온 비잔틴(동로마) 제국의 황제는 이에 분개하였으며, 양측 간의 갈등의 골은 깊어져 갔다.

교황 레오 9세(재임 1049~1054) 때에는 콘스탄티노플 대주교인 미카엘 세룰라리우스(재임 1043~1059)가 가톨릭교회의 영성체 시 사용하는 효모 없는 빵은 유대교 전통이지 기독교 전통이 아니므로 효력이 없으며, 가톨릭교회의 금식 관습도 정통 관례에 어긋난다는 편지를 가톨릭교회 측에 보냈다. 이에 대해 교황은 강한 반박논리와 함께 콘스탄티노플 대주교가 비잔틴 황제의 꼭두각시라고 비판했으며, 콘스탄티노플에 파견된 교황의 대리인이 세룰라리우스 대주교를 파문하는 사태마저 발생한다. 이에 콘스탄티노플 대주교도 교황 대리인을 파문하면서 양측 교회는 결국 갈라섰다.

1204년 제4차 십자군이 선배 십자군들이 세운 예루살렘 왕국을 이슬람교도들로부터 구하러 가는 대신, 비잔틴 제국의 수도이자 '제2의 로마'라고 불리던 콘스탄티노플을 공격해 함락시키고 정교회를 약탈하는 사태가 벌어졌다. 제4차 십자군은 콘스탄티노플에 가톨릭국가인 '라틴 제국'까지 세우고 약 60년간 지배했던 바, 이 역시 가톨릭교회와 정교회 간의 갈등의 골을 키웠다.

한편, 1453년 오스만 투르크가 콘스탄티노플을 함락한 후 오스만 투르크의 황제가 콘스탄티노플 대주교를 임명하고 정교회의 세속적인 측면을 강화시키자 그리스와 발칸 반도의 정교회는 여타 기독교 세계에서 점차 고립된다. 콘스탄티노플 함락 이후 정교회의 주류는 러시아 쪽으로 많이 옮겨가더니, 결국 러시아의 수도인 모스크바가 이탈리아의 로마와 동로마 제국의 콘스탄티노플을 계승하는 '제3의 로마'로 일컬어지면서 러시아 정교회의 기틀을 잡는다.

오늘날 정교회는 콘스탄티노플(터키의 이스탄불), 알렉산드리아, 안티오크, 예루살렘, 모스크바, 세르비아, 루마니아, 불가리아, 조지아 등 9개 대교구로 구성되어있으며, 콘스탄티노플 대주교가 정교회의 상징적 패권을 갖고 있다. 그러나 정교회의 전통상 대주교 상호 간이나 대주교와 일반 주교 간에 지시·통할하는 관계는 없으며, 각자 독립적으로 기능한다. 그리스의 첫 번째 사제라고 할 수 있는 아테네 대주교도 콘스탄티노플 대주교나 그리스의 여러 주교와 동등하다. 다만 그리스인들은 역사적으로나 교리상으로나 콘스탄티노플 대교구 및 대주교가 결국 그리스 정교회와 불가분의 일체인 것으로 이해한다.

근래에는 가톨릭교회와 정교회가 서로 통합하려는 움직임도 많이 보인다.

최근 가톨릭교회에서는 정교회의 가르침에 이단적인 것은 없다는 이야기를 많이 하고 있으며, 교황 바오로 2세(재임 1978~2005)는 "2개의 폐가 함께 호흡을 해야 정상적이다"라는 발언도 했다. 2016년 2월에는 프란치스코 교황(재임 2013~)과 러시아의 키릴 총대주교(재임 2009~)가 쿠바에서 만나 공동성명을 발표하기도 했다. 양측은 부활절 날짜 통합 등 여러 논의를 진행하기까지 했다. 두 교회의 추후 통합 논의를 계속 지켜볼 일이다.

정교회에 대한 그리스인들의 신앙심을 엿볼 수 있는 곳이 바로 '아토스 산 신성(神聖) 구역(Mount Athos The Holy Mountain)'이다. 그리스 북부에 있는 중부 마케도니아 주에는 에게 해 쪽을 향해 손가락 3개를 펼친 듯한 할키디키 반도가 놓여있다. 이 3개의 손가락 중 가장 오른쪽에 펼쳐진 반도의 남단에는 높이 2,033미터의 아토스 산이 우뚝 솟아있다. 이 산을 포함해 오른쪽 반도의 대부분은 '아토스 산 신성 구역'으로 정해졌다.

넓이가 무려 335제곱킬로미터에 달하는 이 신성 구역은 비록 그리스의 영토이기는 하되, 정교회 수도원들이 고도의 자치를 행사하는 자치령이다. 이 신성 구역 안에는 중심 수도원 20개와, 중심 수도원에 소속된 스케티(Skete)라는 중소 규모 수도원 12개 및 켈리아(Kellia)라는 소규모 공소(公所, 사제가 상주하지 않는 예배소) 250개가 산재해있다.

신성 구역의 주도(主都)라 할 수 있는 카리에스에는 중심 수도원 20개의 대표들로 구성된 신성공동체(Holy Community)가 있는데, 행정부 역할을 수행하는 집행위원 4명과 그 수장(Protos)을 매년 이들 중에서 선출하며, 바로 그들이 '아토스 산 신성 구역' 내의 주요 사안을 결정하고 처리한다. 수장은 규모가 가장 큰 5개 수도원 출신 중에서만 선출된다.

각 수도원은 영적·행정적 지도자이기도 한 애보트(Abbot)라는 수도원장이 이끈다. 한편, 민사적 사항에 대해서는 그리스 외교부가 지정한 민간 대표자(Civil Governor)가 업무를 수행하는데, 신성 구역이 원활히 기능하도록 주로 치안 문제 등을 담당한다. 그리스 정부 기관에서 파견 나와 일하는 사람들은 대부분 경찰·소방대원인데, 경찰의 주 역할은 외부 범죄인이 신성 구역에 들어오는 것을 방지하고, 비자가 없거나 체재 기간을 경과한 사람을 찾아내어 추방하는 일이다.

일반인이 '아토스 산 신성 구역'에 들어가려면 디아모니티리온(Diamonitirion)이라는 그리스어로 쓰인 비잔틴식 비자를 받아야 한다. 대체로 테살로니키에 있는 순례자 센터에 비자를 신청해 허가가 나오면 방문할 개별 수도원과 접촉해 체재허가까지 받아야 한다. 이 모든 것이 이루어지면 접경 지역에 있는 우라노폴리 항구에서 비자를 발급받아 오직 배편을 통해서만 수도원을 방문할 수 있다. 물론 들어가는 배편과 나오는 배편도 사전에 예약해야 하며, 승선하기 전에 모든 탑승자에 대한 비자 검사가 이루어진다.

'아토스 산 신성 구역'에는 여자는 들어갈 수 없다. 비잔틴 제국 시대부터 내려오는 오랜 전통으로서, 수도사들이 수도생활을 하는 데 지장을 받지 않기 위한 조치였다. 유럽 의회에서는 이런 관례가 양성 평등의 원칙에 어긋난다며 폐지할 것을 권고하기도 했으나, 기존 관례가 변화될 조짐은 아직까지 보이지 않는다. 물론 여자들의 잠입 사례가 몇 건 있었으나 곧바로 퇴거당했다.

아이러니하게도 이 신성 구역의 별칭은 '성모의 정원'이며, 모든 수도원에서 성모 마리아가 받들어지고, 성모의 이콘 또한 각 수도원의 중심에 자리하고 있다. 그 이유는 예수 그리스도 사후 사도 요한과 함께 사이프러스 섬을 방문코자 했던 성모가 바다에서 큰 폭풍우를 만난 후 배가 항로를 이탈해 오늘날의 이비론 수도원 앞 해변에 도착했는데, 천상의 예수 그리스도에게서 이 지역을 복음화하라는 목소리를 들었기 때문이라고 한다.

'아토스 산 신성 구역'에 현재와 같은 수도원들이 등장한 것은 비잔틴 제국 시대인 AD963년부터다. 아타나시우스(AD295~AD373)라는 성인이 아토스 산 자락에 대(大) 라브라 수도원을 설립한 데서 비롯되었으며, 이후 비잔틴 황제, 러시아 황제, 다뉴브 지역 제후들의 지원을 받아 20개의 수도원으로 확대되었다. 20개의 수도원은 전반적으로 정교회 및 그리스 당국의 관할하에 있으나, 이 중 17개 수도원에서는 그리스인 수도사가 중심적인 역할을 맡고 있으며, 판텔레이몬 수도원에서는 러시아인 수도사가, 첼란다리 수도원에서는 세르비아인 수도사가, 조그라프 수도원에서는 불가리아인 수도사가 각각 중심적 역할을 수행한다.

외국 국적 수도사라 하더라도 일단 '아토스 산 신성 구역'의 수도원에 소속되면 소속 기간 동안에는 자동적으로 그리스 국적을 부여받는다. 물론 상기 3개 수도원은 인연이 있는 국가에서 많은 지원을 받으며 긴밀한 유대 관계를 유지하고 있는데, 러시아의 블라디미르 푸틴 대통령(1952~)은 2005년과 2016년에 아토스 산 신성 구역 및 판텔레이몬 수도원을 방문했다.

2017년 8월 그리스인 지인들과 함께 '아토스 산 신성 구역'에 2박 3일간 체재할 수 있었다. 우라노폴리 항에서 40여 분간 쾌속선을 타고 처음 도착한 곳은 크세노폰토스 수도원이었다. 날마다 20~30명 내외의 외부 방문객들을 맞는 크세노폰토스 수도원은 1천 년의 역사를 그대로 간직하고 있었다.

고즈넉한 여러 건물들에서는 수도사들이 각자의 재능에 따라 성화를 그리고, 식사를 준비하고, 농사를 짓고, 와인을 만들었다. 저녁 6시에는 모두 함께 모여 예배를 보고 중간에 저녁식사를 한 후 다시 예배를 진행한 뒤 원하는 방문객들과는 종교·철학에 대해 토론하기도 했다. 일찍 잠자리에 든 후 새벽 4시부터 촛불만 켠 채 다시 예배가 시작되어 아침 8시까지 계속되었다. 예배시간 동안 수도사들은 《성서》 구절의 낭송과 함께 비잔틴식 성가를 계속 불렀다. 우리 선조들이 읊던 시조의 가락과 유사한 비잔틴식 성가는 확실히 예식에 신비로움을 더해주었다.

수도원에서 제공하는 식사는 야채를 중심으로 조리된 몇 가지 단품요리였으나, 방문객의 입맛에도 아주 잘 맞았으며 양도 풍부했다. 특이한 것은 저녁식사뿐만 아니라 아침식사에도 수도원에서 생산한 화이트 와인이 제공되는 것이었다.

둘째 날에는 대 라브라 수도원에 이어 두 번째로 큰 수도원인 바토페디 수도원을 방문했다. 오랜 역사에 걸맞는 많은 보물들이 이 수도원의 박물관에 있었고, 이곳에서 수많은 기적이 이루어졌다는 이야기도 들었다. 다양한 배경을 가진 수도사들이 의약품·화장품·와인·허브 제품을 생산하면서 현대식 바다생선 양식장까지 운영하고 있었다. 수도원 자체의 실험실이 현대적 설비를 갖추고 있는 것이 인상적이었으며, 자체적으로 생산하는 초콜릿의 품질이 유명회사 제품보다도 나았다.

이어 주도인 카리에스로 이동해 집행위원 세 분과 면담했다. 집행위원들은 최근 '아토스 산 신성 구역'에서 수도하는 수도사들의 숫자가 2천 명을 넘어서고 있다고 설명했다. 수도사들의 평균 연령대는 40대로, 30여 년 전에는 평균 연령대가 60대였으나 계속 연령이 내려가고 숫자도 늘어 수도원이 활력을 얻어가고 있다는 점을 강조했다.

둘째 날 저녁에 체재한 이비론 수도원은 신성 구역 내에서 세 번째로 큰 수도원으로, 소속 토지 역시 매우 넓었다. 이 수도원은 한국에 있는 그리스 정교회와도 좋은 관계를 맺고 있다는데, 마침 한국에서 수도 생활을 했던 일본인 수도사가 반갑게 반겨주었다. 상대적으로 젊어 보이면서 모든 것을 달관한 듯한 수도원장과 호주 출신의 매우 지적인 수도사와의 대화도 인상적이었다. 다른 수도원과 마찬가지로 촛불만 켠 상태에서의 저녁예배와 오랜 새벽예배가 이어졌다. 이비론 수도원에서도 30명 가까운 방문객이 단기 방문해 수도원 체험을 하고 있었다.

수도원들을 연결하는 도로는 대부분 비포장도로이며, 산악 지대라서 구불구불하다 보니 남쪽 수도원에서 북쪽 수도원까지 가는 데 차로 2시간 정도가 소요된다.

'아토스 산 신성 구역' 방문을 마치고 우라노폴리 항구로 가는 쾌속선을 타기 위해 이동하는 차량 안에서 방문 기간 동안 안내를 맡아주었던 경찰관의 농담이 흥미롭다. 할키디키에 있는 3개의 반도 중 가장 왼쪽에 있는 반도에는 최신 리조트가 다수 들어서 있고, 가운데에 있는 반도에는 차분한 휴양시설이 많은 점에 빗대어 애인과 놀러 갈 때는 첫 번째 반도로 가고, 가족들과의 휴가는 두 번째 반도로 가며, 애인과 가족에게서 모두 버림을 받으면 수도원이 있는 세 번째 반도로 간다는 것이다.

현대 문명에서 한 발짝 물러서서 1천 년 이상의 전통과 비잔틴 양식의 신앙생활을 계속 유지하고 있는 '아토스 산 신성 구역'은 유네스코 세계문화유산으로도 지정되었다.

▲ '아토스 산 신성 구역'에 들어가려면 이 디아모니티리온 (Diamonitirion)이라는 비잔틴식 비자를 받아야 한다.

제3부

현대 그리스로 돌아와서

1
그리스의 관광업

그리스 국민총생산(GDP)에서 제일 큰 비중을 차지하는 분야는 관광업으로, 오랫동안 그리스 GDP의 10퍼센트 이상을 창출했다. 하지만 경제위기가 계속되자 그 비중이 계속 증대되어 2015년에는 GDP의 24퍼센트까지 도달했다.

그리스를 방문하는 방문객 수는 2015년 2,650만 명에 이어 2017년에는 3천만 명을 넘어섰다. 그리스의 일자리 5개 중 1개가 관광과 직결된 일자리일 만큼 관광업은 그리스에 사활적인 산업이다.

그리스가 관광대국이 된 이유가 무엇일까? 무엇보다도 콘텐츠에 해당하는 관광자원이 풍부하기 때문이다.

우선 장구한 역사를 이어오는 과정에서 인류사적으로 중요한 위치를 차지하고 있는 장소나 건축물이 전국에 산재해있다. 2019년 현재 유네스코 세계유산으로 등재된 곳만 해도 18개소이며, 앞으로 등재될 수 있는 후보지도 여럿이다. 고대 문명과 관련된 유적이 있는가 하면 기독교와 관련된 유적도 다양하고, 비잔틴 시대나 중세 시대의 도시였던 곳도 많다. 어디에서 보더라도 당장 그리스임을 인식케 하는 흰색의 전통 건물과 파란색 또는 빨간색 교회 지붕, 그리고 무질서한 배열 속에서도 친근감을 느끼게 하는 도시 구조로 관광대국 그리스의 독특한 매력은 매일 새롭게 나타난다.

빼어난 자연환경 역시 빼놓을 수 없는 매력이다. 에게 해와 이오니아 해에 떠있는 수많은 섬들은 저마다 독특한 개성을 뽐내고, 어느 곳에서도 쉽게 찾아볼 수 없는 비췻빛 바닷물 색깔은 환상적인 상상력을 자극한다. 전 국토의 70퍼센트 이상을 차지하는 산지는 주변 바다와 대비되는 또 다른 아름다움을 선사한다. 그리스 최고봉(해발 2,917미터)이자 《그리스 신화》의 배경인 올림포스 산, 신탁으로 유명한 델피의 소재지이자 영험한 기운을 가졌다는 파르나소스 산, 관광지로 많은 사랑을 받는 펠리온 산 등 트래킹의 대상이 되는 산들이 전국에 가득하다.

기후 조건도 빼놓을 수 없다. 겨울철에도 영하 이하로 잘 내려가지 않는 온화한 지중해성 기후와 여름철의 강렬한 태양은 따스함과 햇볕에 목마른 북유럽인들에게는 천국의 풍광 그 이상으로 인식되고 있다. 그런가 하면 겨울철에는 전국 여러 곳에서 스키장도 개장한다.

그리스의 어느 관광지를 가더라도 정감 있고 따뜻한 감성을 가진 현지인들을 만날 수 있다는 것은 또 다른 축복이다. 마치 이웃집에 온 듯한 느낌을 주는 숙소 종업원, 식당 주인, 관광 안내원들의 미소와 배려가 무뚝뚝하고 사무적인 느낌을 주는 여타 관광지 관계자들과는 확실한 차별성을 보인다. 그리고 일상의 분주함에서 벗어나 느긋함의 미학을 깨닫게 하는 매력, 세상이 두 쪽 나도 개의치 않겠다는 태평함을 경험할 수 있는 것도 그리스만의 강점이다.

관광 인프라를 살펴보면, 우선 여러 섬들을 연결하는 페리선 운항 체제는 아주 잘 갖추어져있다. 에게 해 쪽 섬들은 아테네의 외항인 피레우스 항이나 라피나 항구와 잘 연결되어있으며, 이오니아 해 쪽 섬들은 킬리니 항구나 파트라스 항구와 잘 연결되어있다. 매일 깨끗하고 규모가 큰 페리선이 수많은 관광객과 차량을 실어 나르며, 운항시간도 정확하다.

섬에 있는 숙소나 식당은 최고급에서부터 저렴한 업소까지 다양한데, 일단 기본 수준은 모두 유지하고 있어 외국인들도 별 불편을 느끼지 않는다. 관광 패턴을 보면 동양인들은 계속 이동하며 짧은 시간 안에 주요 관광지를 모두 섭렵하는 스타일인 반면, 유럽인들은 주로 한곳에서 일주일 이상 머무르며 일광욕과 수영을 즐기는 스타일이다. 이런 유럽인 관광객들의 영향으로 그리스의 주요 섬들에는 일정 기간 동안 숙박과 식사를 한곳에서 모두 해결하는 리조트(all inclusive resort)가 다수 영업하고 있으며, 외국인을 위한 결혼식장도 성업 중이다.

그리스의 섬들을 방문해보면 육지와 섬 지역 간 생활수준의 격차가 크지 않아야 섬 지역 관광이 활성화될 수 있다는 점을 인식하게 된다. 우리나라의 여러 섬들 역시 부족한 인프라를 개선하고 주민들의 서비스 정신을 함양시킨다면 많은 외국 관광객을 끌어 모을 수 있으리라. 이런 측면에서 그리스의 섬들을 적극 벤치마킹할 필요가 있다.

항공편의 경우 그리스 민간 항공사뿐만 아니라 국제적인 저가 항공사도 주요 섬 지역 및 관광지를 잘 연결하고 있다. 물론 항공권은 성수기와 비수기 간 가격 차이가 크고, 일찍 구매할수록 저렴하기에 미리 계획을 세워 구매하는 것이 바람직하다. 여름철에는 유럽 주요 도시에서 그리스의 주요 섬들로 가는 직항편도 빈번히 운영된다.

반면 철도는 유럽 국가답지 않게 매우 낙후되었으며, 아테네와 제2의 도시인 테살로니키를 연결하는 노선과 아테네와 제3의 도시인 파트라스를 이어주는 노선 및 일부 관광지를 연결하는 지선 정도가 운영된다. 하지만 현지인들도 잘 이용하지 않고 있을 정도로 근본적인 개선이 필요한 분야다. 과거에는 불가리아, 루마니아, 독일, 터키 등을 연결하는 국제노선도 운영되었다고 하나, 지금은 이런 국제노선이 없다. 유럽 여러 나라를 여행할 때 활용하는 유레일패스를 그리스에서 사용하는 관광객을 본 적이 없는 이유다.

관광대국 그리스에도 고민은 많다.

일단 여타 주요 관광대국과는 달리 비수기와 성수기의 구분이 너무 뚜렷해 섬 지역의 경우 비수기에는 아예 문을 열지 않는 호텔과 식당이 많다.

겨울철에는 주요 유적지의 입장 시간을 오후 3시까지로 제한해 외국 관광객들의 불만이 계속 제기되지만, 관리인 노조의 반대 등으로 1일 2교대와 같은 근무 연장 방안을 도입하지 못하고 있다.

세수입 확보를 위한 노력의 일환으로 여러 유적지의 입장료가 다른 관광대국들에 비해 비싸다는 것도 단점이다. 이로 인해 관광객들은 오히려 식사나 숙박·레저 등 다른 부문에서의 지출을 줄여버린다.

비행기·철도·선박 등 여러 교통수단들 간의 유기적인 연결성이 떨어지는 것도 시급히 개선해야 할 부분이다. 더군다나 부실한 철도 인프라와는 달리 잘 발달된 페리선 인프라는 국가적으로 적극 활용할 필요가 있다. 일정 기간 동안 어느 페리선이든 무제한으로 탈 수 있는 '그리스 패스(Greece Pass)'를 도입·판매한다면 외국 관광객들의 호평을 받을 텐데, 아쉽게도 이 방안은 아직도 검토되지 않는 것 같다.

2
그리스의 해운업

그리스가 세계 1등이라고 자신 있게 내세울 수 있는 분야가 바로 해운업이다. 영국에 본부를 둔 로이드 해운·보험사의 통계에 따르면 2018년 기준으로 그리스는 3억 8,969만 톤의 적재중량톤수(deadweight tonnage)에 해당하는 상선대(商船隊)를 보유함으로써 세계 1위(전 세계 적재중량톤수의 21퍼센트 수준)이며, 일본과 중국이 그 뒤를 따르고 있다. 보유 선박에 있어서도 배수량이 1천 톤 이상인 선박의 숫자가 4,936척으로 압도적이며, 전 세계 유조선의 32퍼센트와 벌크선의 23퍼센트 등을 확보함으로써 거의 모든 선종 보유 면에서도 세계 1위다.

해운업에서 벌어들이는 돈은 연간 약 250억 유로로, 그리스 전체 GDP의 6.5퍼센트에 해당한다. 또한 그리스 노동 인구의 7퍼센트에 해당하는 약 29만 명의 근로자를 고용한다. 조선업에서 상당히 오래 세계 1등을 유지해온 우리나라 조선사들이 가장 많은 선박을 수출해온 나라 역시 그리스다.

유사 이래 그리스는 해운업 강국의 지위를 유지해왔는데, 이는 전 국토의 70퍼센트 이상이 산지로 이루어져 육로 교통이 어려웠을 뿐 아니라, 농사를 지을 땅이 부족해 많은 사람들이 바다로 진출해야 했기 때문이다. 많은 역사 서적이 그리스-페르시아 전쟁 시기나 펠로폰네소스 전쟁 시기의 강력했던 그리스 해군에 대해 기술하고 있으며, 심지어 오스만 투르크의 지배 시절에도 지중해의 해운업만큼은 그리스인이 장악했다.

현대에도 그리스 해운업은 계속 뛰어난 경쟁력을 유지하고 있는데, 해운업 전문가들은 대체로 다음의 3가지 요소를 그 이유로 꼽고 있다.

첫째, 유럽·아시아·아프리카 등 3개 대륙이 연결되는 지중해 동쪽에 자리를 잡고 있는 그리스의 지정학적 위치,

둘째, 국제적 네트워킹으로 촘촘히 연결된 그리스 해운업의 국제성,

셋째, 해운업에 대한 낮은 세금이다.

아테네의 외항인 피레우스 항은 이집트의 수에즈 운하를 통과한 선박들이 유럽 대륙에 기착하는 첫 번째 관문이며, 유럽에서 아시아나 아프리카로 화물을 운송하는 선박들이 입항하는 마지막 관문인 경우가 많다. 바로 이런 이유 때문에 중국은 일대일로(一帶一路, 새로운 실크로드 전략)의 유럽 거점으로 일찍이 피레우스 항을 선정하고, 2016년에는 중국원양운수공사(COSCO)가 피레우스 항 부두 운영사의 지분 중 51퍼센트를 매입해 운영하고 있다. 비록 범국가적 경제위기 때문에 항구 지분의 절반 이상을 타국에 매각했지만, 변할 수 없는 지정학적 이점 덕분에 그리스의 해운업은 향후에도 계속 성장할 듯하다.

그리스 해운업의 국제적 특성은 국내 물동량이 매우 제한된 상황에서 사업의 눈을 자연스럽게 해외로 돌리면서 시작되었다. 이는 아메리카 대륙이나 오세아니아 지역에 형성된 대규모 그리스 이민자 사회와 연결되어 더욱 활성화되었다. 아울러 대부분의 해운사가 본사를 그리스가 아닌 조세회피 지역에 설치하고 그리스에는 지사를 유지하면서 실질적으로는 아테네에 있는 지사에서 모든 중요 정책을 결정하는 방식으로 회사를 운영한다. 이렇듯 본사가 해외에 있으니 해운업은 그리스 국내 경제 상황에 별 영향을 받지 않는다.

조세 정책은 그리스 해운업을 떠받치는 또 하나의 축이다. 그리스 조세 당국은 선주들에 대한 세금을 그들이 벌어들인 수익에 과세하는 것이 아니라, 보유 선박의 크기에 기반을 둔 톤세(tonnage tax)만 징수한다. 이 경우 매우 낮은 수준의 명목적 세금만을 징수하게 되니, 부유한 선주들은 세금을 거의 안 내는 셈이다. 이는 그리스에서 해운업을 하는 가장 큰 이유가 되었다. 이런 일이 벌어진 이유는 다음과 같다.

제2차 세계대전 직후 현금에 쪼들리던 그리스 정부가 선주들에게 높은 세금을 부과하자 이들은 모두 파나마 등 조세회피 지역으로 회사를 옮겨버렸다. 이런 경험을 거울삼아 그리스 정부는 선주들에 대한 세금우대조치를 1953년에 채택한 헌법에 명문으로 집어넣었다. 그리고 헌법이 보장하는 선주들의 권리는 오늘날까지 이어지고 있다. 반면 EU 집행위원회는 그리스 당국의 톤세가 역내 해운업의 공정한 경쟁을 해치는 간접적인 정부보조금이라고 보고, 이에 대한 시정을 계속 요구하고 있다.

그래서 해운업은 그리스 경제에 양날의 칼과 같다는 주장도 있다. 관광에 이어 두 번째로 큰 산업이고, 수많은 인력을 고용하며, 국제적 수준의 전문 인력을 배출하고, 사회적으로 많은 기여도 한다는 순기능은 일단 다들 인정한다. 하지만 해운업이 그리스 경제에 기여하는 부분이 과도하게 과장되었다는 주장도 있다.

부유한 선주들에게 세금을 부과하지 않음으로써 수억 유로의 세수가 걷히지 않으며, 해외로 빠져나가는 돈을 제외하고 국내 기업들과 근로자들이 받는 순수한 액수는 GDP의 1퍼센트 정도 밖에 되지 않는다는 분석도 있다. 심지어 비용 절감을 위해 다수의 일반 선원을 개도국 인력으로 충원하기에 고용에 대한 기여도 크지 않다는 지적이 있다. 이와 함께 일부 주요 선주들은 그리스가 아닌 영국이나 스위스에 살면서 이익만을 챙겨간다는 비판도 받는다.

해운의 역사가 오래된 만큼 국제적으로 유명한 선주들도 많다. '선박왕'이라고 불렸던 아리스토텔레스 오나시스(1906~1975)와, 그와 쌍벽을 이루었던 스타브로스 니아코스(1909~1996)는 20세기를 풍미한 대선주들이었다. 오나시스는 세계적 프리마돈나인 마리아 칼라스(1923~1977)나 존 F. 케네디 미국 대통령(1917~1963)의 미망인인 재클린 케네디 여사(1929~1994)와 결혼한 것으로 유명하지만, 니아코스 역시 화려한 여성 편력으로 유명했다.

두 사람 사후 그들의 선박회사는 계속 유지되지 못했으나, 이들이 출연한 재단은 그리스 사회에 많은 기여를 했다. 아테네에 있는 오나시스 문화센터 빌딩도 훌륭하지만, 스타브로스 니아코스 재단이 건설해 국가에 기증한 오페라하우스는 기념비적인 건축물로서 많은 그리스인들의 사랑을 받고 있다.

우리나라와 깊은 인연을 맺고 있는 선주들도 많다. 우선 정주영 현대 그룹 회장(1915~2001)이 조선소가 들어서지 않은 울산 미포만 백사장 사진과 영국에서 빌린 유조선 도면 및 당시 우리나라의 500원짜리 지폐에 그려진 거북선을 보여주며 첫 번째 선박을 수주한 선엔터프라이즈의 조지 S. 리바노스 회장, 우리 선박을 가장 많이 사주고 있는 차코스 그룹의 파나지오티스 차코스 회장, 마란탱커스의 존 안젤리쿠시스 회장, 카디프마린의 조지 에코노무 회장, 다이나콤의 조지 프로코피우 회장 등 수많은 선주가 우리 조선소의 중요한 고객이다.

그리스 정부는 해운업 촉진을 위해 매 2년마다 아테네에서 국제해운박람회인 포시도니아(Posidonia)를 개최한다. 국제해사기구(IMO)와 각국의 조선소, 해운사, 부품회사, 해운컨설팅 회사, 보험사 등 해운과 관련된 수많은 기업이 참여하며, 서로 정보를 교환하고 계약을 체결한다. 우리나라에서도 주요 조선사, 선급회사, 부품회사 등이 이 행사에 참여하는데, 그리스 해운업의 힘을 현장에서 느낄 수 있는 좋은 기회를 제공한다.

3
그리스의 주요 섬들

🏛 해운업의 경쟁력을 고민하게 한 히오스 섬

에게 해 중부의 터키 해안 바로 앞에 히오스 섬이 떠 있다. 히오스 섬은 최대 6천 개에 달한다는 그리스의 섬들 중 다섯 번째로 큰 섬이며,《일리아스》와《오디세이아》를 저술한 호메로스가 태어났다고 알려진 곳이다. 최근에는 세계적 해운업 강국인 그리스의 주요 선주들 중 약 절반 정도가 태어난 곳으로도 유명하다.

히오스 섬 출신 선주들은 그간 우리나라가 건조하는 선박을 다수 구매해 주었기에 우리 조선사 임직원들과의 유대도 끈끈한 편이다. 고향 출신 선주들과의 인연 등에 의해 그간 선박검수관 신분으로 한국 조선소에 장기 파견 근무를 한 히오스 섬 출신 인사들도 상당수에 이른다.

히오스 섬 출신 선주들은 고향을 위해 현지에 출연재단·중고등학교·기숙학교 등을 설립해 후배들을 양성하고 있다. 성공한 선주들이 고향 후배들을 위해 장학 사업을 펼치는 것도 감동적이지만, 어릴 때부터 해운업에서 성공하겠다는 목표를 정해놓고 이론과 실무 습득에 매진하고 있는 중고생들이 많다는 것도 인상적이다.

히오스 섬에는 에게 해의 5개 섬에 캠퍼스를 둔 국립 에게대학의 해운 분야 특성화 캠퍼스가 자리하고 있다. 놀라운 것은 조그만 섬에 있는 캠퍼스이지만 학생들 중 상당수가 교환학생 프로그램 등으로 유럽 여러 나라에서 모여든 젊은이들이며, 미래 해운업을 주도하겠다고 당당히 주장하는 중국 학생도 있다. 이들은 전문 지식 함양과 함께 자연스러운 네트워킹으로 조만간 국제 해운 분야에서 핵심적 역할을 수행할 것으로 예상된다. 에게대학은 한국대학과의 상호 교류 프로그램도 강력히 희망하고 있는 만큼, 우리대학들이 앞으로 이를 적극 활용하면 좋을 것 같다.

그리스의 해운 전문가들은 히오스 섬 출신 선주들을 포함한 그리스 선주들의 경쟁력이 밑바닥부터 충실히 다진 원칙과 기본기에 있다고 본다. 주요 선주들 중 대부분은 젊은 시절에 선원과 선장 경력을 거쳤으며, 사업을 계승하는 자녀들도 어릴 때부터 선박에 대한 기술적인 면과 영업적인 면 모두에 대한 혹독한 교육 과정을 거친다. 선주 본인들이 전문가이기에 아침에 출근하면 해운 시황판과 유가, 원자재 가격 동향, 물류 동향 등을 장시간 직접 점검하면서 생각을 정리하고 과거 경험까지 참고해 중요 정책을 결정한다. 큰 해운사의 선주도 운항 중인 선박의 선장들과 거의 매일 통화하면서 애로사항과 문제점을 챙긴다.

전문가들은 또한 오랜 사업 경험에서 습득한 글로벌 능력을 그리스 선주의 강점으로 지적한다. 현재 세계적으로 영향력 있는 선주들의 연합체 중 벌크선 선주들의 연합체인 인터카고, 유조선 선주들의 연합체인 인터탱코, 그리고 다양한 선종의 선주들과 해운선사 선주들로 구성된 빔코의 현 회장 또는 차기 회장이 모두 히오스 섬 출신 선주들을 중심으로 한 그리스 선주들이다. 유럽 선주협회 회장직도 그리스 선주가 맡고 있다.

그리스 선주들은 촘촘한 국제 네트워크로 남들보다 한발 앞서 다양한 정보를 수집하고, 이를 통해 시장을 선도한다. 아울러 이런 연합체들을 통해 조선·해운업과 관련된 각종 국제 규범과 기술·산업 협력을 관장하는 국제해사기구(IMO)의 정책 결정에도 큰 영향력을 행사하고 있다. 우리 조선사와 해운사의 소유주들이나 전문 경영인들도 평소 그리스 선주들과 긴밀한 유대관계를 유지하면서 글로벌 능력을 많이 키울 필요가 여기에 있다.

아테네에서는 매 2년마다 세계 3대 해양박람회 중 하나인 포시도니아 국제해운박람회가 개최된다. 2016년 박람회에는 유례없는 어려움을 겪던 우리 조선사들과 선박 기자재 업체들이 대거 참여해 열정적인 수주 활동과 정보 획득 노력을 전개했다. 세계적인 조선·해운업 경기의 불황으로 선박제조국 및 해운국 모두가 어려움을 겪고 있다지만, 포시도니아 해양박람회 현장에서 느끼는 분위기는 나라마다 조금씩 달랐다. 우리야 말할 것 없이 제일 어려운 상황이고, 중국이나 일본은 여유가 있었으며, 그리스는 탄탄하다 싶었다.

똑같은 어려움이지만 왜 한국은 이렇게 취약하고, 우리의 경쟁국들은 상대적으로 고통을 덜 느끼며, 경제가 가장 취약한 그리스는 어떻게 해운업의 경쟁력을 유지할까? 히오스 섬 출신 해운 관계자와 대화해보고, 아테네에서 활동하는 다른 나라의 조선·해운업 전문가도 만나보면서 대체로 다음과 같은 공통 의견 몇 가지를 확인할 수 있었다.

우선, 우리 조선·해운업의 구조적 취약성이다. 세계 1·2·3위 조선소들이 모두 한국에 있다고 자랑하지만, 정작 우리나라의 내수시장은 극히 한정되었기에 결국 수출에 의존할 수밖에 없다. 그리고 해외 선주들은 구매자가 주도하는 조선·해운업 시장에서 우리 조선사들끼리 경쟁시켜 원가에도 못 미치는 가격으로 인수하는 사례가 비일비재하다. 우리 조선사가 차량으로 치면 벤츠급 사양을 요구하는 선주들과 국산 중형차급 가격으로 계약을 체결하고서도 국내에는 큰 수주 실적을 올렸다고 홍보한 사례들은 없었는지도 성찰해봐야 할 것이다.

일본은 내수시장이 차지하는 비중이 워낙 크기에 비록 우리보다 원가 경쟁력이 떨어져도 불황을 버티는 데 지장이 없으며, 이를 바탕으로 해외시장에서도 원가 이하의 수주는 하지 않는다. 중국의 경우 비록 한계점에 이른 다수의 조선소가 폐업하는 상황을 맞고 있으나, 국가에서 정책적으로 발주하는 선박의 수가 워낙 많아서 거대한 내수시장을 기반으로 해외시장에서 저가 수주 전략을 유지할 수 있다. 결국 우리 조선소들이 경쟁력을 계속 유지하기 위해서는 과감한 구조조정과 함께 국내에서 발주하는 신조 물량을 늘려야 한다.

아울러 조선·해운업에 대한 일반 국민들의 평가가 높아야만 유능한 젊은 이들이 해운업으로 몰리게 된다는 점이다. 그리스의 경우 선원과 선장에 대

▲ 히오스 섬 출신 주요 선주들을 배출한 카르다밀라 마을

한 평가가 높고, 선주 역시 선원과 선장을 단순한 고용인이 아니라 같은 식구로 대하는 등 인간적인 유대 관계를 유지함으로써 직원들의 회사에 대한 충성심을 높이고 있다. 또한 그리스의 해운업 자체가 해외시장을 상대로 사업한 역사가 길고, 그리스 경제와는 직접적 연관이 없어 본국의 경제위기 와중에도 경쟁력을 유지할 수 있다.

국제 조선·해운업에 대한 분석력도 키워야 한다. 우리 조선사들은 최근 해양플랜트 사업에서 엄청난 손실을 봤다. 셰일오일 혁명에 따른 유가 하락으로 바다에서 유전을 개발할 필요가 줄어들었기 때문이다. 하지만 그 과정에서 얻은 교훈과 관전평을 정리해둔다면 나중에 유가 상승 등으로 다시 해양플랜트 관련 경기가 살아날 때 발 빠른 대처가 가능할 것이다.

우리 조선업은 지금까지 위기를 여러 차례 경험해오면서 그때마다 구제금융이나 고통을 수반하지 않는 방식으로 문제를 해결하고자 했다. 그러나 앞으로의 국제 여건도 결코 녹록치 않아 보인다. 그러니만큼 미봉책이 아니라 근본적 해법을 찾아야 할 것이다.

🏛 로도스 섬에서의 단상

"여기가 로도스다! 여기서 뛰어라!(Rhodes is here! here is the place for your jump!/Hic Rhodus! hic saltus!)"라는 말이 BC6세기 그리스 작가 이솝이 쓴《이솝 우화》에 나온다. 해외여행을 다녀온 어느 허풍쟁이 육상선수가 친구들에게 "내가 로도스 섬에서 멀리뛰기를 했는데, 올림픽 선수보다 더 좋은 기록이 나왔어"라고 주장했다. 그러자 친구들이 여기가 로도스 섬이라고 생각하고 여기서 뛰어보라고 한 것이다.

이 이야기는 이후 여러 철학자나 지식인이 즐겨 사용하는 인용구가 되었다. 예를 들면,《자본론》을 쓴 독일 경제학자 겸 철학자인 카를 마르크스(1818~1883)는 "바로 이 자리에서 네 실력을 보여라!"라는 의미로 사용했다. 독일 철학자 게오르크 헤겔(1770~1831)은 이 우화를 현재성과 현장성이 중요하다는 주장에 인용했다. 아울러 언어의 마술사이기도 했던 헤겔은 섬 이름의 철자인 'Rhodus(로도스)'를 라틴어에서 장미를 뜻하는 'Rhodon'으로, 그리고 라틴어 'Saltus(뛰어라)'를 'Salta(춤추어라)'로 변형해 "여기에 장미가 있다. 여기서 춤추어라."라는 표현으로 변형했는데, 결국 맥락은 같다.

로도스 섬은 12개의 큰 섬과 150개의 작은 섬으로 이루어진 그리스의 도데카네스 제도에서 가장 큰 섬이며, 터키의 아나톨리아(소아시아) 지역 바로 코앞에 있다. 서양인들은 섬의 모양이 화살촉 같다는데, 내가 보기에는 감자 같다. BC16세기경 크레타 섬에 문명을 일군 미노아인들이 이 섬에도 이주해 살았다고 하며, 호메로스는 저서《일리아스》에서 로도스 섬도 트로이 전쟁에 참전했다고 기록했다.

펠로폰네소스 전쟁 중에는 아테네가 주도한 델로스 동맹의 일원이었고, 페르시아와 마케도니아를 거쳐 로마의 영향권 아래에도 있었다. 이후 비잔틴 제국을 거쳐 이탈리아의 제노바 공화국의 지배를 받기도 했고, 14세기 초에는 이슬람 세력에 쫓기던 구호기사단(Knight Hospitaller)이 점령하면서 오늘날까지 잘 보존된 성채를 건설하는 한편 십자군을 지원하고 이슬람 세력에 저항했다.

16세기에 오스만 투르크가 구호기사단을 몰아내고 오랫동안 지배했으나, 1912년 이탈리아와 오스만 투르크 간 전쟁에서 승리한 이탈리아가 차지했다. 제2차 세계대전 당시에는 나치독일군이 일시 점령하기도 했으며, 전후 영국의 보호령을 거쳐 1947년 그리스로 반환되었다.

이처럼 수많은 지배자들 덕분에 로도스 섬에는 다양한 문화가 혼재되어있다. 그러나 무엇보다도 세계문화유산으로 지정된 로도스 섬의 구시가야말로 로도스 섬을 전 세계에 알리는 상징이다. 유럽에서도 중세 시대풍 성채와 건물이 가장 잘 보존된 지역으로 평가받는 로도스 섬의 구시가에 들어서면 마치 시간을 되돌려 유럽의 중세 시대로 들어선 듯한 기분마저 든다.

육중한 성채와 널따란 해자는 수많은 전투를 치러낸 역사를 증언하고, 성 안에 자리한 기사단장의 궁전은 입구에서부터 위압감을 준다. 오스만 투르크 시절에 바로 앞에 있던 화약고의 대폭발로 인해 큰 피해를 입은 기사단장의 궁전을 이탈리아의 파시스트 독재자 베니토 무솔리니(1883~1945)가 대대적인 개보수를 명령해 오늘날의 멋진 건물로 재탄생시켰다. 특이하게도 건물 내부에는 이를 기념해 벽에 새긴, 이탈리아에서는 이미 없어진, 파시스트 문양이 그대로 남아있다.

궁전 바깥에서 성채 쪽으로 연결되는 '기사들의 거리'는 당시 수많은 기사들이 오가면서 이슬람 세력에 대한 전략을 숙의하던 곳이다. 이 거리에는 당시 기사단을 구성한 여러 국가들의 대표 사무소들이 줄지었는데, 비록 규모는 작더라도 여러 기독교 국가 차원의 외교가 이 거리를 중심으로 활발히 전개되었으리라.

2017년 5월 로도스 시의 성채 바깥에 펼쳐진 해변에서는 세계 태권도 연맹이 주관한 제1회 세계 태권도 비치 선수권 대회가 개최되었다. 향후 개최될 월드비치게임에 태권도를 정식 종목으로 채택시키기 위한 노력의 일환이었다.

비치 태권도는 해변에서 진행하는 태권도 경기로, 겨루기가 없는 대신 공

▲ 로도스 섬 구시가의 '기사들의 거리'

인품새·자유품새·기술격파 및 다이내믹킥 등으로 구성되었으며, 해변에서 하는 경기의 특성상 복장은 좀 더 자유롭고 노출을 상당히 허용하는 점이 특징이다.

새로운 형태의 태권도 경기임에도 26개국에서 참가한 수많은 젊은이들이 그동안 갈고 닦은 기량을 선보이며 뛰어오르고 도약하는 모습이 장관이었다. 경기 내내 '여기가 로도스다! 여기서 뛰어라!'라는 격언이 계속 머릿속을 맴돌면서 시간과 공간이 혼재된 듯했다.

장소는 돌고 돌아 제자리로 돌아왔는데, 진행하는 경기는 동양의 먼 나라에서 발원한 태권도라니…. 과거와 현재가 혼재하는 것이자, 동양과 서양의 만남일 수도 있다. 마치 장자의 나비 이야기처럼 어느 것이 현실이고 어느 것이 꿈인지 모를 신묘한 기분을 경험하면서 참가 선수 모두가 올림픽 대회에서보다 더 좋은 기량을 보여주었으리라고 본다.

로도스 섬에는 이밖에도 우리들의 아련한 향수를 자극하는 장소들이 많다. 로도스 시에서 차로 1시간 이상 남쪽으로 내려가면 섬의 동해안 쪽에 있는 린도스에 도착한다. 린도스의 해안 절벽에 있는 아크로폴리스는 환상적인 경관 덕분에 수많은 여행객의 버킷리스트에 오른 곳이다. 아크로폴리스의 멋진 신전을 바라보면서 그 옛날 그리스의 신관이 되어보기도 하고, 로도스 섬에서 한때 망명생활을 했던 로마 제국 제2대 황제 티베리우스[재위가 되어보기도 한다.

제2차 세계대전을 배경으로 한 고전 전쟁영화이자 저자의 학창 시절 단체 영화 관람의 제1순위에 들었던 <나바론의 요새>의 주 촬영지 역시 린도스를 중심으로 한 로도스 섬 동부라는 사실이 왠지 모를 친밀감까지 더해준다. 이제는 로도스 섬이 멀리 떨어진 상상의 장소가 아니라 마음만 먹으면 언제든지 실제 역량을 보여줄 수 있는 현재적 장소로 다가온 것 같다.

🏛 화려한 역사를 간직한 코르푸 섬

그리스와 이탈리아가 마주하고 있는 이오니아 해에는 큰 섬이 몇 개 있다. 한국 TV드라마 <태양의 후예>의 무대가 된 자킨토스 섬이 가장 남쪽의 큰 섬이라면, 코르푸 섬은 가장 북쪽의 큰 섬이자 인접국 알바니아와의 육지 쪽 국경선을 너머 알바니아 해안 앞에까지 길게 펼쳐진 섬이다. 바로 이런 지형적 특성 때문에 국제법이나 국제정치를 공부하는 학생들에게는 매우 잘 알려진 코르푸 해협 사건이 발생한 곳이다.

제2차 세계대전이 끝나고 그리스가 내전에 휩싸였던 1946년 10월 영국 순양함 2척과 구축함 2척으로 구성된 함대가 좁은 코르푸 해협의 알바니아 영해 부분을 지나던 중 공산국가인 유고슬라비아가 부설한 기뢰와 충돌해 구축함 2척이 모두 대파되면서 수병 44명이 사망하고 42명이 부상했다. 코르푸 섬 북쪽 해안 지역은 크고 작은 암초가 산재했기에 지나는 배들은 가급적 알바니아 해안에 가깝게 붙어 항해했으며, 심지어 알바니아 해안으로부터 1마일(약 1.6킬로미터) 가까이까지 접근하는 경우도 많았다.

공산국가인 알바니아가 느끼는 안보적 불안감과 이 지역에서 강력한 해군력을 계속 유지하고자 했던 영국 간의 갈등이 결국 이 사건으로 발화한 것이다. 사건 이후 영국은 알바니아가 해당 기뢰를 부설했다며 책임을 추궁했으나, 알바니아는 해당 기뢰를 유고슬라비아가 부설했다며 책임을 부인했다.

이듬해에 영국은 이 사안을 UN안보리로 가져갔으나, 이미 자유자본주의 진영과 사회공산주의 진영 간에 냉전이 시작된 상황에서 안보리에서의 합의 도출은 불가능했다. 결국 안보리의 결의에 따라 영국은 이를 국제사법재판소(ICJ)에 회부했다. 이로써 코르푸 해협 사건은 제2차 세계대전 이후 신설된 국제사법재판소에 판결을 구한 첫 번째 사건으로 기록된다.

2년을 경과한 1949년에 종결된 재판은 해당 기뢰를 유고슬라비아가 부설하였을지라도 제3국(유고슬라비아)의 기뢰 부설을 알바니아가 승인한 사실과 그에 따른 위험을 사전에 알리지 않은 책임을 들어 알바니아가 영국에 손해배상을 해야 한다고 판시하였다. 특히 판결은 "코르푸 섬이 2개의 공해를 연결하는 국제해협이라는 것과, 공해상에서의 군함의 평시 무해통항권을 인정한다"는 것을 분명히 했다.

영국 군함과 사상자에게 보상금을 지급하라는 별도 결정도 있었으나, 이 보상 문제로 영국과 알바니아는 계속 갈등을 겪다가 결국 동유럽 공산주의가 몰락한 1996년 영국이 일부 액수를 받는 선에서 최종 타결되었다.

코르푸 해협 사건 재판은 현대 해양법의 핵심적 개념들을 정립했으며, 국제사법재판소의 법적 절차를 확립하는 데에도 초석이 된 기념비적 재판으로 평가받는다. 무해통항권 또는 통과통항권의 개념은 1982년에 채택된 '해양법 협약'에도 그대로 반영되었다. 이런 이유로 코르푸 섬은 각국 외교관들에게 잊을 수 없는 섬으로 인식되고 있다.

그런데 코르푸 섬은 이런 에피소드보다 훨씬 더 풍부한 역사와 다양한 이야깃거리를 간직한 곳이다. 우선 그리스 사람들은 코르푸 섬을 '켈키라(Kerkyra)'라고 부른다. '코르푸'라는 이름은 이 섬을 오랫동안 지배했던 이탈리아의 베네치아 공화국을 포함한 이탈리아인들이 부르던 명칭이기 때문이다. 켈키라라는 이름이 역사속에 화려하게 등장한 것은 아테네와 스파르타가 그리스의 패권을 다퉜던 펠로폰네소스 전쟁에서다.

역사학자 투키디데스는 이오니아 해상의 조그만 도시국가 에피담노스를 두고 켈키라와 코린트가 BC435에 시작한 전쟁을 펠로폰네소스 전쟁의 서막이라고 평가한다. 초기 전투에서 승리한 켈키라는 코린트가 대대적으로 반격한다는 소식을 듣고 아테네에 동맹을 요청했다. 이에 아테네는 켈키라와 조건부 동맹을 맺고 켈키라를 지원하면서 전쟁은 명확한 승패를 가리지 못한 채 끝났다. 이로 인해 아테네에 앙심을 품은 코린트는 펠로폰네소스 동맹의 우두머리인 스파르타에 도움을 청했고, 이는 스파르타가 펠로폰네소스 전쟁에 뛰어드는 계기가 되었다.

중세 시대에는 비잔틴 제국의 일부였으며, 단기간 시칠리아 왕국의 지배도 받았으나 14세기 후반부터 18세기 후반까지는 베네치아 공화국의 지배를 받았다. 베네치아 공화국의 지배 동안 오스만 투르크로부터 여러 차례 침략을 당했으나 이를 모두 격퇴하면서 '서유럽 문명의 보루'라는 칭송까지 받았다. 지금도 코르푸 섬의 해안에는 견고한 베네치아식 요새가 그대로 남아 관광객들의 호기심을 끌고 있다.

1797년 베네치아 공화국이 나폴레옹의 프랑스군에 항복하면서 코르푸 섬은 잠시 프랑스령이 되나, 영국 함대가 이오니아 해의 섬들을 장악하면서 1815년 영국령이 된다. 이후 1864년 영국이 '린던 조약'으로 코르푸 섬을 그리스에 돌려줌으로써 코르푸 섬은 다시 그리스와의 영토적 일체성을 회복한다.

이런 역사적 배경으로 인해 코르푸 섬에서는 다양한 서양 문화들이 혼재되었으며, 특히 베네치아·프랑스·영국풍의 건축물들이 어우러진 코르푸 섬의 구시가는 유네스코 세계문화유산으로 지정되었다. 이런 이유로 유럽인들은 코르푸 섬을 풍광이 아름답기로 유명한 산토리니 섬보다 더 가고 싶은 관광지로 꼽는다.

코르푸 공항에서 남쪽으로 약 10킬로미터 떨어진 곳에는 1890년 오스트리아의 아름다운 황후 '씨씨' 엘리자베트 인 바이에른 여공작(1837~1898)이 건축한 아헬리온 궁전이 있다. 큰 아들을 잃고 시름에 잠긴 씨씨 황후는 트로이 전쟁의 영웅이자 바다의 요정 테티스의 아들 아킬레우스를 테마로 한 멋진 여름별장을 짓고 이곳에 자주 머물렀다. 이 건물 내부에는 아킬레우스가 죽은 헥토르를 전차에 매달고 트로이 성 앞에서 시위하는 멋진 그림과 다수의 회화·조각·공예품 등이 전시되었다. 씨씨가 스위스의 제네바를 여행하던 중 무정부주의자에게 피살되자 독일의 빌헬름 2세 황제(재위 1888~1918)가 이 건물을 사들여 자신의 여름별장으로 사용하면서 제1차 세계대전 발발 전까지 다양한 외교 행사를 열었던 이야기로도 유명하다.

코르푸 공항과 아헬리온 궁전의 중간에는 몽흐뽀(Mon Repos, 프랑스어로 '나의 휴식')라는 멋진 빌라가 넓은 숲속에 자리하고 있다. 이 건물은 19세기 초 영국 총독의 관저로 지어졌으며, 이후 그리스 국왕의 여름별장으로도 사용되었다. 특기할 사항은 엘리자베스 2세 현 영국 여왕(재위 1953~)의 부군인 필립 공(1921~)이 이곳에서 태어났다는 점이다. 필립 공의 집안이 그리스 및 덴마크계 왕족이었기에 부모가 이 빌라에 거주했으나, 필립 공의 유년기 때 부친이던 앤드루 왕자(1882~1944)가 그리스-터키 전쟁에서 지휘를 잘못한 혐의로 사형당할 위기에 몰리자 가족과 함께 코르푸 섬을 탈출해 프랑스를 거쳐 영국에 정착했다. 필립 공은 영국 해군 복무 시 해군대학을 방문한 엘리자베스 공주를 에스코트한 인연으로 결혼에 골인해 최장수 영국 국왕의 부군이 되는 행운을 누리게 된다. 몽흐뽀의 정문에는 이곳이 필립 공의 출생지임을 알리는 현판이 크게 붙어있다.

코르푸 섬에서 가장 잘 알려진 장소로 '아시아 미술관(Museum of Asian Art)'이 있다. 옛 영국 총독 사무실을 아시아 미술 전문관으로 개조한 것인데, 다수의 일본, 중국/티베트, 인도 예술품을 상설 전시하고 있다. 그리스뿐만 아니라 발칸 반도 지역 전체에서 거의 유일한 아시아 미술관으로서, 20세기 초 오스트리아 주재 그리스 대사를 역임한 그레고리우스 마노스 씨가 파리, 빈, 베를린 등지에서 수집한 아시아 예술품을 기증해 설립되었다고 한다. 전시된 일본·중국 미술품의 수량과 수준은 어디에 내놓아도 손색이 없을 정도로 수준급이다. 마노스 대사가 수집한 약간의 한국 미술품도 있으나 아쉽게도 수량도 그렇거니와 품질에 대한 평가가 확실치 않아 상설 전시는 이루어지지 않고 있다.

2007년 고려대학교가 국제교류재단과 공동으로 고려대학교 박물관에 소장된 조선 시대 산수화 26점을 5개월간 특별 전시해 큰 호평을 받았으며,

▲ 유네스코 세계문화유산으로 지정된 코르푸 시가

아직도 당시 제작된 책자가 아시아 미술관에서 판매되고 있다. 이와 같이 국제적 명성을 얻고 있는 박물관에는 우리 전문 큐레이터가 한번 방문해 우리 미술품에 대한 정확한 평가와 함께 예술품을 추가 지원함으로써 한국 예술품의 상설 전시가 이루어지기를 희망한다.

다양한 유럽 문화가 어우러졌고, 이렇듯 서양 속의 동양도 경험할 수 있는 코르푸 섬은 특이한 매력을 지닌 곳임에 틀림없다.

🏛 오디세우스의 고향으로 알려진 이타키 섬

호메로스의 대서사시 《일리아스》와 《오디세이아》는 고대 그리스 문학으로서 뿐만 아니라 인류 문학의 백미로 평가받는다. 수많은 영웅호걸이 등장하고, 등장인물들의 희로애락이 상세히 묘사된 이 작품들은 고대부터 오늘날까지 시대를 초월해 많은 사람들의 사랑을 받아왔다.

상당 부분이 문학적 허구라고 인식되지만, 이를 사실이라고 확신해온 몇몇 고고학자들이나 몽상가들은 작품 속의 장소를 지속적으로 발굴했으며, 이 과정에서 상당한 고고학적 성과도 이루었다. 앞서 2부 3장에서 설명했던 것과 같이 대표적인 인물은 독일인 하인리히 슐리만이었다. 사업을 하면서 많은 돈을 모은 슐리만은 어릴 적부터 탐독한 호메로스의 서사시에 묘사된 지역을 중심으로 발굴 작업을 계속 진행했다.

제일 먼저 시작한 곳이 1868년 오디세우스의 고향으로 알려진 이오니아 해의 이타키 섬에서의 발굴 작업이고, 1870년에는 트로이 유적지로 널리 알려진 터키의 히살릭을 발굴해 유명인사가 되었으며, 1876년에는 펠로폰네소스 반도에 있는 아가멤논의 영지 미케네를 발굴했다. 이타키 섬에서는 1878년에도 다시 발굴 작업을 진행했으며, 섬 남쪽 산악 통로 지역에 있는 아에토스가 오디세우스의 왕궁이 존재했던 곳이라고 주장했다.

반면 이후의 발굴 작업으로 영국 고고학회는 섬 북쪽에 있는 스타브로스 지역이 오디세우스의 왕궁이 있던 곳이라는 반론을 내세웠다. 또 다른 고고학자들은 섬 북쪽의 필리카타 언덕이 왕궁의 터라고 주장하지만, 오늘날까지 그 어떤 주장도 오디세우스가 살았을 것으로 생각되는 장소에 대한 확신을 주지 못하고 있다. 심지어 《오디세이아》에 묘사된 이타키가 오늘날의 이타키 섬이 아니라 주변 섬인 레프카다나 케팔로니아라는 주장도 있지만, 대개 오늘날의 이타키 섬이 맞을 것이라는 주장에 공감하고 있다.

이타키 섬은 이오니아 해에 있는 작은 섬(117.8제곱미터)으로, 평지가 별로 없는 산악 지형의 섬이다. 마치 2개의 큰 덩어리 섬들이 협소한 중간 회랑을 통해 하나의 섬으로 이어진 것 같은 형태인지라, 과거에도 섬 내에서의 이동이 쉽지는 않았을 듯하다. 이처럼 살기가 어려워 보이는 섬에 그 유명한 오디세우스의 왕궁이 있었던 것으로 묘사되고 있으니, 비록 오디세우스의 이야기가 사실이라고 하더라도 그의 왕궁에 대한 묘사는 상당히 과장된 게 아닌가 싶다.

트로이 전쟁이 끝나고 오디세우스는 사랑하는 아내 페넬로페가 기다리는 이타키로 되돌아가기 위해 무려 10년간의 대모험을 했는데, 이 조그만 섬으로 돌아오기 위해 그 많은 난관과 신고를 겪었을 걸 생각하니 타고난 회귀본능이라도 있었던 게 아닌가 싶다. 섬 내 가장 큰 마을이자 행정 중심지인 바티의 이곳저곳에는 시인 호메로스의 두상과 오디세우스 상 및 앙증맞은 페넬로페 상 등이 자리하고 있다.

한편, 그리스를 사랑했던 영국 시인 조지 바이런도 1823년에 이 섬을 방문해 오디세우스의 체취를 느끼고자 했으며, 개인적으로 이 섬의 구입까지 희망했었다. 바티 시내의 도서관 앞에 있는 바이런 상에는 '내가 만일 이 섬을 갖고 있다면, 내 모든 책을 여기에 묻어두고 아무 데도 나가지 않을 텐데.'라는 바이런의 발언이 새겨져있다. 아쉽게도 바이런은 이 다음 해인 1824년에 이타키 섬에서 얼마 떨어지지 않은 그리스 본토의 메소롱기에서 그리스 독립군의 활동을 지원하다 패혈증으로 사망한다.

▲ 이타키 섬의 바티 마을에 세워진 오디세우스 상

미국에서는 영국으로부터의 독립 이후 많은 지명을 그리스 고전에 근거해 영어식으로 다시 명명했는데, '이타키'라는 이름도 영어식인 '이타카(Ithaca)'로 표기되어 뉴욕 주의 한 마을에 명명되었다. 그 마을이 오늘날 미국의 대표 명문인 아이비리그대학 중 하나인 코넬대학의 소재지가 되어 학문 연구의 전당이 되고 있으니, 호메로스가 인류 지성사에 끼치고 있는 영향력은 오늘날에도 막대한 것 같다.

또한 호메로스의 《오디세이아》에서는 오디세우스가 트로이 전쟁에 참가하려고 길을 나서기 전 오랜 친구인 멘토에게 자신의 왕궁을 잘 보살펴줄 것과 어린 아들 텔레마쿠스를 잘 이끌어줄 것을 부탁하는 내용이 나오는데, 바로 이런 일화에서 젊은이에게 조언과 상담을 해주는 이를 '멘토'라고 부르게 되었다.

멘토가 텔레마쿠스에게 어머니 페넬로페에게 접근하는 수많은 남자들을 어떻게 물리쳐야 하는지를 올바르게 조언해주었는가에 대해서는 여러 주장이 있지만, 적어도 남에게 조언을 해줄 수 있는 지혜로운 사람이 이타키에서 살았다는 사실만큼은 확실한 것 같다.

🏛 요한묵시록이 쓰여진 파트모스 섬

파트모스(그리스어: Πάτμος, 영어: Patmos)섬은 에게 해 동부의 도데카네스 제도 상에 위치한 조그마한 섬(34.08제곱미터)이다. 섬의 길이는 남북으로 약 16킬로미터이고 폭은 동서로 넓은 곳이 10킬로미터 정도까지 되지만 중간의 좁은 곳은 약 1킬로미터 정도 밖에 되지 않아 이타키 섬처럼 두 개의 큰 덩어리 섬이 중간의 좁은 회랑을 통해 연결된 형태를 띠고 있다. 인구는 약 3천 명 정도이며 주민들은 항구인 스칼라(Skala)와 중심지인 호라(Chora: 마을이라는 뜻) 쪽에 주로 거주한다. 그리스 신화에 따르면 이 섬은 원래 바다 밑에 가라 앉아 있었는데 사냥·야생동물 및 달의 여신인 아르테미스(로마 신화에서는 다이아나)가 신들의 제왕인 제우스를 설득하여 바다 위로 끌어 올렸다고 한다.

아테네에서 동쪽으로 약 250킬로미터 정도 떨어져있지만 터키의 서해안 쿠사다시(Kusadasi, 에베소의 외항)에서는 약 60킬로미터정도 밖에 떨어져 있지 않아 터키 쪽에서의 접근성이 더 좋다. 물론 아테네나 가까운 사모스 섬에서 여객선이 정기적으로 운항하며 여름철에는 크루즈 선들이 기항한다. 이렇게 조그만 섬에 크루즈 선까지 기항하는 이유는 무얼까? 이는 신약성경의 제일 마지막 성서인 요한묵시록(개신교에서는 요한계시록)이 바로 이 섬에서 기록되었기 때문이다. 우리 성경에서는 파트모스 섬을 밧모 섬으로 번역하고 있다.

예수 그리스도의 열두 제자 중 가장 나이가 어리고 유일하게 순교하지 않아 가장 오래 살았던 사도 요한(AD 6~100)은 AD95년경 기독교인을 박해하던 로마 도미시안(Domitian) 황제 때 종교·정치범의 유배지였던 이 섬으로 보내졌다. 이후 18개월 동안 유배 생활을 하다가 도미시안 황제가 죽고 네르바(Nerva) 황제가 즉위한 AD96년 에베소로 되돌아갔다고 한다.

스칼라 항구에서 호라 마을로 오르는 길의 중간 지점인 산 중턱에는 요한

▲ 유네스코 세계문화 유산으로 지정된 요한의 계시 동굴

계시동굴(Cave of the Apocalypse)이 있는데 사도 요한은 이 동굴에서 장차 일어날 일 또는 마지막 운명에 대한 환상을 보았으며 이를 제자인 프로코로스(Prochoros)에게 구술하여 기록한 것이 요한묵시록(그리스어: Ἀποκάλυψις Ἰωάννου, 영어: Book of Revelation)이다(물론 요한묵시록이 기록된 해가 AD100년 이후라며 사도 요한이 아닌 다른 요한이 기록했다는 반론도 있다).

묵시(默示, Ἀποκάλυψις, apocalypsis, 아포칼립스)라는 용어는 초기 기독교에서 신이 선택한 예언자에게 주었다는 '비밀의 폭로'를 의미하는데 이를 기록한 책을 흔히 묵시문학(默示文學)이라고 한다. 초기 기독교에서는 여러 종류의 묵시문학이 있었는데 성경으로 인정된 것은 요한묵시록이 유일하다. 한자어인 묵시로 번역된 그리스어 아포칼립스의 뜻은 '덮개를 벗기다', '드러내다', '폭로하다'라는 의미를 갖고 있으므로 결국 앞날에 대한 계시를 나타낸 기록으로 해석할 수 있다.

사도 요한 사후에 파트모스 섬에는 기독교 교회가 다수 세워졌는데 해적들과 이슬람교도들의 공격으로 대부분 파괴되었으며, 1088년부터 3년간 수도사인 크리스토둘로스(John Christodulos)가 호라 지역 정상에 있던 기존 교회

터에 심혈을 기울여 수도원을 건설했다. 신학자 성요한 수도원(Monastery of Saint John the Theologian)으로 명명된 동 수도원은 외곽을 엄청난 돌들로 단단히 축조하여 마치 산 정상의 요새와 같이 지어졌다. 이는 자주 출몰하는 해적과 이슬람 교도들의 공격을 막기 위해서였다고 한다. 오늘날에도 이 수도원은 온전하게 기능하고 있으며 내부에 있는 도서관은 필사본 성경 등 다수의 진귀한 기록들을 소장하고 있다.

이러한 연유로 우리나라를 비롯한 전 세계의 많은 기독교인과 관광객들이 이 섬을 순례하거나 방문한다. 파트모스 섬의 주도이자 역사적 중심지인 호라는 신학자 성요한 수도원, 계시동굴 등과 함께 유네스코 세계 문화유산으로 지정되어 있다.

근세에 들어 파트모스 섬은 16세기 이래 오스만 투르크의 지배하에 있었으며 1912년 이탈리아-터키 간의 전쟁으로 이탈리아가 차지했다. 이후 1943년 나치 독일이 도데카네스 전투에서 승리하면서 상당 기간 점령하였으나 2차 대전 후인 1947년 그리스로 반환되었다.

4

일리소스 강과 케라미코스 유적지

철학 등 인문학을 공부하는 사람은 일리소스 강에 대한 관심이 남다르다. 소크라테스가 제자들과 함께 그 강둑을 걸으며 철학과 인생을 논했다는 유명한 장소이기 때문이다. 플라톤이 쓴 《파이드로스(Phaidros)》에 따르면 소크라테스는 제자 파이드로스(BC444~BC393)에게 키가 크고 넓은 플라타너스나무가 우거지고, 버드나무 그늘이 지고, 꽃이 만개하며, 맛있는 샘물이 출렁이고, 신선한 공기를 즐길 수 있는 이곳, 특히 두툼한 잔디로 뒤덮여 편안히 머리를 뉘고서 휴식을 취할 수 있고 몸을 스트레칭하면서 펼칠 수 있는 이곳보다 더 나은 곳을 찾기는 힘들 것이라고 설명한다.

소크라테스는 젊은 제자 파이드로스와 함께 아테네의 일리소스 강가에서 사랑의 신 에로스에 대해 논했다고 한다. 아리스토텔레스가 세운 학교인 리케이온의 유적지는 바로 일리소스 강 옆에 있는데, 최근 복원 공사를 하면서 신선한 샘물이 계속 흘러나오는 조형물을 만들고, 일리소스 강에 대한 설명문까지 배치해놓았다. 이처럼 유명한 일리소스 강이지만, 실제로는 강이 아니라 시내 정도였을 것으로 추정된다. 이는 오늘날 남아있는 일리소스 강의 물길의 크기가 한국의 여러 개천들보다도 좁기 때문이다.

일리소스 강은 아테네 동부를 감싸고 있는 이미터스 산에서 발원해 아테네를 돌아 키피소스 강에 합류되는 물길이었으나, 오늘날에는 수로를 직선화해 바로 팔레론 만으로 빠진다. 현재는 메소지온 애비뉴와, 일리소스 강의 이름에서 파생된 일리시아 지역의 외각을 돌아 힐튼 호텔 앞을 거쳐 바실레오스 콘스탄티누스 도로 아래를 흐르며, 제1회 근대 올림픽이 개최된 판아티

▲ 일리소스 강의 복개되지 않은 부분

나이코 경기장 앞과 제우스 신전 옆을 지난다.

아테네가 확장되던 19세기와 20세기를 거치면서 아름답던 일리소스 강은 오염과 악취의 근원이 되고, 평소에는 흐름이 없다가 우기에나 빗물의 통로 역할을 하는 수로로 변질되었다. 이제 일리소스 강의 대부분은 복개되어 땅속으로 들어가고, 오직 제우스 신전 옆의 아르디뚜 도로와 아싸나시우 디아쿠 도로가 교차하는 다리 아래쪽의 일부 지역만이 노출되어있다.

일리소스 강이 복개된 도로는 평소에도 수많은 차량들로 인해 교통 체증이 심하다. 하지만 이 지역을 지날 때마다 꽉 막힌 도로로 인해 짜증이 날 때, 도로 아래에 그 유명한 일리소스 강이 흐른다는 것을 떠올린다면, 소크라테스와 그의 제자들이 거닐던 곳을 2,400년 뒤에 지나가고 있다고 생각한다면 상당히 즐거워지고 또 행복해지지 않을까? 사실, 오늘날까지도 우리들의 정신세계를 지배하는 서양 철학의 원류가 바로 이 도로 아래에서 태동된 것이니까 말이다. 어차피 시간을 넘나드는 인간의 상상력에는 한계가 없다. 언젠가는 이곳도 우리의 청계천처럼 옛날 모습으로 복원되는 날이 왔으면 한다.

한편, 아테네 아크로폴리스의 북서쪽 방면이자 고대의 아고라에 면한 곳에 케라미코스 유적지가 있다. 지하철 케라미코스 역이나 티시오 역에서 내려 산보하듯 걸어갈 수 있는 곳이다.

이곳은 고대부터 도기를 만드는 공방들이 있던 지역으로, 오늘날 현존하는 고대 그리스 도기들 중 상당수가 이곳에서 생산되었다고 한다. 케라미코스(*Κερ-αμεικός*)라는 단어가 그리스어로 '도기'를 의미하고, 도기나 도자기를 의미하는 영어 단어 세라믹(ceramic)도 케라미코스에서 비롯된 것이니, 고대에 얼마나 유명했던 곳인지 짐작할 수 있다. 도기가 많이 생산된 이유는 이곳을 흐르던 에리다노스 강이 엄청난 양의 진흙으로 이루어진 퇴적층을 형성했기 때문이다. 에리다노스 강은 수세기를 거치는 동안 퇴적되는 진흙에 의해 매몰되었는데, 1960년대 고고학 발굴 작업 때에는 무려 8~9미터의 지표를 걷어낸 후에야 드러났다.

케라미코스는 공동묘지 지역으로도 유명하다. 이미 BC3000년 이전부터 강둑에 많은 사람을 매장해왔으며, 아테네의 유명인사들도 대부분 이곳에 매장됐다. 특히 테미스토클레스가 페르시아와의 전쟁에서 승리 후 아테네의 방어력을 강화하기 위해 증축한 아테네-피레우스 간 장벽은 케라미코스 지역을 양분했는데, 장벽 안쪽은 도기 생산지로, 바깥쪽은 공동묘지로 활용되었다. '아테네 민주주의의 아버지'로 불리는 클레이스테네스와 '아테네 제1시민'으로 일컬어지던 페리클레스도 이곳에 묻혔다.

페리클레스가 펠로폰네소스 전쟁에서 전사한 병사들의 장례식에 참석해 행한 유명한 연설도 바로 이 공동묘지에서 행해졌다. 슬픔에 싸인 시민들의 용기를 북돋으며, 아테네의 민주정치를 찬양하고, 병사들의 고귀한 희생을 기리는 그의 연설은 오늘날에도 많은 이의 심금을 울린다. 특히 투키디데스가 저술한 《펠로폰네소스 전쟁사》에 상세히 적힌 페리클레스의 연설 중 "영웅들에게는 모든 대지가 묘지가 되어 고향 묘석의 비문에 드러날 뿐 아니라, 아무 연고가 없는 땅에서도 무형·무언의 기념비로서 사람들의 마음에 깃들인다"라는 문구는 자주 회자된다. 아테네에 있는 한국전쟁 참전용사 기념비의 제단 앞에도

▲ 케라미코스 유적지

'영웅들에게는 모든 대지가 무덤이다'라는 글귀가 새겨져있다.

그런데 페리클레스도 얼마 후 스파르타군에 포위된 아테네에서 전쟁을 지휘하다 장티푸스로 추정되는 전염병으로 사망한 뒤 이곳에 묻혔다.

페리클레스의 목숨마저 앗아간 바로 그 전염병으로 사망한 수천 명의 아테네인이 묻힌 곳 역시 케라미코스다. 2000년대에 케라미코스 지하철역을 건설하는 과정에서 BC4세기에서 BC5세기경의 것으로 분석된 1천여 명의 집단 매장지가 발견되었는데, 펠로폰네소스 전쟁 당시 전염병으로 사망한 시민들의 매장지로 추정된다.

아테네가 강성했을 때는 케라미코스와 고대의 비밀스런 의식을 행한 곳으로 유명한 엘레프시나를 연결하던 소위 '신성한 도로'의 약 20킬로미터에 이르던 길 양편에는 수많은 석상들이 세워졌었다. 그러나 오늘날에는 몇몇 잔해만 보일 뿐 '신성한 도로'는 눈에 잘 띄지 않고, 번잡한 산업도로들만 엉켜있다.

그리스를 방문하는 한국 사람들은 케라미코스 지역은 거의 찾지 않지만, 만약 공동묘지 지역의 건물터 유적들과 석상 유물들만이라도 보게 된다면 과거에 이곳이 얼마나 화려한 지역이었는지 상상하기가 어렵지 않을 것이다. 다만 주변의 오래되고 낡은 건물들과 반달리즘으로 어지럽혀진 건물 외곽들이 방문객들의 마음을 심란케 한다.

5
그리스 현대 문학의 거장 니코스 카잔차키스

그리스 현대 문학을 대표하는 작가라고 하면 단연코 니코스 카잔차키스 (Nikos Kazantzakis)를 떠올리게 된다. 그는 소설, 시, 연극, 단편 등 다양한 분야에서 수많은 작품을 남긴 작가로 유명하며 《희랍인 조르바(Zorba the Greek)》, 《미할리스 대장(Captain Michalis)》, 《그리스도 최후의 유혹(The Last Temptation of Christ)》, 《다시 십자가에 못 박힌 예수(Jesus Recrucified)》 등의 작품을 통해 두 차례에 걸쳐 노벨문학상 최종 후보로 추천되었다. 특히 1957년의 노벨 문학상 선정시에는 《이방인》을 쓴 알베르 카뮈에게 단 1표차로 패배하였는데 추후 카뮈는 카잔차키스가 자신보다 백배 이상 노벨문학상을 받을 자격이 있었다고 회상했다. 영국의 평론가 콜린 윌슨은 "카잔차키스가 그리스인이라는 것은 비극이다. 그가 만약 이름이 카잔초프스키이고 러시아어로 작품을 썼다면 그는 톨스토이나 도스토옙스키와 어깨를 나란히 하는 작가로 남았을 것이다."라고 평가했다. 그와 깊은 교분을 유지했던 밀림의 성자 알베르트 슈바이처 박사는 "카잔차키스처럼 나에게 감동을 준 이는 내 생애에 없다. 그의 작품은 깊고, 지니는 가치는 이중적이다. 이 세상에서 그는 많은 것을 경험하고, 많은 것을 알고, 많은 것을 생산하고 갔다"고 말했다.

카잔차키스는 1883년 오스만 투르크 치하에 있던 크레타 섬의 주도 이라클리온에서 태어났다. 부친은 상인 겸 지주였기에 집안은 부유한 편이었다. 다만 엄격하고 권위적인 성격의 부친은 그에게 큰 애정을 주지는 않았으며 어머니의 사랑 속에 성장했다. 당시의 크레타 섬은 지배세력인 오스만 투르크의 거친 박해에 저항해 선각자들을 중심으로 독립운동이 한창 벌어지던 곳이었다. 그의 집안도 강압을 피해 일정 기간 낙소스 섬으로 피난했다 다시 고향으로 되돌아왔다. 그는 크레타 섬에서 중등교육을 마친 후 1902년 아테네대학 법학과에 진학해 1906년 졸업했다. 1907년 파리의 소르본느대학으로 유학하여 베르그송과 니체의 철학을 공부했으며 '권리와 국가에 관한 니체의 철학'을 주제로 박사학위까지 취득했다. 1911년 그리스로 돌아와 베니젤로스 총리 비서실에서 근무하였고, 1919년 공공복지부의 고위관리가 되어 제1차 세계대전 평화협상에 참여하기도 하고, 러시아 혁명 후 코카서스에 억류되어 있던 15만 명의 폰토스계 그리스인을 본국으로 송환하는 업무도 수행했다. 1920년 11월 베니젤로스 총리가 총선에서 패배하자 공직을 사임한 후 파리로 건너갔고 이후 유럽 여러 나라를 여행했다. 한때는 레닌의 사상에 심취해 소련으로 건너가기도 했으나 곧 스탈린식 공산주의의 현실을 깨닫고 거리를 두었다. 그러나 사회주의를 신봉했던 그의 신념 때문에 그리스 내 우익은 그를 '볼세비키 문제아'로, 공산주의자들은 그를 '부르주아 사상가'로 각기 비판했다.

1924년 그리스로 돌아와 집필 활동에 몰두 했으며 14년에 걸쳐 쓴 대서사시 《오디세이: 현대적 속편(The Odyssey: A Modern Sequel)》을 1938년 완성했다. 이 서사시는 호메로스의 원작 《오디세이아》와 똑같이 24편의 이야기를 담고 있는데 오디세우스가 이타키 섬에 되돌아 온 이후 무료함을 견디지 못하고 다시 모험에 나선 내용을 주제로 하고 있다. 즉, 오디세우스는 스파르타, 크레타, 이집트, 아프리카를 거쳐 남극에까지 여행하고 결국 빙산에 의해 죽음을 맞이하는데 여행 과정에서 트로이 전쟁의 원인이 된 헬레나를 데려가기도 하고 부처, 예수, 돈키오테의 화신들과도 만나는 내용이다. 문체가 복잡하고 지적 오만함을 보여준다는 비판도 많지만 카잔차키스 본인은 이를 자신의 대표작으로 꼽는다.

그는 유럽의 여러 곳뿐만 아니라 중국과 일본까지 여행하였으며 방문지에 대한 다수의 여행기도 남겼다. 아울러 불교와 유교, 공산주의 등 여러 사상을 접하면서 사유의 폭을 넓혔다. 제2차 대전 직후에는 그리스 내 군소 사회주의 정당의 대표를 맡기도 하고 1945년부터 1년 동안 연립정부의 정무장관직도 수행했다. 이후 프랑스로 건너가 1947년부터 1년 간 파리의 유네스코 본부에서 일했으며 주로 지중해에 면한 리비에라 해안의 앙띠브에서 노년을 보냈다.

그의 유명 작품들은 주로 1940년대 초에서 1960년대 초 사이에 창작되었다. 가장 유명한 작품인《희랍인 조르바: 원제 알렉시스 조르바의 삶과 모험 (*Βίος και Πολιτεία του Αλέξη Ζορμπά*, Life and Times of Alexis Zorbas)》는 1946년 발간되었는데 크레타 섬에서 갈탄 광산을 운영하려는 주인공 '나'라는 화자와 그가 고용한 자유로운 영혼을 가진 일꾼 알렉시스 조르바가 함께 지내면서 벌어지는 여러 사건들을 다뤘다. 조르바는 세속적인 욕망과 물질문명에 함몰되어 있는 일반인들과는 달리 야생적이지만 단순하고 인간적이며 해방감과 자유가 무언지를 보여주는 사람이라 자연스레 우리의 삶을 성찰하게 만든다. 이 작품은 1964년 그리스의 유명 영화감독인 미할리스 카코지야니스가 안소니 퀸을 주연으로 한 영화로 만들어 이듬해에 아카데미상을 3개나 수상했다. 1955년 발간된《그리스도 최후의 유혹》은 예수 그리스도가 십자가에 매달렸을 때 환영(幻影)을 통해 막달라 마리아와 결혼하는 등 인간으로서 행복을 얻고 살아가는 모습을 보게 되나 이것이 악마의 유혹에 의한 것임을 깨닫고 최종적으로는 이를 극복하고 숨을 거두는 것으로 묘사한 소설이라 엄청난 논란을 일으켰다. 카잔차키스 자신은 이 책을 통해 많은 자유인들이 그리스도를 더욱 사랑하게 될 것으로 믿는다는 입장을 보였지만 정교회에서는 이를 신성모독에 반기독교적이라고 규정했고 그는 파문 직전의 상황에까지 처했다. 로마 가톨릭에서도 이 책을 금서로 지정했으며 미국의 개신교계는 동 책자를 공공도서관에 비치하지 못하도록 했다. 1988년 마틴 스콜세지 감독은 이 소설을 동명의 영화로 제작하여 다시금 전 세계적인 논란을 불러일으키기도 했다. 한편, 일반 그리스인들에게는 오스만 투르크에 대한 투쟁이 묘사된《미할리스 대장》이나 작가 자신이 살아온 삶을 정리한《영혼의 자서

전(Report to Greco)》이 인기가 많다. 그의 작품을 관통하는 전반적인 메시지는 물질적인 것과 사회적인 속박에서 벗어난 자유 인간의 모습, 종교와 신성의 관점이 아닌 인간적인 측면에서의 고뇌, 진리를 찾고자 하는 인간의 투쟁 등과 같은 일관성을 보여준다. 다만 그 과정에서 기독교의 전통 교리와는 어긋나는 서술들로 인해 그와 교회 측은 계속 갈등을 빚었다.

1957년 중국 정부의 초청으로 중국과 일본을 방문했던 카잔차키스는 귀국 길에 지병인 백혈병이 악화되어 독일 프라이부르크로 급히 후송되었으나 치료 도중 10월 27일 숨을 거둔다. 그의 시신은 11월 초에 아테네로 이송되었으나 아테네 정교회 대주교는 그의 시신을 일반인에게 공개하지 못하도록 금지했다. 결국 그의 시신은 크레타 섬의 아기오스 미나스 성당으로 옮겨져 하루 동안의 일반인 공개를 허용한 후 크레타 대주교가 참석한 가운데 장례식이 치러졌다. 장례식이 거행되는 동안 정교회 성당 밖에서는 강경 신도들에 의해 그의 저서가 불태워지기도 했다. 그러나 교육부 장관 등 수많은 그리스인들이 장례식에 운집했으며 그의 시신은 베네치아 지배 당시 이라클리온 지역을 둘러 축성된 성벽의 남쪽 거점인 마르티넹고(Martinengo) 요새의 제일 위쪽에 안장되었다. 사방을 내려볼 수 있는 높은 요새 위에 소박한 십자가와 함께 덩그러니 놓인 그의 묘소 앞에는 평소 그가 써놓았던 유명한 문구의 묘비명이 세워져 있다. '나는 아무 것도 바라지 않는다. 나는 아무 것도 두렵지 않다. 나는 자유다. [I hope for nothing. I fear nothing. I am free (Δεν ελπίζω τίποτα. Δε φοβούμαι τίποτα. Είμαι λέφτερος.).]' 오늘날 그의 묘소는 여러 형태의 속박으로부터 자유와 해방을 추구하고자 하는 사람들의 성지가 되었다.

카잔차키스가 태어나서 자란 크레타 섬에는 도처에 그를 기리는 기념물이 있다. 우선 이라클리온 국제공항에 내리자마자 공항 건물에 커다랗게 쓰여 있는 카잔차키스 국제공항이라는 표식과 마주친다. 이라클리온 시내에 있는 크레타 역사박물관(Historical Museum of Crete)에는 앙띠브에 있던 그의 서재와 소품, 여러 작품 및 원고들이 전시되어 있다. 이라클리온에서 남쪽으로 20킬

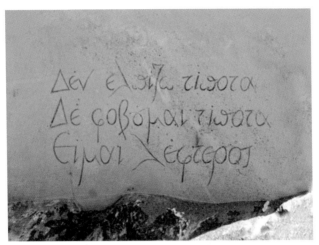

▲ 카잔차키스 묘비명

▲ 카잔차키스 묘지

로 정도 떨어진 미르티아(Myrtia)에도 니코스 카잔차키스 박물관(Nikos Kazantzakis Museum)이 있다. 1983년 당시 문화부 장관이던 여배우 출신 멜리나 메르쿠리(1920~1994)가 직접 개관식에 참석했던 이 박물관에는 작가의 육필 원고, 주요 지식인/정치인/작가들과 교환했던 서신, 사진, 여행 기념품, 각국어로 번역된 책자 등이 다양하게 전시되어 있다. 그리스 정부는 그의 사후 60주년이 된 2017년 2유로짜리 카잔차키스 특별 주화도 발행했다. 종교적 차원의 여러 논란에도 불구하고 오늘날 그는 가장 자랑스러운 그리스인 중 한 사람으로 인정받고 있다.

6
현대 그리스의 음악

    현대 그리스 음악사에서 가장 큰 족적을 남긴 위대한 작곡가라면 언제나 미키스 테오도라키스(1925~)와 마노스 하지다키스(1925~1994)가 거론된다.

    음악적 특색은 다르지만, 두 사람은 각자의 작품으로 그리스의 음악을 세계의 음악으로 키워낸 장본인들이기도 하다. 1925년생 동갑내기인 이 두 사람은 나치독일군의 점령과 그리스 내전, 군사정부와 민주화 등 치열한 그리스 현대사를 함께 겪은 동시대인으로서 서로 비슷하면서도 다른 삶을 살아왔다.

    테오도라키스는 나치독일군의 점령기에는 레지스탕스로 활동했고, 젊은 시절에는 공산당 활동에 더해 공산당 공천의 국회의원을, 보수당인 신민주당 정부에서는 문화부 장관을 역임하는 등 작곡가뿐만 아니라 정치운동가로도 유명하다.

    그러나 테오도라키스가 세계적인 유명인사가 된 계기는 1960년대 말 그리스 군사정부가 테오도라키스를 투옥하고 그의 모든 작품 연주를 금지시킨 것에서 비롯되었다. 세계의 지도급 인사들이 테오도라키스의 석방을 탄원한 것에 힘입어 파리로 추방된 후 해외에서의 그리스 민주화 항쟁을 이끌었고, 군사정부가 전복되자 영웅으로서 환영을 받으며 귀국했다. 90살이 넘은 현재까지도 좌파적 시각에서 주요 국제 문제에 대한 비판적 의견을 발표하는 등 현실 참여 지식인으로서의 열정이 넘친다.

    테오도라키스는 정통 클래식 음악을 전공했지만, 그리스 민중음악인 램베티카(Rembetika)에 심취하고, 램베티카에 클래식적 예술성을 결합시킨 엔테흐노(Entekhno)라는 음악을 이끌었다. 엔테흐노는 그리스적 리듬과 멜로디를 녹여 오케스트라로 연주하는 예술적인 음악이다.

그리스의 음악적 전통에는 일반 서양 음악과는 달리 동양적 요소가 강하게 가미되어 있다. 이는 지정학적 위치상 오랫동안 동양과의 교류가 있었고, 400여 년 이상 오스만 투르크의 지배를 받은 데 따른 자연스런 결과로 보인다.

그런데 민중음악인 렘베티카가 널리 퍼진 계기는 3년에 걸친 터키와의 전쟁 후 1923년에 체결된 '로잔 조약'으로 양국이 서로 주민 교환을 할 때 터키에서 넘어온 그리스계 사람들이 카페나 빈민촌 등에서 악기를 연주하며 노래를 불렀던 것에서 비롯되었다. 연주용 악기는 동양에서 전래되었으면서도 그리스의 대표 악기로 발전한 부주키(Bouzouki)가 중심이다. 렘베티카는 군사정부 시절에 강력한 탄압을 받았는데, 애착을 갖고 렘베티카를 엔테흐노로 발전시키던 테오도라키스도 엄청난 고초를 겪었다.

테오도라키스는 교향곡·실내악·오페라·발레곡·찬송가 등 다양한 장르의 곡들을 많이 작곡했다. 아울러 영화음악도 많이 작곡했는데, 우리나라에서도 유명한 영화 <페드라>와 <그리스인 조르바>의 주제음악도 그의 손을 거쳤다. 테오도라키스의 음악은 그의 평소 성향만큼이나 뜨겁고 장엄하다.

하지다키스는 유복한 집안에서 태어나 어릴 때부터 음악교육을 받았으나, 가세가 기울어진 뒤에는 생활전선을 누벼야 했다. 그러면서도 음악에 대한 열정을 이어간 하지다키스는, 테오도라키스와 마찬가지로 나치독일군의 점령기에 레지스탕스의 일원으로 활동했다. 전쟁 후에는 정치적 활동보다는 예술적 감성을 발전시키는 데 집중했다. 특히 민중음악인 렘베티카를 적극 소개하고 확산시켰으며, 이를 예술적으로 승화시킨 엔테흐노를 성장시키는 데 크게 기여했다. 군사정부 시절에는 공연 관계로 미국에 건너간 후 6년간 귀국치 않고 해외에서 활동하기도 했다.

하지다키스의 음악은 섬세한 감성과 서정성이 깃든 멜로디로 유명하며, 작품 전체에서 우수가 묻어난다는 평가도 듣는다. 그리스가 낳은 세계적 가수 나나 무스쿠리(1934~)가 하지다키스의 많은 작품을 노래했으며, 하지다키스의 작품들과 호흡을 가장 잘 맞췄다는 가수 사비나 야나투(1959~)의 노래 및 그리스계 프랑스 가수 조르주 무스타키(1934~2013)의 대표작인 <젊은 우체부의 죽음>은 한때 우리나라대학가 카페의 단골 신청곡 자리를 차지했다.

하지다키스는 클래식 음악과 뮤지컬도 작곡했지만, 엔테흐노 음악에 바탕을 둔 여러 주옥같은 가곡들이 그의 손을 거쳐 나왔다. 그러나 뭐니 뭐니 해도 그가 세계적인 작곡가로 주목받은 계기는 영화 <일요일은 참으세요>의 주제곡이 1960년도 아카데미 음악상을 수상한 것이다. 그간 서양 음악 분야의 변방 정도로만 여겨진 그리스 음악에 대한 인식을 하지다키스가 바꾼 것이다. 안타깝게도 1994년 68세의 나이로 세상을 떠났지만, 그리스 현대 음악에 그가 남긴 족적은 매우 뚜렷하고 강인하다.

다양한 그리스 음악 중에서도 우리가 가장 쉽게 접하는 음악은 영화 <그리스인 조르바>에 나오는 댄스곡 <시르타키(Sirtaki)>가 아닐까? 그리스에서 지내다보면 어디에선가는 꼭 들려오는 음악이라 우리의 <아리랑> 곡조처럼 오래전부터 전해 내려오는 음악으로 생각하지만, 사실은 1964년에 영화 <그리스인 조르바>를 만들 때 테오도라키스가 기존에 전래되던 음악을 변형·발전시켜 만든 곡이다.

느린 곡조와 빠른 곡조가 번갈아 연주되면서 이에 맞추어 여러 사람이 각자 옆 사람의 어깨에 손을 얹고 춤을 춘다. 전통악기 부주키의 독특한 음색과 이에 맞춘 춤꾼들의 다양한 발동작이 이국적인 정취를 자아낸다. 그리스 하면 생각나는 음악이자 전 세계 어느 곳이든 그리스 사람들이 모이는 행사에는 예외 없이 시르타키 음악과 춤이 선보인다.

우리나라에서도 많은 사람들이 <그리스인 조르바>의 막바지에서 조르바 역을 맡은 앤소니 퀸(1915~2001)이 세속의 삶에서 겪는 어려움을 잊자며 초월적인 메시지를 던지듯이 자기 보스와 함께 추는 시르타키 춤과 멜로디를 기억한다. <시르타키>에 맞춰 춤을 출 수 있으면 그리스의 어디를 가든 따뜻한 환대를 받을 수 있고, 곧바로 친구도 만들 수 있다. 두 사람만 모여도

<시르타키> 곡조에 맞춰 춤을 출 수 있으며, 《기네스북》 기록에 도전한다며 수천 명이 동시에 <시르타키> 춤을 추는 장관을 연출하기도 했다.

<시르타키> 이상으로 그리스에서 많이 듣게 되는 음악은 영화 <일요일은 참으세요>의 주제곡이다. 그리스어로 된 곡의 원래 제목은 <피레우스의 아이들(Ta Pedia tou Pirea)>인데, 미국에서 영어로 번안하면서 <일요일은 참으세요(Never on Sunday)>라는 매우 자극적인 제목으로 바뀌었다. 이 영화로 아카데미 여우주연상까지 받은 멜리나 메르쿠리(1920~1994)가 허스키한 목소리로 부르는 노래 가사는 배경이 되는 피레우스 항에 대한 그리스인으로서의 자부심과 함께 거리의 여인이면서도 당당함을 잃지 않는 여주인공의 세상에 대한 애정을 듬뿍 보여준다.

군사정부 시절에는 저항운동의 중심에 서고, 문민정부에서는 문화부 장관이 되어 그리스 문화 창달에 앞장선 메르쿠리의 대중적 인기까지 결합되면서 이 노래는 현대 그리스를 대표하는 곡으로 자리 잡았다. 하지다키스가 작곡한 이 곡은 식당에서도, 유람선에서도, 국제회의장에서도 계속 흘러나오기 때문에 그리스를 방문하는 사람들은 자신의 의지와 상관없이 자주 듣게 된다.

중독성이 강한 반복적인 음조로 인해 한두 차례 듣기만 해도 금방 따라서 흥얼거리게 되는 묘한 매력을 지닌 노래이기도 하다. 우리나라의 박정희 정부는 이 영화가 미국의 일천한 문화를 비판하고 매춘 등 불건전한 내용을 담았다며 국내 상영을 금지시켰는데, 그럼에도 불구하고 노래 자체는 알게 모르게 많은 사람들의 입에서 입을 타고 전해졌다.

한편, 요즈음 우리 젊은이들 사이에서 제일 유명한 그리스 노래는 아무래도 <기차는 8시에 떠나네(To Treno fevgi stis Okto)>가 아닌가 싶다. 테오도라키스가 작곡한 이 노래는 나치독일군에 저항하는 청년 레지스탕스 대원을 떠나보내는 여인의 아픔을 매우 감성적으로 표현했다. 아울러 나치독일군에 대한 저항 정신에 군사정부 당시 테오도라키스가 겪어야 했던 고초까지 겹쳐진 이 노래는 자연스레 저항의 상징이 되었다.

그러나 표현의 자유가 억압받던 시절에 만들어졌기에 가사 자체는 저항 정신을 직접 표출하기보다는 억눌린 사람의 비애를 은유적으로 애잔하게 그려낸다. 그래서 노래 가사만 보면 이별의 아픔을 슬퍼하는 연인들의 사랑 노래 같다.

우리나라에서는 TV드라마 <백야(白夜)>의 주제곡으로 소개된 후 많은 반향이 있었고, 소프라노 조수미(1962~)가 한국어로 번안해 부르는 노래가 그리스의 대표적인 메조소프라노 아그네스 발차(1944~)가 부른 원곡보다 더 풍부한 감성을 지녔다는 평가도 받는다. 덧붙이자면, 8시발 기차가 향하는 카테리니는 그리스의 최고봉인 올림포스 산과 제2의 도시인 테살로니키 사이에 있는 작은 도시다.

왜 '카테리니행 열차'라고 명명했는지는 알 수 없지만, 카테리니는 그리스가 오스만 투르크에 빼앗긴 옛 영토를 되찾는 과정에서 발발한 제1차 발칸 전쟁의 승리 결과로 1912년에 되찾은 지역이기에 그리스인들의 불굴의 투지를 상징하려는 것이 아닌가 추측해본다. 그런데 비밀을 간직했음직한 카테리니의 역사(驛舍)를 직접 찾아가보면 조금 실망이 앞선다. 우리나라의 시골 역사와 별반 다를 것 없는 조그만 역이고, 아테네-테살로니키 간을 오가는 열차들이 잠시 기착하는 소박한 콘크리트 건물이기 때문이다. 현실보다 아름다운 상상은 계속 유지하는 것이 좋을 듯싶다.

우리나라에서 1970년대와 1980년대에 대학 생활을 했던 사람들에게 가장 친숙한 노래 중 하나가 송창식과 윤형주가 결성한 트윈폴리오(Twin Folio)의 <하얀손수건>이다. 노래 동아리의 애창곡이자 대학축제에 어김없이 등장해 로맨틱한 분위기를 북돋웠고, 지금도 많은 사람들의 향수를 자극하는 노래다. 축제의 장에서 이 노래가 흘러나오면 참석자들은 흥겨움과 함께 왠지 모를 아련한 감상에 젖어들곤 했다.

트윈폴리오가 1969년에 번안곡으로 소개한 <하얀손수건>의 원곡은 나나 무스쿠리의 <나의 하얀 손수건으로(Me T'asporo mou Mantili)>이다. 작별하는 연인에게 하얀 손수건을 흔들며 재회를 기약하는 아름답고 애틋한 노래가사가 애잔하다. 원곡 가사에는 헤어지면서 조개껍질을 손에 쥐어주고 다음 여름에 다시 만날 때까지 잘 간직해달라는 내용도 들어있다.

한국인들은 대개 이 노래가 번안곡이라는 사실은 알아도 그리스의 노래였다는 사실은 거의 모른다. 그 정도로 하지다키스가 작곡한 이 곡은 고향 그리스에서보다 한국에서 더 유명한 곡이 되었다. 문학작품 번역이 또 다른 창작인 것처럼 번안곡도 다른 측면에서의 창작이라고 한다면, <하얀손수건>은 가장 성공한 번안곡이라 할만하다.

그리스인 가수 중에 우리에게 가장 잘 알려진 사람은 대중음악계의 거목 나나 무스쿠리와 함께 당대를 풍미한 소프라노 마리아 칼라스라는 데 이의를 제기할 사람은 없다.

나나 무스쿠리는 아테네 음악학교에서 성악을 전공했던 사람답게 넓은 음역을 오가는 감미로운 노래로 유명하다. 그리스어, 영어, 프랑스어, 독일어를 자유롭게 구사하는 만큼 각국의 언어로 만들어진 다양한 노래를 불러 여러 나라에 걸친 팬층이 두꺼웠다. 우리에게도 <사랑의 기쁨(Plaisir D'amour)>, <오버 앤 오버(Over and Over)>, <기억해봐요(Try to Remember)> 등으로 많이 알려졌으며, 내한 공연도 몇 차례 가졌다. 은퇴 후에는 유니세프(UNICEF) 친선 대사와 유럽 의회의 그리스 의원 등의 사회활동도 했다.

마리아 칼라스는 20세기 중반을 화려하게 장식했던 소프라노로, 특히 벨칸토 창법에 뛰어나서 유명하다. 제2차 세계대전 이후 미국과 유럽의 유명 오페라 극장에서 수많은 공연을 했으며, 주요 오페라의 여주인공 역을 독차지했다. 중년 이후 체중 상실로 인한 성량 감소로 음악 활동에서는 점차 멀어졌으나 선박왕 아리스토텔레스 오나시스와의 뜨거운 불륜 스캔들로 전 세계의 이목을 끌었다. 하지만 그것도 잠시, 바람둥이 오나시스가 케네디 대통령의 미망인인 재클린 케네디와 재혼하자 버림받는 처지가 되었다. 물론 오나시스가 재클린과의 결혼 후에도 마리아 칼라스와 밀회를 계속했다는 주장도 많다. 1977년에 사망한 칼라스의 시신은 화장되어 몇 년 후 평소 그녀의 유언대로 그리스인의 고향과 같은 에게 해에 뿌려졌다.

To treno fevgi stis okto *(Το τρένο φεύγει στις οχτώ)*

Το τρένο φεύγει στιςοχτώ

ταξίδι για την Κατερίνη

Νοέμβρης μήνας δε θα μείνει

να μη θυμάσαι στις οχτώ

να μη θυμάσαι στις οχτώ

το τρένο για την Κατερίνη

Νοέμβρης μήνας δε θα μείνει

Σε βρήκα πάλι ξαφνικά

να πίνειςούζο στου Λευτέρη

νύχτα δε θα 'ρθει σ' άλλα μέρη

να 'χεις δικά σου μυστικά

να 'χεις δικά σου μυστικά

και να θυμάσαι ποιος τα ξέρει

νύχτα δε θα 'ρθει σ' άλλα μέρη

Το τρένο φεύγει στις οχτώ

μα εσύ μονάχος έχεις μείνει

σκοπιά φυλάς στην Κατερίνη

μες στην ομίχλη πέντε οχτώ

μες στην ομίχλη πέντε οχτώ

μαχαίρι στη καρδιά σου εγίνη

σκοπιά φυλάς στην Κατερίνη

The Train Leaves at Eight

The train leaves at eight o'clock
for a trip to Katerini
that month November will not come
that eight o'clock you won't remember
that eight o'clock you won't remember
the train going to Katerini
that month November will not come

I met you again recently
sipping your ouzo by Lefteris
night won't come to another place
having your very own secrets
having your very own secrets
and to recall who knows them too
night won't come to another place

The train leaves at eight o'clock
but all alone you have remained
guarding your post in Katerini
five to eight in the fog
five to eight in the fog
turned into a knife in your heart
guarding your post in Katerini

카테리니행 기차는 8시에 떠나가네

11월은 내게 영원히 기억 속에 남으리

내 기억 속에 남으리

카테리니행 기차는 영원히 내게 남으리

함께 나눈 시간들은 밀물처럼 멀어지고

이제는 밤이 되어도 당신은 오지 못하리

당신은 오지 못하리

비밀을 품은 당신은 영원히 오지 못하리

기차는 멀리 떠나고 당신 역에 홀로 남았네

가슴속에 이 아픔을 남긴 채 앉아만 있네

남긴 채 앉아만 있네

가슴속에 이 아픔을 남긴 채 앉아만 있네

7

그리스가 자랑하는 특산물

🏛 와인

술을 관장하는 디오니소스 신의 고향답게 그리스는 와인과 오랜 인연을 갖고 있다. 《그리스 신화》에서 뿐만 아니라 수많은 그리스 고대 문헌에는 약방의 감초처럼 와인에 관한 내용이 나온다. 포도 자체가 BC4000년경에 중동 지역에서 이집트와 사이프러스 섬을 거쳐 그리스로 유입되었고, 다시 이탈리아, 프랑스, 스페인으로 전해졌듯이, 와인 제조법도 같은 경로로 전파되었다는 것이 역사학자들의 설명이다.

옛 그리스 사람들은 물에다 와인을 섞어 마셨는데, 당시에는 깨끗한 물을 구하기가 어려웠기에 와인이 일종의 소독액과 같은 역할을 했다. 그래서 알코올 도수가 높은 와인을 원액 자체로 마시는 것은 '무식쟁이나 하는 행동'으로 간주되었다.

이미 BC700년경부터는 와인 제조법에 맞춰 오늘날의 원산지 규정 같은 것이 만들어졌고, 로마 제국에 편입된 이후에는 그리스의 와인 관련 시스템이 로마 제국에도 큰 영향을 미쳤다. 이후 기독교의 전례의식에도 와인이 널리 사용되면서 와인의 생산량은 급속히 늘어났다. 하지만 15세기 이래 그리스가 오스만 투르크의 지배하에 놓이면서 그리스의 와인 산업은 내리막길을 걷는다. 술을 금지하는 이슬람교를 신봉하는 오스만 투르크는 와인 생산에 막대한 세금을 부과해 상업적 발전을 차단했기 때문이다.

19세기에는 독립전쟁, 20세기에는 발칸 전쟁과 두 차례의 세계대전으로 인해 와인 생산에 관심을 가질 여력이 없었으며, 1960년대에 들어서면서 비로소 상업적인 와인 생산의 필요성을 자각하기에 이르렀다. 그러나 당시 생산된 와인은 싼 가격에 주로 벌크 형식으로 판매되었고, 특히 산화 방지를 위해 송진을 넣은 레찌나(Retsina) 와인이 주류가 되어 그리스 와인은 싸구려라는 선입견을 국제사회에 심어주었다.

▲ 그리스 와인

이런 문제점을 극복해보고자 1980년대 이후 수많은 그리스인들이 프랑스와 이탈리아에 유학하면서 최신 양조학을 공부한 뒤 고국에 돌아와 신기술을 바탕으로 다양한 고품질 와인을 생산하고 있다. 현재 그리스 전역에서는 최신 지식과 기술로 무장한 와인 전문가들이 세계적 수준의 와인을 생산하고 있으며, 그리스 와인의 명성도 국제사회에서 날로 높아지고 있다.

그리스의 와인 생산자들은 샤르도네, 소비뇽 블랑, 카베르네 소비뇽, 멜로, 시라와 같은 세계적 품종의 와인용 포도나무도 많이 재배하지만, 토착 품종도 재배하여 그러한 포도를 원료로 한 질 좋은 와인 생산에도 많은 노력을 기울이고 있다. 오랜 와인 생산 역사에 걸맞게 그리스에는 다양한 토착 포도 품종이 있으며, 근래에도 여러 토착 품종들이 속속 발굴되고 있다.

화이트와인용 품종으로는 산토리니 섬을 중심으로 생산되는 고품격의 아시리티코(Assyritiko), 펠로폰네소스 반도에서 주로 생산되며 신선미와 향미가 뛰어난 모스코필레로(Moschofilero), 북부 지역에서 생산되며 복합적인 향을 자랑하는 말라구지아(Malagousia) 등이 수준급이다. 레드와인용 품종으로는 펠로폰네소스 반도에서 생산되며 탄닌이 적어 부드러운 아기오리기티코(Agiorgitiko)와 중부 테살리 지역 및 북부 마케도니아 지역에서 생산되는 견고하고 묵직한 느낌의 시노마브로(Xinomavro) 등이 수준급 와인의 원료가 되고 있다.

그리스 와인의 주 생산지는 펠로폰네소스 반도의 네메아, 마케도니아 지역의 드라마 및 나우사, 크레타 섬, 산토리니 섬, 사모스 섬 등을 꼽을 수 있지만, 사실 그리스 전역이 와인 산지라 할 만큼 방문하는 지역의 도시나 섬마다 다양한 현지 와인을 선보이고 있다.

최근 우리나라에도 여러 그리스 와인들이 소개되고 있으며, 그 결과 해마다 그리스 와인 수입량도 증가하고 있다. 요즘 젊은이들이 흔히 이야기하는 '가성비' 면에서 그리스 와인은 상당한 경쟁력이 있다. 다만 각 양조장에서 출하하는 생산량이 다른 유럽 국가의 양조장에 비해 제한적인 관계로 원하는 만큼의 수출을 못하는 것이 단점이다. 술의 신 디오니소스의 고향에서 생산되는 와인을 많은 한국 사람들이 즐길 수 있기를 기대해본다.

🏛 올리브

그리스인들이 가장 큰 자부심을 갖고 있는 농산물은 당연히 올리브와 올리브기름일 것이다. 어느 그리스인을 만나더라도 전 세계에서 가장 질 좋은 올리브와 올리브기름을 생산하는 나라는 바로 그리스라는 자신감을 분출한다. 이런 자부심은 통계적으로도 뒷받침되고 있다.

현재 전 세계에서 가장 많은 올리브와 올리브기름을 생산하는 국가는 스페인(세계 생산량의 45퍼센트)이고, 이탈리아(17퍼센트)와 그리스(10.7퍼센트)가 바로 그 뒤를 잇는다. 그러나 가장 질 좋은 엑스트라 버진 올리브기름(extra virgin olive oil)의 생산 비율은 그리스가 자국 총 생산량 중 80퍼센트 이상을, 이탈리아가 자국 총 생산량 중 65퍼센트 정도를 생산하며, 다른 국가들의 생산 비율은 훨씬 떨어진다.

버진 올리브기름란 압착기 같은 기계로만 짠 올리브기름으로, 어떤 화학적 처리나 열처리 없이 추출된 기름이다. 버진 올리브기름 중 품질이 가장 좋은 엑스트라 버진 올리브기름은 산(酸)의 형태 그대로 존재하는 유리산(遊離酸, free acid)의 비율이 0.8퍼센트 이하인 고품질 기름으로서, 그냥 마시거나 샐러드 등에 뿌려 먹는 기름이다. 엑스트라 버진보다 조금 낮은 품질의 올리브기름은 열을 가해도 상관없기에 튀김 등에 사용된다.

각 국가별 1인당 올리브기름 섭취량에서도 그리스는 2010년에만도 23.7 킬로그램을 소비해 여타 국가의 추종을 불허한다. 두 번째로 많이 소비하는 스페인이나 이탈리아에 비해서도 거의 2배 정도를 섭취한다. 그리스인들은 즐겨 먹는 그리스식 샐러드나 구운 생선에 올리브기름을 듬뿍 뿌리고, 곁들이는 빵 역시 올리브기름에 찍어 먹는다. 그런가 하면 각종 음식의 재료로 올리브 열매가 사용되고, 본격적인 식사에 앞서 먹는 음식으로도 절인 올리브를 내온다.

▲ 올리브와 올리브기름

올리브기름은 식용뿐만 아니라 비누나 화장품의 원료로도 많이 쓰이며, 피부 관리나 마사지에도 필수적으로 사용된다. 고대에는 불을 밝히는 램프의 연료로 널리 사용되었고, 지금도 올림픽 성화의 연료로 사용되고 있다. 이렇듯 올리브는 그리스인들의 일상생활과 뗄 수 없는 관계를 맺고 있다.

앞서 제1부 2장의 '아테네와 스파르타' 편에서도 설명했듯이 신들의 왕인 제우스는 누가 아테네의 소유권을 가질 것인가를 두고 아테나 여신과 포세이돈 신 사이에 경쟁을 붙였다. 포세이돈은 아테네 사람들에게 자신의 트레이드 마크인 삼지창으로 바위를 내리쳐 소금이 뿜어져 나오는 샘을 만들어 주었다. 그러자 아테나 여신은 열매도 먹고 기름도 짜고 목재나 장작으로도 활용할 수 있는 올리브나무를 선사했다. 결국 이 경쟁에서 아테네 사람들은 아테나 여신을 지지했고, 오늘날 아테네라는 도시의 명칭 역시 바로 아테나 여신의 이름에서 비롯되었다.

아테네의 아크로폴리스에 올라가면 에레크테이온 신전 옆에서 자라고 있는 신성한 올리브나무를 볼 수 있다. 이 올리브나무는 아테나 여신이 심었던 원조 나무의 후손으로서 원조 나무가 있던 곳에서 자란다는 설명과 함께, 신성한 올리브나무로 받들어지고 있다.

올리브나무는 메마르고 척박한 땅에서도 잘 자라고, 비료나 거름이 없어도 열매를 잘 맺기에 척박한 그리스의 토양에 잘 맞는다. 매년 10월 하순에서 12월까지는 그리스에서 올리브를 수확하는 시기다. 대부분의 그리스인들은 자기 지역에서 생산되는 올리브가 최고라며 자랑한다. 시식과 시음을 해보라며 건네주는 올리브와 올리브기름은 지역마다 조금씩 다른 특성이 있지만, 공통적으로 아주 신선하고 향기롭다. 다만 상업적으로는 펠로폰네소스 반도 서남쪽에 있는 깔라마타 지역과 크레타 섬에서 생산된 올리브가 품질 면에서 가장 유명세를 타고 있다.

깔라마타산 올리브는 알이 아주 굵은 대표적인 식용 올리브로서, 짜낸 기름은 풀바디 와인처럼 묵직하다. 반면 크레타산 올리브는 알이 아주 작은 편이어서 식용으로는 깔라마타산에 밀리지만, 짜낸 기름은 프랑스의 브루고뉴산 와인처럼 가볍고 부드러워 품질 면에서 최상이라는 평가를 받는다. 그렇지만 그리스의 고급 식료품점에 가면 여러 지역에서 생산되는 최고의 올리브기름들이 일종의 히든 챔피언처럼 자신을 과시하고 있다.

흔한 질문 중 하나는 녹색 올리브와 검정색 올리브는 어떻게 다른 것인가다. 이는 올리브 품종의 차이가 아니라 수확 시기의 차이로 결정된다. 즉, 다 익기 전에 수확한 올리브는 녹색, 다 익은 올리브는 검정색이다. 녹색 올리브나 검정색 올리브 모두 수확 시 강한 쓴맛을 지녔기에 바로 먹을 수 없어 소금물에 오랫동안 담그는 과정을 거친다. 쓴맛이 더 강한 녹색 올리브는 좀 더 오랫동안 소금물에 담그고, 검정색 올리브는 보다 짧은 처리 기간을 거친다. 영양 면에서는 차이가 없으나, 녹색 올리브가 소금물 처리 기간이 더 길기에 염분의 양이 더 높다. 거의 대부분의 올리브기름은 녹색과 검정색 올리브를 적절히 혼합해 생산되는데, 열매를 수확한 후 별도의 처리 과정 없이 바로 세척 작업을 거쳐 맷돌이나 분쇄기로 분쇄한 후 압착기나 원심분리기로 짜낸다.

그리스 사람들이 제일 마음 아파하는 것은 아직도 해외시장에서는 그리스산 올리브기름보다 이탈리아산이나 스페인산 올리브기름이 더 잘 알려졌다는 사실이다. 이는 그리스의 각 생산자들의 생산 규모가 상대적으로 작고 마케팅 기술도 떨어져 제품 홍보를 제대로 하지 못한 탓이라고 한다. 많은 그리스인들은 이탈리아나 스페인 회사가 질 좋은 그리스산 올리브기름을 벌크 형식으로 대량 구매한 후 자신들이 생산한 올리브기름과 혼합해 그들 국가의 제품인 양 수출한다고 불평한다. 다행스러운 것은 최근 그리스도 적극적인 마케팅과 선진화된 포장 기술로 해외시장으로의 수출을 계속 늘려가고 있다는 점이다.

🏛 그리스식 요구르트

2006년 미국의 <헬스(Health)>라는 건강 전문 잡지는 세계적인 건강식품 5가지를 소개했다. 선정된 식품은 한국의 김치, 일본의 두부·미소(왜된장)·낫토(일본식 청국장) 등 콩을 원료로 한 식품들, 인도의 렌틸콩, 그리스의 요구르트, 그리고 스페인의 올리브기름이었다. 한국 사람들이 김치가 선정된 것에 대해 뿌듯해했듯이, 그리스 사람들도 자신들의 요구르트에 대해 큰 자부심을 내보였다.

그런데 이 잡지의 선정 결과에 대한 그리스 사람들의 반응은 특이했다. 우선 그리스산 올리브기름이 아닌 스페인산 올리브기름이 선정된 것은 명백한 오류라는 것이다. 산출량이 상대적으로 적어 해외시장에 덜 알려졌기에 그렇지, 최고급 올리브기름인 엑스트라 버진 올리브기름의 생산 비율에서 스페인은 도저히 그리스에 필적할 수 없다는 반응이었다. 한편, 그리스식 요구르트가 선정된 것에 대해서는 자랑스럽다고 하면서도, 현재 미국 시장을 장악한 그리스식 요구르트는 그리스 사람이 만든 요구르트가 아니라 미국에 이민 간 쿠르드계 터키 사람인 함디 울루카야의 초바니 사가 생산하는 제품이라며 많이 아쉬워한다.

흔히 그리스식 요구르트(Greek yogurt)라고 통칭되는 '걸쭉한 요구르트(strained yogurt)'는 그리스뿐만 아니라 터키, 불가리아, 보스니아-헤르체고비나, 알바니아, 사이프러스, 아르메니아 등 중동부 유럽과 중동 및 지중해 지역에서 널리 생산되어온 요구르트다. 다만 가장 일반적으로 많이 생산되는 지역인 그리스의 요구르트가 이런 요구르트의 대표로 굳어진 듯하다.

그리스식 요구르트는 일반 요구르트와는 달리 원재료인 우유에서 수분과 액체 성분인 유장(whey)을 제거해 걸쭉해진 재료에 요구르트 배양균을 집어 넣어 발효시킨 것이다. 이런 제조법의 특성상 그리스식 요구르트는 일반 요구르트에 비해 탄수화물이나 당분은 적지만 단백

▲ 그리스식 요구르트

질은 배가 되어 채식주의자나 다이어트를 하는 사람의 애호식품이 되었다. 미국 통계에 따르면 이미 그리스식 요구르트의 수요는 일반 요구르트의 수요를 따라잡았다.

그리스에서 생산되는 요구르트는 주로 양젖을 원료로 하며, 우유를 원료로 하는 요구르트의 비중은 크지 않다. 대부분의 그리스 식당들은 빵이나 야채 등을 찍어 먹는 '짜지끼(Tzatziki)'라는 소스를 직접 만드는데, 우리의 김치처럼 '짜지끼'의 맛도 주인의 손맛으로 결정된다. 바로 이 '짜지끼'는 그리스식 요구르트에 오이와 마늘 등을 갈아 넣고 올리브기름, 식초, 벌꿀 및 다양한 허브를 추가하여 만든다. '짜지끼'의 맛을 잘 알게 되는 순간 그리스 음식의 입문 단계는 수료한 셈이다.

최근 우리나라에서도 그리스식 요구르트에 대한 관심과 수요가 날로 증대되고 있다. 특히 건강에 대한 관심이 커질수록 그리스식 요구르트를 찾는 사람들의 숫자도 계속 늘어날 것으로 예상된다.

🏛 페타 치즈

그리스 음식에서 가장 자주 마주치는 것 중 하나가 페타 치즈(Feta Cheese)이다. 외국인들도 즐겨 찾는 그리스식 샐러드의 제일 위에는 예외 없이 페타 치즈 조각들이 올려진다. 정사각형 또는 직사각형 모양을 하고 있거나, 널찍한 판 모양인 경우도 있다. 그리스인들이 즐기는 구운 치즈인 사가나끼

^(saganaki)도 페타 치즈를 원료로 사용하는 경우가 많다.

'페타'라는 단어가 '조각'을 의미하는 이탈리아어에 기원을 두고 있듯이, 대부분의 페타 치즈는 쉽게 부스러지면서 작은 조각이 된다. 그러나 뭐니 뭐니 해도 페타 치즈의 가장 큰 특징은 짭조름하고 약간 쏘는 듯한 그 맛이라고 하겠다. 치즈를 만드는 제조기법상 완성 직후에 소금기 있는 물에 담구기 때문이다.

제조법과 맛이 유사한 치즈가 유럽 여러 곳에서 생산되고 있으나, 현재 페타 치즈는 EU의 원산지 규정에 의해 철저히 보호받는 제품이다. 바로 이 원산지 규정에 따르면 페타 치즈는 100퍼센트 양젖으로만 만들거나, 전체 분량 중 최대 30퍼센트까지의 염소젖을 양젖과 혼합해 만든 치즈로, 그리스의 일정 지역과 마케도니아에서 생산된 치즈에만 사용할 수 있는 명칭이다. 우유로 만든 유사 품목과 여타 지역에서 생산되는 같은 제조법의 치즈에는 '페타'라는 단어를 사용할 수 없다.

과거 '페타 치즈'라는 이름의 사용 문제를 두고 그리스는 우유로 만든 '짝퉁' 치즈에 동일한 이름을 붙여온 덴마크와 오랜 법정 다툼을 벌였다. 이 과정에서 2002년 EU는 앞서 설명한 원산지 규정을 채택해 그리스만이 '페타 치

▲ 페타 치즈

즈'라는 이름을 사용할 수 있도록 정했다. 더욱 크고 격렬했던 다툼은 캐나다와의 분쟁이었다. 그리스계 캐나다인들은 동일 제조법의 치즈를 생산하면서 오랫동안 '페타 치즈'라고 불러왔는데, 그리스가 이에 강력한 이의를 제기한 것이다. 지루하고 오랜 다툼 끝에 양측은 2013년 합의에 이르렀다. 그때까지 '페타 치즈'라는 이름을 사용해온 캐나다 생산자들에게는 계속 그렇

게 할 수 있도록 허용하되, 합의 시점 이후부터 생산을 개시하는 치즈는 '페타 스타일 치즈'라고 부르거나 다른 이름을 사용토록 한 것이다. 일단 합의가 이루어졌음에도 많은 그리스 사람들은 캐나다가 '페타 치즈'라는 이름을 도용하고 있다는 불만을 종종 터뜨리곤 한다.

페타 치즈는 풍부한 영양과 깊은 맛으로 많은 한국인의 입맛도 사로잡고 있다. 그러나 특유의 짭쪼름한 맛 때문에 싫어하는 사람들도 적지 않아 보인다. 대체적으로 그리스 북부 지역보다 중·남부 지역에서 생산된 페타 치즈가 더 짠 편이다. 현지인들은 페타 치즈가 짜다고 생각되면 먼저 물에 한번 헹구고서 먹어보라고 권하는데, 그러면 확실히 짠맛이 덜 느껴진다. 향미는 염소젖을 원료로 한 프랑스의 쉐브르 치즈보다는 강하지 않고, 유유를 원료로 한 여타 치즈와는 다른 독특한 맛을 느낄 수 있다.

페타 치즈는 이미 세계적 치즈의 반열에 올라있으며, 수출도 많이 이루어지는 편이다.

🏛 천연 항생제 마스티하

그리스인들이 세계에서 유일하게 '그리스에서만 생산되는 보물'이라고 자랑하는 것이 있다. 그것도 히오스 섬 단 한 군데에서만 나오는 희귀 물질로서, 그 이름은 마스티하(Mastiha)이다.

마스티하는 키 작은 상록활엽수인 마스틱나무(Mastic tree)에서 채취하는 일종의 수지(樹脂)이다. 여름철에 마스틱나무의 밑동에 흰색의 불활성 탄산칼륨을 조밀하게 뿌려놓은 후 나무줄기의 껍질에 생채기를 내면 수액이 눈물처럼 맺히면서 밑동 아래로 떨어진다. 탄산칼륨 위에 떨어진 수액은 며칠 후 굳으면서 알갱이가 되는데, 이를 수거해 깨끗이 씻고 손질한 것이 바로 마스티하다.

마스티하는 알갱이 그대로 또는 분쇄해 활용하는데, 의약품·껌·치약·비누·아이스크림 및 각종 디저트의 원료로 사용된다. 근래에는 마스티하를 함유한 그리스 전통주가 미묘하면서도 달콤한 향미를 바탕으로 식후주로서 큰 인기를 얻고 있다.

마스티하는 오랫동안 천
연 항생제 또는 항균제로
인식되었다. 의술의 아버
지 히포크라테스는 마스티
하가 소화불량에 특효가
있다고 가르쳤으며, 오늘
날에도 의학자들은 마스티

▲ 채취된 마스티하 결정체

하가 위암의 원인균인 헬리코박터 파이로리를 제거하는 데 효험이 있다고
한다. 이에 따라 비잔틴 제국은 마스티하를 국가가 전매하는 물품으로 지정
하여 생산과 판매를 엄격히 통제했으며, 히오스 섬이 제노바 공화국의 지배
를 받던 1304년부터 1566년까지 체계적인 생산이 이루어졌고, 오스만 투르
크 황실의 애용품으로 큰 사랑을 받았다. 특히, 오스만 투르크의 술탄(sultan,
황제)은 입 냄새를 제거하고 치아를 깨끗하게 하며 잔병을 예방하기 위해 항상
마스티하를 씹었고, 후궁들에게도 하사했다.

오스만 투르크에서 마스티하는 같은 무게의 금보다 비쌌으며, 그래서 이
를 생산하는 지역에서는 노동자들이 작업 중에 마스티하를 훔칠 경우 사형
에 처했다. 오스만 투르크의 술탄이 얼마나 마스티하를 중시했는지를 설명
하는 사례가 있다. 그리스 독립운동이 진행되던 1822년 히오스 섬에서대학
살이 벌어졌을 때 술탄은 마스티하를 생산하는 지역의 사람들만은 살려놓아
계속 마스티하를 생산토록 했다.

현지어로 마스티호호리아(Mastichochoria)라고 불리는 히오스 섬 남부의 마스
티하 생산 마을들은 외부의 침입을 막기 위해 바깥쪽에 높은 벽을 둘러서
마치 성채와 같은 모습이다. 마을 내부도 미로식으로 이루어졌기에 해적이
나 외부 세력이 침입하면 입구 등을 닫아걸고 대항했다. 2016년에는 이 지역
에 대규모 마스티하 박물관이 건립되어 마스티하의 역사, 생산 과정, 관련
제품 등을 종합 전시하고 있다. 마스티하를 기르고 생산하는 방법은 2014년

유네스코의 인류무형문화유산으로 등록되었다.

최근 그리스 정부는 마스티하 관련 제품을 한국에도 수출하기 위해 많은 노력을 기울이고 있다. 우리나라의 식품의약품안전처에 마스티하의 인체 유해성 여부 심사를 신청했고, 기회가 있을 때마다 마스티하를 홍보하고 있다. 이미 많은 한국 관광객들도 그리스를 방문할 때마다 마스티하로 만든 술·과자·피부연고 등을 구입하고 있다. 특이한 것은 우리나라의 화장품 회사가 마스티하로 만든 마스크팩을 그리스로 역수출하고 있는데, 그리스에서 상당한 인기를 끈다는 사실이다. 역시 사업에 대한 한국 사람들의 감각은 뛰어난 것 같다.

유명 선주들의 고향인 북부와 마스티하의 고향인 남부를 함께 가진 히오스 섬은 그리스에서도 축복받은 곳이라고 평가할 만하다.

🏛 허브 오레가노와 향신료 크로커스(사프란)

그리스 인들은 요리에 오레가노(Oregano)라는 허브를 많이 사용한다. 특히 고기 요리나 치즈가 들어간 요리, 피자, 파스타 관련 요리에도 많이 사용하는데 소염효과와 항균효과가 있는 항산화물질이며 나쁜 냄새 제거에도 좋기 때문이라고 한다. 오레가노는 지중해 지역에서 자생하는 꿀풀과 꽃박하속의 여러해살이 식물이며(높이는 최대 1미터 이하) 그 이파리를 허브로 사용한다. 쌉쌀하고 톡 쏘는 박하 향을 가진 이파리는 주로 건조하여 잘게 부순 가루 형태로 사용하나 수확한 생 이파리를 그대로 사용하는 경우도 많다.

녹색의 조그마한 이파리는 가느다란 줄기에 다닥다닥 붙어 있는데 여름철에는 줄기 끝에서 무성한 꽃이 핀다. 오레가노의 이파리와 꽃을 정제하여 오레가노 오일을 만들기도 하고 꽃에서는 꿀도 채취한다. 고대 그리스인들은 오레가노를 소화 불량, 감염치료, 소독 등 다양한 의료용도로 사용했다고 한다. 오레가노라는 말 자체가 그리스어로 산을 뜻하는 오로스(ὄρος)와 즐거움을 뜻하는 가노스(γάνος)가 합쳐진 용어라고 하니 글자 그대로 풀이하면 '산의 즐거움'을 의미한다. 즉 산이 내어주는 좋은 선물이라는 뜻이 아니겠는가.

신화적인 이야기에 따르면 오레가노
는 사랑과 미의 여신 아프로디테가 만들
어낸 것으로서 그녀는 올림포스 산에 있
는 자신의 정원에서 오레가노를 길렀고
이를 행복과 즐거움의 상징으로 활용했
다고 한다. 의학의 아버지로 일컬어지는
히포크라테스도 오레가노 오일을 피부
건선이나 베인 상처 등에 발라주었고 위
장병 치료에도 활용했다고 알려져 있다.

▲ 오레가노

요즈음도 세계 여러 나라 사람들은 오
레가노가 소화 기관과 호흡 기관에 좋은 효능이 있고 면역 체계에도 도움이
된다며 건강 식품점에서 관련 제품들을 구입한다. 아울러 감기 예방과 치료
에 도움이 되고 모기 및 해충 퇴치에도 도움이 된다고 한다. 물론 음식에
첨가하는 대표적인 허브로도 널리 사용되고 있다. 오레가노는 그리스 전역
에서 생산되며 심지어 집안 내 정원에서도 기르는데 가까운 사람들에게 정
을 나누는 선물로도 자주 활용된다.

한편, 전 세계에서 가장 비싼 향신료이자 무게로만 따지면 금보다 더 비싸
다고 평가되는 사프란(그리스에서는 크로커스로 호칭)도 잘 알려진 그리스 특산품 중
의 하나이다. 생산량으로만 따지면 이란이 전 세계 생산량의 90퍼센트 이상
을 차지하고 스페인, 인도, 이탈리아 등에서도 생산되지만 그리스인들이 크
로커스에 부여하는 애정은 각별하다. 우선 BC1600년 경 미노안 문명이 번창
하던 크레타 섬에서 크로커스를 수확하는 여인을 묘사한 벽화가 발굴된 바
있고, 아테네 주변에서도 이를 재배했던 기록들이 많이 있다. 현재는 그리스
북부에 있는 서부 마케도니아주의 코자니(Kozani) 시 주변의 40여 개 마을에서
이를 집중 생산한다. 코자니 사프론 생산조합이 전매권을 보유한 크로커스
는 'Krokos Kozanis'라는 이름으로 전 세계로 팔려나간다.

▲ 크로커스(사프란) 꽃

크로커스는 붓꽃과의 구근 식물인 사프란 크로커스(Saffron Crocus)에서 피는 꽃의 암술대를 건조시켜 만든 향신료이다. 하나의 꽃에는 붉은 색의 암술대가 3개씩 들어 있다. 10월 말에서 11월 초에 꽃을 따서 암술대를 수확하는데 독특한 향기를 잃지 않도록 새벽에 수확을 시작하여 오전 10시 이전까지 작업을 마친다. 수확된 암술대는 가볍게 볶는 등 건조과정을 거쳐 신속하게 포장한다. 크로커스 1킬로그램을 얻기 위해서는 무려 8만 5천 송이 이상의 꽃을 수확해야 하는데 통상적으로 동일한 무게의 금값보다 크로커스의 값이 비싸다고 한다. 값이 비쌀 수밖에 없는 이유는 모든 작업을 사람들이 일일이 수작업을 통해 진행해야 하므로 인건비가 그만큼 많이 소요되기 때문이다.

크로커스는 서양 요리 중 스페인식 해물밥인 '빠에야', 이태리식 볶음밥인 '리조또', 프랑스식 해물탕인 '부이야베스' 등을 요리할 때 중요한 재료로 쓰이며 인도식 쌀밥요리인 '브리아니'에도 자주 사용된다. 붉은색 크로커스는 음식에 첨가하면 식재료를 짙은 노란색으로 착색시키고 독특한 향미를 부가시킨다. 또한 크로커스는 다양한 항산화, 소염 성분을 함유하고 있어 당뇨, 두통, 불안증에 탁월한 효능이 있다고 인정되어 왔다. 호머는 그 옛날 자신의 작품 속에 몇 차례 크로커스를 인용하고 있으며 클레오파트라는 자신을 가꾸는 목욕용품으로 크로커스를 자주 사용했다고 전해진다.

그리스 신화에 따르면 크로커스(Krókos)는 에르메스(Hermes) 신의 가까운 친구였는데, 두 사람이 쟁반던지기 놀이를 하다 에르메스가 던진 쟁반이 크로커스의 이마를 강타하여 그는 큰 상처를 입고 죽게 되었다고 한다. 그런데 죽어가는 크로커스의 이마에서 흘러내린 세 방울의 피가 꽃에 떨어져 세 개의 암술로 변했기에 그 꽃의 이름을 크로커스라는 이름으로 명명했다고 한다. 이와 같은 여러 인연으로 인해 그리스인들은 사프란이라는 이름보다는 크로커스라는 이름을 사용하며 그리스 크로커스의 높은 품질에 자부심을 갖는다.

그리스와 우리나라의 관계 증진을 위해

꿈 많던 대학 2학년 때 이홍구 교수의 정치사상사 강의를 들으면서 플라톤의 《국가론》과 아리스토텔레스의 《정치학》 영문판을 강독하게 되었다. 설명 내용이 난해하고 복잡한 데다 주석은 왜 그리 많이 붙었는지…. 수업 준비를 위해 책을 읽다 보면 머리가 지끈거렸다. 더구나 다양한 정치체제를 설명하면서 예로 드는 내용들이 전혀 들어본 적도 없는 그리스 도시국가들에 관한 역사적 사실들인지라 학기 내내 고생했다.

그런데도 플라톤이 '동굴의 비유'를 설명한 것이나, 아리스토텔레스가 "인간은 본래 불완전한 존재이기에 공동체 안에서만 완전해질 수 있다"고 주장하면서 몇 가지 정치체제를 제시했던 것에 대한 기억은 또렷이 남아있다. 이는 성인이 된 이후 그리스에 대한 첫 번째 기억이다.

이후 미국에서 근무하던 1996년 에게 해 상공에서 그리스와 터키 전투기들 간에 벌어진 공중전으로 터키 전투기 1대가 격추된 사건이 발발했다. 긴장이 고조되던 당시 우리 외교부 본부에서 미국 내 분위기를 알아보라는 지시가 있었다. 그래서 미 국무부뿐만 아니라 우리 대사관 가까이에 있던 그리스 대사관에도 접촉을 해봤다.

당시 그리스 측의 요청으로 직접 찾아간 그리스 대사관의 참사관이 입고 있던 구김살 하나 없던 깔끔한 양복과 날카로운 눈매를 아직도 잊지 못한다. 총알처럼 내뱉던 그의 설명으로 같은 NATO 회원국인 두 나라의 갈등이 생각보다 크다는 사실도 알게 되었다. 한·일 간의 갈등은 아무것도 아니라는 생각마저 들었다.

세월이 흘러 그리스가 최정점의 경제위기 상황에 처해있을 때 그리스 주재 한국 대사로 부임하게 되었다. 날마다 진행되는 긴축정책의 와중에서 우리가 외환위기 때 겪었던 것과 유사한 사례들을 많이 목격했다. 기업들뿐 아니라 일반 가정들도 엄청난 타격을 받고 있는 게 보일 정도였다.

당시 그리스 국민들은 과잉 민주주의와 포퓰리즘 때문에 필연적으로 경제위기가 왔다는 이야기를 많이 했다. 그런데 그리스 일반인들의 일상생활은 외환위기 당시의 우리들보다 훨씬 편안했고 걱정도 별로 하지 않는 듯했다. 역사상 여러 어려움을 겪어봤기 때문인지, 아니면 타고난 성격이 낙천적이어서 그런지 대범한 편이었다. 심지어 축제도 자주 하고 손님 접대도 과할 정도였다.

업무를 위해 찾았던 지역마다 수천 년의 역사가 켜켜이 쌓이면서 만들어진 전통과 자신들의 특산품에 대한 자부심 또한 대단해서 외국에서 온 방문객에게 비굴한 모습을 일절 보이지 않았다.

물론 그리스는 모순이 많은 나라다. 민주주의가 태동한 국가이면서도 서유럽 국가들 중 유일하게 군사정부를 경험한 나라다. 또한 대부분의 사회주의국가들이 시장경제체제로 전환했음에도 오히려 사회주의적 성격의 정책을 요구하는 국민들이 많다. 그리스의 영화와 실패에 대해 함께 생각하면서 이를 우리의 반면교사로 삼아나가면 좋겠다.

특히 나의 관찰과 경험이 향후에도 남유럽 내 중요 행위자로 계속 남아있을 그리스 및 그리스 국민들과 전 세계에 널리 퍼진 그리스계 인사들과의 다차원적인 관계 설정 및 이해 증진에 도움이 되었으면 한다.

참고 도서
및 자료

강성학 지음 | 새우와 고래싸움 | 박영사 | 2013

니코스 카잔차키스·안정효 옮김 | 오디세이아 1,2,3 | 열린책들 | 2008

니코스 카잔차키스·안정효 옮김 | 최후의 유혹 상, 하 | 열린책들 | 2010

시오노 나나미 지음 | 김석희 옮김 | 로마인 이야기 2 | 한길사 | 2019

시오노 나나미 지음 | 이경덕 옮김 | 그리스인 이야기 1 | 살림 | 2017

시오노 나나미 지음 | 이경덕 옮김 | 그리스인 이야기 2 | 살림 | 2018

시오노 나나미 지음 | 이경덕 옮김 | 그리스인 이야기 3 | 살림 | 2018

유재원 지음 | 데모크라티아 | 한겨레출판사 | 2017

이중범·이병조 지음 | 국제법 신강 | 일조각 | 2007

이한규 지음 | 단숨에 정리되는 그리스철학 이야기 | 좋은날들 | 2014

투키디데스 지음 | 박광순 옮김 | 펠로폰네소스 전쟁사 상, 하 | 범우사 | 2001

플루타르코스 지음 | 이성규 옮김 | 플루타르코스 영웅전 전집 | 현대지성 | 2016

험프리 데이비 핀들리 키토 지음 | 박재욱 옮김 | 고대 그리스, 그리스인들 | 갈라
파고스 | 2008

헤로도토스 지음 | 박광순 옮김 | 헤로도토스 역사 상, 하 | 범우사 | 1987

Alfred Whitehead, Process and Reality, Free Press, 1979

Clyde E. Fant, Mitchell G Reddish, A guide to Biblical Sites in Greece and Turkey
Oxford University Press, 2003

Ernest Barker, The Politics of Aristotle, Oxford Press, 1969

GMA Grube, Plato's Republic, Hackett Publishing Company, 1974

Graham Allison, Destined for War, Mariner Books, 2018

Karl Popper, Open Society and Its Enemies, volume I, Routledge, 1999

Peter Bien, Nikos Kazantzakis, Novelist, Bristol, Bristol Classic Press, 1989

Richard Clogg, A Concise History of Greece (2nd edition) Cambridge University Press, 2002

T. James Luce, The Greek Historians, Taylor & Francs, 2002

[김영희 칼럼] 여기가 로도스다, 여기서 뛰어라!, 중앙일보, 2017.6.5.

[안영집 글로벌에세이] 현장서 다시 생각해본 아테네·스파르타, 문화일보, 2016. 12.7.

[유튜브 채널 CreativeTV Premier] 강신주의 에피소드 철학사

[인물세계사] 고대 그리스 극작가 아이스킬로스(blog.daum.net/bungai007/8676 063)

우리 시대 리더의 조건: 플라톤 철인 정치, 배철현 시음, 주간조선 2442호 2017. 1.27.

8 Facts about Elgin Marbles: The official website for BBC History Magazine

CB on the Road: Krokos Kozanis, The Spice of Myth, Ilias Foundation 2014.10

Center for European Studies, From the Reform to Growth: Managing the Economic Crisis in Europe pp. 235−236

Greece Is 'wine', 2017 issue first edition

Heilbrunn Timeline of Art History Essays El Greco(1541~1614), 2004

Katimerini, English version, 2017.3.31.

Lloyd's List 22 December 2015, Top 100 Most Influential People in the Shipping Industry. Edition 6, page 61

Panos Mourdoukouta, Greece's long love affair with Soviet−Maoist Communism, Forbes 2017.6.27.

Reuters: How Greek shipowners talk up their roles, and why that cost Athens millions by Tom Bergin, 2015.11.25.

The Speeches of Professor Xenofon Zolotas, Explore Crete, Crete useful
information: Learn Greek
UNESCO Lists of Intangible Cultural Heritage of Humanity

저자 안영집은 서울대학교 외교학과를 졸업하고 미국 펜실베이니아대학교(University of Pennsylvania)에서 정치학 석사학위를 받았다.

외교부에 들어가 그간 미국, 나이지리아, 영국 등에서 근무했으며, 한반도 에너지 개발 기구(KEDO) 정책부장, 북미국 심의관, 재외동포영사국장, 주제네바 차석대사, 주그리스 대사를 역임했고, 현재 주싱가포르 대사로 재직 중이다.

개정판
역사와 문명 속의
그리스 산책

초판발행	2020년 4월 20일
개정판발행	2021년 3월 29일
지은이	안영집
펴낸이	노 현
편 집	최은혜
기획/마케팅	노 현
표지디자인	이미연
제 작	고철민·조영환
펴낸곳	㈜ 피와이메이트
	서울특별시 금천구 가산디지털2로 53 한라시그마밸리 210호(가산동)
	등록 2014. 2. 12. 제2018-000080호
전 화	02)733-6771
f a x	02)736-4818
e-mail	pys@pybook.co.kr
homepage	www.pybook.co.kr
ISBN	979-11-6519-150-4 03040

copyright©안영집, 2021, Printed in Korea

정 가   15,000원

박영스토리는 박영사와 함께하는 브랜드입니다.